反抗的共同體

二〇一九香港反送中運動

馬嶽——著

■編輯說明

◎本書為保留香港語文的趣味，有時加以台式注解，如有表達失當或不到位之處，歡迎讀者來函指教。

◎書後的〈反送中運動大事記〉共一八三則，讀者可根據每則最後所標注的頁碼，參照內文的相關脈絡。

目次

各章表格

推薦序

美中對抗下的香港抵抗運動

吳介民

馬嶽教授寫作這本書的心情，我全然感同身受。他說，在「反送中（反修例）運動」期間的某個夜晚，緊咬嘴唇，決定停下既定研究工作，開始寫作這本書。就在前一天，二〇一九年八月十一日，一名女急救員在尖沙咀被警察的布袋彈打瞎了一隻眼睛。香港的抗爭與犧牲前仆後繼，國家暴力鋪天蓋地接踵而至。對一位專事民主政治研究的香港學者，怎麼可能在這種情勢下，依然活在安穩的象牙塔，固著在既定學術軌跡，不為香港人民的集體抗爭留下一份活生生的現場紀錄？

馬嶽記錄了香港人抗爭暴政的日常與緊急事態，來到結論，揭曉了本書是在描述反送中運動如何建構「香港人身份」，因此命名為「反抗的共同體」。

這篇推薦序，回應一個關於香港抵抗運動的根本問題：如何理解當前香港危機的性質？這個危機最深刻處，正是香港人正在凝聚的政治身份認同與中共急於建造的國族帝國計劃之間的衝突與對撞。反抗的共同體，其反抗之對象，就是正以國家暴力遏阻香港成為自治城邦的共產黨政權。

「新冷戰」下的香港危機

香港危機起源於這瑰麗而豐饒、堆疊超現代與前現代多重地質紋理的前英殖島嶼國度，在其主權歸屬中國之後，面臨的新殖民處境，亦即，中國急於吸納、改造香港的帝國企圖所造成的問題。這個問題是本質性的衝撞，是內陸中心帝國與海洋島嶼周邊的對立，問題一直存在那裡，但近年來美中對抗升高，催化了香港危機的複雜度。因此，本文將香港放置在美中對抗的結構中來分析，而香港正在成為「美中新冷戰」的最前線。

「新冷戰」這個詞在幾年前出現時，許多人嗤之以鼻。但短短幾年，已經成為全球主流媒體的流行語。然而，評估新冷戰的虛實，必須先分析美中對抗局勢。大致上，目前美中對抗有三個不同走向：（一）持續性的對抗拔河狀態，（二）新冷戰，（三）熱戰（亦即爆發戰爭危機）。

美中對抗格局已經形成，很難在短期內逆轉，不論川普連任、或拜登選上總統，情勢不致快速轉變，可能發生的情況之一，是激烈對抗趨緩，甚或時鬆時緊，形成長期對抗拔河狀態。

但一些專家認為，美中對抗正在演變為「美中新冷戰」。[1] 人們提到冷戰，可以援引的歷史經驗是「美蘇冷戰」，那是全球性、全面性的兩極雙集團對抗；兩集團各自形成經貿、政治、文化系統。冷戰結構的形成需要一段不短的時間才能沉澱，美蘇冷戰格局從二戰後，歷經三次柏林危機，直到一九六一年，蘇東集團建造柏林圍牆，東西方陣營對抗界線明確化，歐洲冷戰態勢才穩定下來。

因此，如果美中果真走向新冷戰，也會是一個歷史過程，不是一夕成局。

但必須提醒讀者，歷史參照有其侷限，美蘇冷戰是建構在經濟意識形態對立（市場資本主義vs.共產主義／國家社會主義），以及共產國際傳統下的反帝解殖，並延伸出所謂「美蘇代理人戰爭」。對照今天，中國實質上早已非共產主義國家，當前中國或明或隱的對外威脅，不在於輸出「共產革命」或扶植共產政權，而在於美國和它的盟國憂心其挑戰既存全球霸權秩序，遂行其領土擴張（南海、台灣等等）與非領土野心（一帶一路等等），以及威權統治模式擴散。

假設美中新冷戰成為定局，對中共政權是利弊參半。如果美國認定中共的全球野心必須以全面圍堵來制止，而且美國卯足全力，那麼中國將不得不退縮到它目前控制的勢力範圍內。在此情況下，雖然中國的領土野心收到遏制，但由於勢力範圍確定下來，新冷戰架構將讓中共更順利執行「鎖國政策」（或稱為「北韓化」），[2]對內進行數位極權監控，並獲致「政權安定」，如

1 賴怡忠，〈新冷戰架構下的台美關係轉型〉，《蘋果日報》二〇二〇年九月五日。

同當年蘇聯集團所獲得的對內極權統治的安穩感。

但新冷戰對中國的陷阱，則是未來幾十年（假設這場冷戰持續相當長時間），難以獲得西方的高科技，中國經濟現代化速度將趨緩。而如果美國仍在未來數十年維持領先世界科技和軍事的能力，則一場冷戰打下來，中國無法避免內縮與停滯，元氣大傷，代價巨大。因此，一個遵循經濟理性的中國，將會極力避免新冷戰成局，至少要避免美國在全球的盟友加入美國的對中國圍堵戰略。

但是為了政權生存，甚至為了習近平個人政治野心（中華民族偉大復興）與身家安全（習在集中權力之後難以安全退位），中國卻一步步陷入與美國陣營的矛盾摩擦，乃至衝突。

部署國安體制，建造新柏林圍牆

在美中對抗格局下，無論未來是否真正形成冷戰格局，中國近來對外行為模式，與對內控制模式息息相關。對內，中共想導向「政權安定」、「閉門鎮壓」、避免發生「顏色革命」。畢竟，政權生存是中國共產黨的最高目標。北京實施港版國安法，說得慷慨激昂是進行「二次回歸」，「反殖民地化」，實現天朝中心主權觀。此處「反殖民地化」的鬥爭對象，在中共策士心目中是指英美帝國主義。他們認為，中國雖拿回香港主權，但香港實質控制權仍在帝國主義者手裡，這個前西方殖民地仍存在一個「幕後政府」（deep state）在實質統治著香港，非但香港人心未回歸，財經基礎也未全盤回歸中國掌握。

二〇一九年反送中運動大爆發，當年十一月建制派在區議會選舉一敗塗地，投票率之高史無前例，顯示香港民意對民主派的支持，完全不被鎮壓恐嚇所動搖。區議會選舉結果變成了香港人民對港中政府不信任的公投，對北京的震撼極大（本書有很詳細的討論）。中南海短期內更擔心的是，香港成為輸入民主實踐、和平抗爭方法的「顛覆中心」。因此，港版國安法的立即效果是，切斷香港公民社會（抵抗力量）與外國的連結，清查國際運動網絡連結，斷絕金流，逮捕民主運動者，嚇阻外國力量的影響，包括劍指台灣，阻擋香港的抵抗運動蔓延到中國內地。

北京實施港版國安法，試圖建造「新柏林圍牆」，將香港阻絕於西方自由民主集團之外。[3]這個戰術透露了中共半推半就與美國進行「冷戰化」互動。反送中運動以來，北京的香港政策如此激烈，實施國安法有如發動一場「政變」（putsch），顛覆了香港自治與法治，也撕毀了「一國兩制」的承諾。[4]北京以閃電戰術發動這場國安機構部署，不能只用法律角度觀察，更須看清楚它的政治目的與未來效果。對照「八一〇大逮捕」，同樣以迅雷行動展開對香港新聞自由

2 孔誥烽，〈中國在瘟疫和經濟滑坡打擊後的進一步北韓化〉《立場新聞》二〇二〇年四月二十三日。
3 吳介民，〈美中新冷戰 中國在港築「柏林圍牆」，台灣會成為西柏林？〉，《新新聞》，二〇二〇六月三日。

的攻擊，國安法只是提供了名義上的工具。

中共政權從來不敢正面對決真正的民意，因此在香港佈置了國安體制之後，最大的一個政治動作就是「沒收」原訂二〇二〇年九月舉行的立法會選舉。七月泛民舉辦初選，參與投票者高達六十一萬人，盛況甚至超過泛民預估。年輕抗爭世代多高票出線，包括黃之鋒、何桂藍、張崑陽、袁嘉蔚（羅冠聰的 Plan B）等人。港中政府先以行政手段取消十二個民主派候選人的參選資格，然後在七月底，特首林鄭月娥以新冠肺炎疫情嚴峻為理由，宣佈將立法會選舉延後一年。林鄭月娥說這是「艱難的決定，但獲得北京中央支持」，並強調「沒有政治考慮」。這畫蛇添足的說明，正好彰顯其企圖，因為中國絕對承受不了對其政權再一次的民意公投。

中共不計代價打造國族帝國

港版國安法乍看讓人費解，其實它是個以進為退的戰術，中南海內部極端恐懼政權不保、害怕顏色革命，因此這場香港政變可說是中共的政權保衛戰。

換言之，中國當下對外舉措，不在短期內急於擴張領土（南海是另一個議題，它攸關中國輸入戰略物資的海運線），而是在累積、鞏固中國作為國族帝國的基礎建設，因此對西藏、新疆進行「中國化」的「再殖民改造」，甚至是文化滅絕、集中營模式的監禁改造手段都用上；

最近連內蒙都爆發了蒙古人保衛母語的抗爭。中國正不惜代價朝向「單一國族帝國」挺進。對香港的再殖民化（再中國化），一方面是進行先發制人的嚴酷鎮壓，另一方面是對香港人進行「文化改造」，要讓港人同化為跟內地人一樣的中國人。因此，在外部地緣政治條件未發生根本改變的情況下，港人恐怕要對政治寒冬做更強的心理和運動準備。

但是，當論證目前中共正在從事的「帝國國族化」是一種具有防衛性質的戰略時，我們不可忽視，中共謀略乃是結合了防衛與進攻、守成與侵略。中共透過防守戰術來換取未來實現領土擴張野心的時間，當然其中一個主要目標是併吞台灣。即使北京在短期內對美國放軟、對西方示好，中共絕不會放鬆對香港之掐緊控制，也不會放棄準備對台灣採行武力攻擊（所謂武統）。

然而，冷戰的另一面是熱戰，南海與台海都是引爆點。假設北京決策是理性的，尤其是針對台灣，它沒有動機在短期內打一場沒有把握速戰速決的戰爭。北京目前放出的信號也大致如此。當然，這是一個基於理性互動假設下，對中共行為的預期。但歷史經驗顯示，擦槍走火、誤判、認知錯誤、機會主義，都可能導致戰爭危機。對台灣而言，為了自身共同體的安危，必須以解放軍未來隨時可能入侵做準備，這是被中共逼迫出來的結果，也是台灣人應有的覺悟。

4 Ming-Sung Kuo（郭銘松）, "China's Legal Blitzkrieg in Hong Kong," *The Diplomat*, August 08, 2020.

港台命運共同體的實與虛

台灣在帝國爭霸、鬥爭的夾縫中求生存，增強獨立自主的條件，無庸多言。但香港局勢特別值得警惕。中共把香港鎖進對內維穩的框架，在美中對抗升高態勢下，對香港控制更加嚴酷。而台灣則在此框架之外，因為美中對抗而成為一個波濤洶湧但暫時安全的前線。因為我們處在中國直接監控的框架之外，才有餘力對香港進行人道與國際連結的援助。

美中對抗，香港攻防雖只是其中一條戰線，但香港局勢如同台海局勢，是測試美國是否決心嚇阻中國野心的試金石。如前述，中共戰術乃是攻守並用。北京在香港部署國安體制加緊鎮壓，假如美國出手，畫出紅線要北京「到此為止」，北京將趨於防守，鞏固在香港的鎮壓體制。假如美國不出手，則北京將食髓知味，繼而攻擊台灣，遂行其領土野心。

我們對香港抵抗運動的支持，必須認真以對，謹慎而務實施力。香港危機不應是大選年「亡國感」供內部消費，而是抵抗極權入侵、港台交互培力的契機。事實上，台灣民意對香港支持度非常高。中央研究院社會所中國效應研究小組，在二〇二〇年五月的問卷調查顯示：高達六十七%的受訪者支持香港反送中運動，而十八～三十四歲的年輕人支持度更高達八十五%。這是台灣採取撐港政策最有力的社會基礎。台灣政府對港政策確實有所作為，但有時則顯得過於謹慎，例如民主國家紛紛要求中國遵守「中英聯合聲明」，但政府長期束縛於沿襲已久的兩岸關係架構，連提及「中英聯合聲明」都有困難。九月間台灣爆發了「五港青渡台案」爭議，更凸顯了台灣在處理對港人道救援上的複雜度。

有人認為「可做但不可說」，儘管是不得已的現實考量，但也綑綁住我們的想像力。我們迫切需要提出對港創新論述，也應該視為台灣國家發展尋求新論述的契機。例如，以香港局勢巨變為契機，讓台灣成為全球公民社會（global civil society）的一個中心（hub），在「撐港國際隊」當中扮演人道援助、資訊流通、後勤、論述、連結等角色。香港抵抗中共極權操作的經驗可以傳遞給台灣，對台灣抗中保台深具價值。而台灣過去抵抗威權統治的歷史，戒嚴下國內與國際連結的經驗，也是香港人很想獲得的抗爭知識。面對中國極權威脅，港台之間「命運共同體」的想像，必須有清晰戰略目標與靈活戰術來支撐。

我們對香港的認識，還在起步階段，撐香港需要了解當前香港政治危機的來龍去脈，馬嶽這本《反抗的共同體》，是我們掌握香港人為何發起反送中運動——香港人在這場驚動世界之運動中的創造與犧牲——最好的教本。

（作者為中央研究院社會學所研究員，
著有《尋租中國：台商、廣東模式與全球資本主義》，二〇一九年）

推薦序

從不可能到不可避免的劇變

何明修

普林斯頓大學馬克・拜辛格（Mark Beissinger）教授是研究蘇聯解體的權威。他指出，在一九八八年之前，幾乎沒有人預想已經屹立七十年的紅色帝國即將走入歷史，等到一連串的民族主義風潮席捲蘇聯附屬的共和國，到了一九九一年，蘇聯瓦解已經成為不可避免的趨勢。拜辛格指出在一九八八年～一九九一年期間，「歷史變得更為濃稠了」（thickened history），不尋常的事件逐一發生，打破先前的預期，人們不再恐懼未知，開始想像過去從沒有想過的事情，被長期壓制的渴望突然浮現在公共言論。如此的結果就是從不可能（impossible）到不可避免（inevitable）的劇變，因此讓歷史又往前翻了一頁。

從二〇一九年六月九日的百萬人反送中遊行登場，到二〇二〇年六月三十日中國頒佈港版國安法，香港這一年也是高度濃稠化，出現許多意想不到的轉折，其中包括送中條例的撤回、區議會版圖的變天、中共的「攬炒」。

首先，當香港政府提出逃犯條例修正案，反對勢力其實沒有太多可以運作的空間。前一年的反一地兩檢運動失敗，也沒有獲得太多民眾關心。許多議員被剝奪資格，民主派又在補選接連失利，建制派乘勢修改議事規則，使得各種阻撓會議進行的策略失效。到了二〇一九年初夏，包括黃之鋒、陳健民、戴耀廷、梁天琦等領袖正在獄中服刑，香港的公民社會群龍無首。然而，沒有料想到一場反送中運動轟轟烈烈登場，香港人民不需要運動領袖，也不怕警方所動員的各種高殺傷力武器，就迫使香港政府在九月四日正式撤回逃犯條例。

其次，在中聯辦積極介入下，香港區議會早已淪為建制派的天下，參選人往往是依靠各種討好選民的「蛇齋餅粽」而當選。被二〇一四年的雨傘運動召喚出政治熱情的許多年輕人，紛紛以「傘兵」名義參選二〇一五年的區議會選舉。儘管如此，建制派只減少了十一席，降為二百九十八席，反對陣營則是成長了二十五席，獲得一百二十五席，五十一位傘兵也只當選了七席。然而到了二〇一九年十一月的區議會選舉，在經歷長達半年的警察暴力後，香港出現了前所未有的政治版圖重整。反對勢力取得三百八十九席，建制派則是大幅萎縮至五十九席。從二〇二〇年開始，香港區議會的十八區有十七區是由民主派掌握絕對優勢。

最後，在反送中運動爆發之前，香港激進人士認為既有的選舉議會路線、公民抗命、和平佔領運動都是無濟於事，不只無法抵禦共產黨的逐步滲透，也無法推動民主化。「焦土論」者認為，一國兩制早就名存實亡，因此主張拒絕參與既有的體制，如果共產黨全面進場接管，再也沒有居中緩衝的泛民黨派，香港人才會全面覺醒。焦土論的激進主張直接成為反送中運動的

「攬炒」路線，國際線的運動者積極遊說各國政府進行制裁，並且重新評估香港的特殊待遇，因為他們認為中國將會面臨更嚴重的損失。北京在二〇二〇年中提出國安法，透過人大立法的程序，直接加入基本法附件，規避了香港立法機構的審議，國際普遍認為一國兩制提前終結。由於港版國安法各種空泛的域外法權規定，使得西方國家反應激烈，紛紛提出各種制裁、禁售、終止司法互助協定的措施。換言之，焦土論／攬炒派所設想的情節已經成為正在上演中的國際政治肉搏戰。

• • •

讓香港局勢從不可能到不可避免的轉變，此一創造歷史的力量來自香港人民，反送中運動展現出無畏的勇氣、靈活的戰術運用、團結一致的信念、廣泛而無私的奉獻，這些都不是承平時期所能見到的。彈丸之地香港長期處於東西方勢力交會的前哨站，她的前途向來是由強權所決定的，其土地上的人民沒有發言權。戰後殖民地之所以復辟，是因為英國想要保留這處遠東貿易商港，中國共產黨想要充分利用香港的經濟管道，而當時逃難來香港的人想要有遠離戰亂的棲身之處。當香港前途成為談判桌上的議題時，英國人只顧著光榮撤退的顏面，妥善保存帝國餘暉，愛面子的中國人則是為了拿回主權，而香港人的意願從來沒有被列入討論議程。主權移交之後，美國人與中國人都想要賺錢，因此雙方的默契就是，前者不積極支持香港人的民主運動，後者也願意忍一忍，默許香港人每年六四在維園高喊「結束一黨專政」的口號。

很顯然，那個香港人自願噤聲或被迫失聲的年代已經一去不復返，香港議題也不再只是大國角力戲局中的棋子，而是成為主動影響新冷戰局勢的變數。原先的均衡之所以被打破，長期原因是來自於中國經濟與軍事力量的崛起，而且其領導人開始有意識地挑戰既有的國際互動規則。然而，香港人的覺醒，起身反抗其逐漸內地化的命運，也發揮了扭轉乾坤的作用。

• • •

源自於逃犯條例爭議的香港人運動，目前已經有許多出版品，包括媒體報導的選集（報導者、端傳媒、南華早報等）、參與者的觀察與反思分享（六月抗爭、六一二中信事件、基督教徒等）、各種影像與圖像創作（漫畫、攝影集、小誌等）。然而，馬嶽教授的《反抗的共同體》是至今最完整與最深入的作品，既有學術研究的扎實，也有通俗著作的流暢。香港人爭取自由的努力仍是現在進行式，港版國安法所引發的後續效應仍在持續發酵，要進行某種蓋棺論定的評斷是不可能，也是不可行的。儘管如此，《反抗的共同體》一書仍提出及時的觀察與條理分明的剖析，的確是難能可貴的著作。

馬嶽教授以研究香港政治發展聞名，過往的研究領域主要是政黨、選舉與民主化。然而，本書所關切的主題相當廣泛，除了分析運動者策略、政府反制之道以外，也對運動的國際與台灣迴響、媒體角色、認同政治、警察暴力等面向有深入分析。在閱讀書稿之後，我個人認為下列幾點是本書的重要發現：

雨傘運動的教訓：二〇一四年那場長達七十九天的佔領運動突破了原先香港人所能接受的尺度，沒有成功的教訓以及後續一連串政權發動的秋後算帳，更是加深了香港人抗爭的意志。除了對不同路線的寬容（不割席），抗爭者採取更為自發的態度，他們不再長期佔領某些公共空間，而是採取敵進我退的游擊戰（be water），並且到處遊行與集會（遍地開花）。

急劇的運動升溫與定調：從六月九日百萬人遊行到十六日的二百萬人遊行，這短短八天已經搭建了往後運動抗爭的基調，其中包括基於不同身份類別的動員、和理非與勇武的合作（和勇不分）、五大訴求（最早是梁凌杰義士寫在他黃色的雨衣上）。同樣地，香港政府也鐵了心，採取了強硬的鎮壓策略，包括警方動用催淚彈、以暴動罪起訴被捕人士等。

無大台是運動力量也是其限制：所謂的「無大台」，即是沒有位居核心的領導中心，因此抗爭者得要自行決定其參與的形式。反送中運動出現各種靈活而有創意的抗爭策略，使得儘管枱面上的政治人物與運動領袖經常被捕，或是被警察與黑道攻擊，仍舊無法阻止運動的進展。然而，也由於運動沒有邊界，以致政權很容易採用臥底、滲透方式加入破壞，引發運動者內部的猜忌與不信任。罷工與罷課等大型不合作運動並沒有產生持續性的效果，也是因為缺乏組織與領導的緣故。

和理非與勇武的螺旋：儘管和勇不分是運動者所信奉的基本觀念，但是運動的實際發展卻呈現了兩條路線的交互輪替。舉例而言，六月主要是和平理性的行動，七月開始分區遊行後出現激進抗爭的行動，尤其是七二一包圍中聯辦、八月初的機場抗議。由於發生了群眾攻擊環球時報記者的事件，運動又轉到和平理性的方向，例如八一八的流水式集會、八二三的人鏈行動等。

失敗的止暴制亂：香港政府從一開始就採取警力鎮壓，到了八月初，林鄭月娥指責「光復香港、時代革命」的口號是「港獨」，中國政府更宣稱抗爭運動出現了「恐怖主義的苗頭」，但這樣的指控仍無法分化運動的支持者。期間政府也採取其他懷柔策略，例如以紓困名義發錢與減稅、林鄭月娥與社區溝通、擴大監警會成員、調查警民衝突等，但這些措施都無法扭轉民眾對於政府的不信任。

進化中的不合作運動：不合作原先是公民抗命運動的一環，透過人民不再順從既有的經濟與政治秩序，以迫使執政者讓步。反送中運動發起多次的罷工、罷市、塞爆機場、擠兌中資銀行、抵制親政府與親中的商家，後來更演變成暴力破壞黑店（黑道經營）、藍店（支持政府）、紅店（中資）等，都是不合作的延伸。然而這些行動不是無法持續，便是容易引發民意反彈，因此最新的不合作運動是所謂的黃色經濟圈，亦即用日常消費的力量來建構一套新的經濟體制。這樣的理念是否能落實成為自給自主的新形態仍有待觀察，但是從近來建制派與中國官員的批評來看，這樣的訴求顯然已經產生了政治效應。

香港人共同體意識的浮現：從雨傘運動所追求的「命運自主」到《願榮光歸香港》號召共同患難所建立的手足情誼，反送中運動正在加速香港人認同的本土化。甚且這場抗爭演變成為反中運動，多次特意攻擊代表中國主權的象徵物。但儘管如此，民調顯示願意支持香港脫離中國統治的受訪者並沒有增加，仍然低於百分之二十。

《反抗的共同體》主要側重於抗爭者與政權之互動，探討內容相當完整，對於想要全面了解香港反送中運動一年來的劇變，本書無疑會是最值得推薦給讀者的首選。不過，就如同其他當代革命研究著作一樣，任何觀察至多只是期中報告，因為這場自由城市與法西斯帝國的對抗仍在持續上演之中。在突如其來的港版國安法衝突下，香港抗爭者被迫流亡、匿名化、沉寂或是轉入地下。警察或許重新奪回了街頭與商場，但是中國政府卻已經無法挽回香港人民的心。在以往，香港人或多或少相信一城民主是可能的，是可以與大陸的共產極權統治和平共存的。不過，經歷了這一年來的抗爭，這樣一廂情願的期待已經顯然荒謬可笑。未來香港人只有兩種可能的選擇，一是香港的徹底內地化，各種維穩、網路防火牆限制開始加諸在香港人身上，各政府機構的主導權移轉至黨委書記；另一種則是香港的民主化以及共產黨統治的瓦解。是否香港會出現新的一段濃稠的歷史，再度引發從不可能到不可避免的劇變？全世界都在密切關注中。

（作者為台灣大學社會系教授，著有《為什麼要佔領街頭？從太陽花、雨傘，到反送中運動》，二〇一九年。）

推薦序

「我何嘗又唔係好撚鍾意香港」

張鐵志

二〇二〇年八月十日，二十三歲的香港民主運動者周庭被警察從家中逮捕，理由是涉嫌違反不久前通過的港版國安法，當天包括黎智英在內有十人被捕。

憤怒的我在臉書上貼了一張照片，是二〇一三年一月香港《號外》雜誌的封面，封面上有十七歲的周庭。

那是我擔任香港《號外》雜誌總編輯改版的第一期，封面人物是學民思潮三位要角，包括黃之鋒、周庭和林朗彥。那一年，他們是十六、十七歲的少年與少女，但他們在半年前的夏天領導了一場反國教運動（其實他們之前已經努力一、兩年），成功地讓政府撤回了這個被視為洗腦教育的法案。

我是在反國教運動後的兩個月搬到香港，開始這份新工作：擔任一個在香港無人不知的、已經三十六年的傳奇雜誌的總編輯。很快地我就決定改版第一期必須是學民思潮，因為二〇一二年的香港正處於歷史交叉點的時刻：人們已經開始說著這個城市正在死亡，特首梁振英剛上台，中港矛盾開始成為重要社會議題；但另一方面，從二〇〇三年七一遊行之後，出現各種新價值、新運動和新世代，挑戰著過去所謂「中環價值」：從社區運動、保育運動、土地正義、反高鐵保衛菜園村，到新的「本土」思潮等等。而真普選是人們急欲爭取的重要政治目標。

二〇一二年夏天九〇後少年們反國教運動的成功，彷彿象徵著一個閃亮的希望，我們都以為那是一個新香港時代的開端。

對一個過去以明星為封面的時尚創意文化雜誌，這樣一個封面也代表了一場重要轉型的開始。接下來，香港月月有大事，我們在這本雜誌努力地去記錄、討論，介入各種文化與政治議題（例如在佔領中環這議題開始討論不久後，我們在二〇一三年五月就做了一本手冊，以藝術和創意角度討論如何佔領中環）。

二〇一四年九月下旬爆發了雨傘運動，全世界都看到這個城市街道上無數堅定而沉默的雨傘。

那兩個月，我在立法會前的流動民主教室演講，在九二八的遊行中第一次嚐到催淚瓦斯的滋味，在「大台」上分享台灣民主經驗，和抗爭者一起走上原本車流不止的龍和道。當然二〇一四年十二月的《號外》是一整本黃色的雜誌，題目是想像佔領之後的新香港。

只是沒有人想到，那個「新香港」竟是如此抑鬱的。

……

站在二〇二〇年的現在回頭來看，雨傘運動之後的一切憂傷與憤怒，其實醞釀出了二〇一九年的反送中運動。

在那幾年間，北京更加大對香港的壓迫，奪取了更多自由，「銅鑼灣書店」成為暴力與良心對抗的符號。整個社會瀰漫著無力感與挫折感，一般的示威遊行已經難以動員，而新的激進本土思潮——主張「勇武」和港獨則獲得更多青年支持。雖然不少抗爭世代的青年被選入立法會，卻有許多人被剝奪資格，其後更有不少佔中參與者被判刑入獄。

二〇一九的六月前，恐怕很少人預料到會有近兩百萬人走上街頭，並且轉化成半年的街頭之戰。

馬嶽教授在本書對從雨傘運動到反送中抗爭間的歷史演變及反送中運動的不同面向，提出了非常精采而重要的分析，尤其是本書的重點：香港人的身份認同的轉變及如何形成一個「反抗的共同體」。

在這裡，容我做一些重述與補充。

他在本書指出關鍵的一點是，二〇〇八年是香港人認同「中國人」身份的高峰，也是分水嶺。此後，中港矛盾愈來愈嚴重，從政治、經濟到日常生活的資源擠壓，而年輕的抗爭者也從保育運動發展出「本土」的新思潮——雖然當時概念和後來的「本土派」不一樣；且愈來愈多人擔心自己的獨特文化——包括粵語和繁體字作為一種文化認同——受到壓迫。

畢竟，香港人自認是一個混種的國際城市，而不是一個普通的中國城市，但他們擔心自己正快速滑向後者。

二〇〇八年的反高鐵運動在某一個意義上，就是擔心香港和中國更快速而高度的整合；反國教運動則是因為北京希望更強化香港人的「愛國」教育，而引起巨大的反彈。各種中港矛盾的激化讓香港人的認同愈來愈強烈。

這個對身份認同以及中港關係的重新理解，又涉及到對香港民主運動路線與想像的再定義。從八十年代開始，香港民主派的主流論述是「民主回歸論」，亦即人們接受回歸中國作為祖國，但相信北京政府會給予他們民主。一國兩制下的民主。

這個「民主回歸論」在那幾年中逐漸受到挑戰，到了二〇一四年人大常委的八三一決定可以說徹底崩塌。當年年初，港大學生會刊物《學苑》刊出封面故事：〈香港民族　命運自決〉，引起一陣騷動。夏天他們出版新書《香港民族論》，更被視為高舉港獨旗幟。當時學運正統組織學聯的秘書長周永康也在幾次演講中提出「自決」字眼：「自決」對他們來說是香港人自己決定自己的命運，而非港獨——當時周永康就強調他們主張在基本法框架下爭取普選。不過，或許是因為自決概念的敏感，學聯在九二二罷課宣言及其後，就把「自決」的概念改成「自主」：在罷課現場的大台，背後寫的就是「命運自主」四個字。

只是，這些當然都不是北京以及香港主流建制所能接受的。

雨傘運動後，本土思潮在青年人之間愈來愈盛行，「自決」也逐漸成為新世代民主派的主流概念，連被視為相對溫和的「佔中三子」的港大法律系教授戴耀廷都為文認為港人應有自決權，甚至提出否定基本法的可能。二〇一六年春天一群中青代學者集體發表《香港前途決議文》，宣稱啟動「香港自決運動」。在稍後的立法會選舉中，朱凱迪、羅冠聰等原本不屬於本土派的候選人，也以自決派面貌出現並且當選。

隨著北京加大壓迫，到了反送中運動前夕，反中情緒已然高漲，反送中運動本身更是最高強度的認同與情緒動員：「由始至終，二〇一九年的反抗運動都是一個香港人身份政治的運動」，馬嶽在書中說。

的確，不會有人在聽到國泰航空機長的「香港人加油」時不落淚的。而七月一日抗爭走向激進化之後，人們更在遍地唱起《願榮光歸香港》。

這個口號確實是「革命性的」，這不只代表港人身份認同的轉變，還有對整個體制認知與抗爭方向的巨大翻轉。

在二〇一四年雨傘運動時，北京將雨傘運動描繪成顏色革命，代表有外國勢力介入，且不少民主派人士仍然被當年六四武力鎮壓的幽靈所糾纏，所以拒絕運動被貼上「革命」標籤（「雨傘革命」）。

但到了二〇一九年下半年的反送中運動，在香港的每個角落，人們都高喊著：「光復香港、時代革命」。現在每個人都是革命者——在這裡「革命」指涉的是拒絕現有體制的正當性，是要重新想像香港的可能性。

進入二〇二〇年，革命當然尚未成功，但七月一日通過的國安法倒是真正殺死了現有體制任何的正當性，埋葬了一國兩制的荒謬虛構。

站在這個漫長森冷歷史隧道的起點，沒有人知道未來這個「反抗的共同體」中的「反抗」會更強大還是更脆弱，但我們知道，這個「共同體」確實已然成形。我們更知道，不論是留下的或被迫離開的，或者像我們這種不知何時能再走進的台灣人，都會永遠感受到羅冠聰在被迫離開時說的這句話：「我何嘗又唔係好撚鍾意香港（我何嘗不是他媽的愛死香港）。」

（作者為《VERSE》雜誌創辦人暨總編輯，著有《燃燒的年代：獨立文化、青年世代與公共精神》，二〇一六年。）

作者序

二〇一九年八月十二日，我放下了手頭上本來在做的研究和寫作項目，打開手提電腦，咬一咬唇，決定寫字，開始了寫這本書。

我其實主要只懂得寫字。

八月十一日晚上，一名女急救員在尖沙咀被打盲一隻眼睛、不少抗爭者在銅鑼灣一帶被痛打被逮捕、警察把催淚彈打進葵芳港鐵站、在太古港鐵站內追打已經準備離開的人群。這一天內的暴力帶來的盛怒，觸發很多人翌日到香港機場示威，癱瘓了機場運作及交通，很多人接著由機場徒步走到東涌離開。三個星期後，數以千計的人再到機場抗議，再徒步從機場走了二十公里離開大嶼山，不少義務司機駕車接載離開，傳媒稱之為「港式鄧寇克」大撤退[1]。這兩件事，和很多二〇一九年的抗爭經驗，教曉了很多香港人，很多本來以為不可能的

1 編按：「Dunkirk evacuation」在台灣翻成「敦克爾克大撤退」。這項行動中總共有八百五十艘民間船隻從英國的拉姆斯蓋特港駛往法國北部的敦克爾克，協助撤離三十三萬多名盟軍士兵。

事，其實都是可能的。

二〇一九年六月，香港因反《逃犯條例》爆發前所未有的激烈抗爭。由二月政府提出因為台灣的「潘曉穎案」而要修改法例，令在香港的「逃犯」可以被引渡到一些本來沒有引渡協議的司法管轄區（包括中國大陸）開始，香港民間不同的組織或個人以各種不同的方法反對修例，包括聯署聲明、大規模遊行集會、國際遊說、不合作運動、罷工、破壞交通、暴力抗爭，以及其他表態支持的行動如「人鏈」、唱歌等，由二〇一九年六月九日百萬人遊行的第一個高峰，到二〇二〇年一月新冠肺炎爆發，令很多街頭行動無法再進行為止，七個月內的抗爭行動紛至沓來，牽涉史無前例數目的行動和行動者，引發大規模的拘捕和武力鎮壓，也牽動許多關注香港的人的心。這場運動根本地改變了中港關係、改變了香港在國際政治中的角色和地位、影響了台灣總統選舉、也令香港成為中美關係焦點之一。對香港來說，這場運動根本地打破了二十多年來「自由專制」的賽局。用香港人近年常用的說法：「一切都回不去了。」

• • •

我自打字那一天起，就在思考這本書應該叫什麼名，什麼才是適當的名詞去形容二〇一九年夏天開始的這場運動。用我自己的說法，在二〇一九年，香港人以一個夏天推進了一個時代，很多東西都出現了質變。[2]我當然有想過用周保松的「自由之夏」，但我很早便覺得這名稱太浪漫太和平，不足以準確描寫這場運動這個夏天的傷痛、悲情、憤慨，以至這場運動對香港的深遠意義。

到了二〇一九年十月四日，也就是特區政府宣佈根據《緊急法》立《反蒙面法》的一天，自發上街的香港人喊出了「香港人，反抗！」，於是我想到了：這場運動的本質，是香港人為了捍衛自己自由和生活方式的絕地反抗；運動最重要的影響，是香港人整體反抗精神的大大提升。很多備受壓迫的香港人在二〇一九年醒覺，要起來加入反抗的行列，「兄弟爬山，各自努力」，各盡所能地為香港奮鬥。

香港人的身份意識，經歷二〇一九年的反抗運動，造就了一個新的共同體意識。很多香港人共同經歷傷痛、榮光、亢奮、憤怒，又再傷痛、榮光、亢奮、憤怒。許多個各自無眠的深夜、血汗混和腳步的日子、淚水和髒話伴隨著看直播的晚上，把支持運動的香港人縛在一起。這將會根本地改變香港的發展軌跡。

在書寫期間，想過就簡單地用「二〇一九年反抗運動」作書名。總編輯秀如說很喜歡我曾用過的「實踐的共同體」這標題，建議用來作書名。我說不如就用「反抗的共同體」吧。共同反抗的經驗和情感，是定義這個共同體的不可磨滅獨一無二的內容。「反抗」和「共同體」，在

2 馬嶽，〈這個夏天：實踐的共同體〉，《星期日明報》二〇一九年九月十五日。

我而言是二〇一九年的反抗運動帶來的最重要的轉變。

• • •

二〇一六年，英國公投通過脫歐，川普當選美國總統。這兩件對西方世界政治發展帶來莫大變化的事，也為西方學術界（特別是政治學）帶來莫大的衝擊。不少學者因而反思為什麼不能預見如此重大的政治轉變。有人指出，不少當代的政治學研究脫離現實政治，學術會議和期刊討論鑽研的理論和方法學都太「離地」，和一般人體驗的政治和實際影響政治的因素距離甚遠。社會政治變化累積量變到質變，但學術工作者並不了解。

大約在二〇一七～一八年吧，我在某一兩次往返開會的長途飛機上，把李維茲基（Steven Levitsky）和齊布拉特（Daniel Ziblatt）的*How Democracies Die*（中譯《民主國家如何死亡》，時報出版）看完，感觸良多。李維茲基和齊布拉特當然是當代研究民主化、專制政治和混雜政體的明星。這本書並非以大學出版社那種學術書籍的方法格式寫成，而是普通人都可以看得懂，但卻是研究了很久政治學的人才可以寫得出的觀察和分析，讀了之後應該可以加深對世界政治過程的理解。

我感覺到有關香港政治，我們這一代香港學者的書寫都不夠，尤其是用中文的書寫。大學的學術評審遊戲規則只看重國際頂級學術期刊的出版，當然要用英語書寫，而香港研究和推動大眾了解香港政治和社會的中文著作一直數量不夠。年輕學者的研究衝勁和好奇心創新性最強，但如果他們身處大學學院之中，精力大多不會投放在香港政治研究或者推廣的工作上。近年來研究香港的本地學者增加了，但他們要致力期刊出版，而英語學術期刊的書寫方法，往往是普通人不能看懂的，期刊要求聚焦很小很深入的問題，對普羅大眾來說，經常不能提供一個綜觀的脈絡，令他們更了解所處社會的政治。

本書不是嚴謹的現代政治學著作。沒有高深的學術理論或假設（hypothesis）的測試，沒有整體的理論框架來分析整個運動，沒有多因的量化統計分析，原始一手資料也不多，主要根據的都是普通人可以找得到的公開資訊。本書是一個研究香港政治的人在二〇一九年夏天（和秋天和其後……）身處香港的觀察、分析和書寫。我的出發點，是希望寫一本普通人（即是沒有唸過什麼政治學的人）都可以看得懂的書，一本只要關心香港、希望了解二〇一九年香港的反抗運動是怎麼一回事的人，都可以看得懂，覺得有參考價值的書。

•••

這本書寫來並不容易。首先是要告訴自己集中精神寫字。書中的不少字其實是很多次關掉直播咬著下唇寫出來的。第二是整個運動牽涉到無數的行動和事件，很多都有血有淚，亦各承載不同價值，很難逐一詳細描述和分析，掛一漏萬或掛萬漏一可能都難以避免。對親歷運動的許多香港人來說，這本書裡對不少事件的描述和討論都可能不足夠，有些有意義的行動和事件沒有包括在內，有些寫得過度簡略，但現在已經超過二十萬字了。這個書寫只可以作為一個開端一個基礎，不同的人已經用不同角度不同媒介記錄這場運動，我相信不同形式的書寫或者紀錄，應該還是會陸續問世的。

第三個難題，是我們當老師的經常告誡學生：不要寫正在發生的政治事件，因為那是移動的目標，事情沒有發展完，很難看得清楚，身處事件之中分析，難免有偏差。但教書的人做不到自己告訴學生的事情，不足為奇。由二〇一九年八月開始寫，一邊寫一邊修正一些早期階段的看法，同時告誡自己寫的時候要抽離一些。到了二〇一九年底，已經超過十萬多字，但我完全想不到這本書可以怎樣寫完。當時我看不到政府會正面回應「五大訴求」，但我相信運動不會完結，會轉化為新形式新階段的抗爭。新冠肺炎在二〇二〇年一月底爆發，令反送中運動的動員可說是暫時止息。各類行動其後持續，參與人數因各種原因減少，很多人沒有放棄。我相信反送中運動產生的政治能量，會轉化成不同形式，但是時候就這七、八個月的運動做個總結了。

我必須承認，對一個唸了政治學超過三十年，關注和研究書寫香港政治發展也近三十年的人來說，二〇一九年發生的事情，很多都出乎我理解或預計的範圍以外。我唸過的政治學，很多都似乎不管用。唸政治學，初心不外乎希望能把自己所處社會的政治搞好，但到了二〇二〇年目睹香港政治的現狀，作為一個長期關注和參與的人，只能有無盡的無奈與唏噓。這是個「秀才遇著兵」的世代，知識份子常感難以自處，也許因為我們通常都只懂寫字。

・・・

在二〇一九年十二歲、二十二歲、三十二歲、以至七十二歲的人，總有一天會回望這年這刻骨銘心的運動，回想當年曾經發生什麼事，甚至他們的子子孫孫，將來要重新探訪這根本地改變了香港的一項運動時，他們會發現什麼呢？

寫在二〇二〇年，反送中運動的「五大訴求」只成就了一項，抗爭者付出了沉重的代價，也招來政權強硬的回應，短期內看不見有成功的把握。親身經歷這場運動的人，有責任把它記錄書寫下來。歷史，往往是政治鬥爭中獲勝的人主導書寫。政權最擅長的，就是透過書寫歷史改造人的記憶，透過掌控過去來掌控現在。公民社會、知識份子和庶民，都有責任把他自己的經歷、看法和分析寫出來。

書除非被燒盡，始終是重要的紀錄。若干年後，很多人可能會選擇忘記，或者害怕想起二〇一九年發生的事情。我希望這本書可以幫很多人記著二〇一九年在香港發生的事。

本書得以完成，得力於在台灣讀博士班的文己翎替我蒐集整理各種相關資料。非常感謝左岸的總編輯黃秀如給我這個為台灣讀者介紹香港的機會，左岸的編輯們在過程中給予非常重要的意見和幫忙，在很短的時間內把本書整理出版，很了不起。介民、明修、鐵志三位「巨頭」

替本書寫序，實在是萬分榮幸。在香港我一直無緣識荊柳廣成先生，但他二話不說地便替我畫封面，令本書生色不少。至於書的各種不足和遺漏，自然都是我個人的責任。

謹以此書獻給
那即將到來的日子。

CHAPTER 1
從雨傘運動到反送中運動

幾乎沒有人可以預計大規模群眾運動會在二〇一九年夏爆發。運動爆發的遠因當然是潛藏的政治不滿，起碼可以追溯到自二〇一二年後，香港的自由、自治和制度公義大幅被侵蝕，以及多年來對政治制度和沒有實現普選的不滿。二〇一四年的雨傘運動，在不同方面都對二〇一九年夏的反送中運動有莫大的影響。

本章將簡述二〇一九年反抗運動的政治背景。香港埋藏的政治不滿可以追溯到很多年前，這裡只從二〇一四年的雨傘運動開始縷述。由二〇一四年開始，香港經歷各種政治變化，令支持民主和自由的年輕人對政治前景非常悲觀以至充滿無力感，是二〇一九年反送中運動的重要背景。二〇一九年前的一、兩年，各種跡象都顯示民間的反抗力量在削弱，而中共對香港的控制力愈來愈強。正因如此，二〇一九年反抗運動爆發的能量和持久性，才令人相當意外。

1·1 雨傘運動的影響

二〇一四年的佔領運動不能帶來任何政治或選舉制度上的改變，但在政治價值或觀念上則帶來很大的影響。雨傘運動後的失望和反思，影響了其後的運動路向，也影響了二〇一九年反抗運動的幾個面向。

首先，整個「佔領中環」運動，其實是一個港人意識覺醒的運動。自二〇一三年一月戴耀廷提出「佔領中環」的構思，迅速引來激烈討論，過程不再在這詳述。運動令很多香港人反思以至反覆詰問，究竟會不會為了爭取香港的民主／維護香港的未來，而作公民抗命，以至個人能為香港或香港的民主付出什麼代價。原有的「佔領中環」運動不光是準備佔領的行動，而是包括大量公民社會動員和審議（deliberation）的過程。民主派的公民社會組織和政治組織響應投入運動，在不同的商討日[1]中，在不同層面、社區和團體之間討論政改和選舉方案。「佔領中環」運動在二〇一四年六月發起「民間公投」，有八十多萬人投票，從二〇一三年初至二〇一四年九月佔領運動爆發，由政制方案的討論，民主運動策略的爭論，是否應該「佔領中環」的轟動，都令香港處於一個高度政治動員的狀態之中。

雨傘運動的爆發，和本來佔中三子的計劃很不一樣。九月二十六日晚上學生突襲佔領公民廣場，至九月二十七日早上不少學生領袖被捕，引來大量群眾聲援圍堵政府總部。九月二十八日凌晨戴耀廷在金鐘添馬公園宣佈啟動「佔領中環」運動，中午開始不少市民前往金鐘聲援，至下午佔領街道，至黃昏警方發射催淚彈，引發更多市民出來抗爭，結果在金鐘、旺角和銅鑼灣的三個據點前後佔領達七十九日。但中國政府對應以「不流血、不讓步」策略，成功令佔領運動無疾而終。最後，七十九天的佔領並沒有為香港帶來政制上的改革，被民主派認為是不民主／「假普選」的政府方案在二〇一五年六月遭立法會否決。[2]

但佔領運動對其後的香港政治發展，以至民間運動的發展，有相當影響，部份反映在二〇一九年的反抗運動中。這起碼包括兩大類的影響：對人民政治意識和政治價值的影響，以及對運動路線的影響。

1.1.1 對政治價值及覺醒的影響

雨傘運動大大拓展了香港人對「公民抗命」的接受程度。當數以十萬計的人都曾經佔領街

1 編按：商討日（deliberation day）是美國政治學家艾克曼（Bruce Ackerman）與費希金（James Fishkin）為促進審議民主所提倡的討論，佔中運動發動不同公民社會組織和個人討論佔中的概念和二〇一七年特首普選方案，共進行了三輪的商討日，第一個商討日在二〇一三年六月九日於港大舉行。

2 有關雨傘運動，可見Ngok Ma and Edmund W. Cheng, eds. 2019. *The Umbrella Movement: Civil Resistance and Contentious Space in Hong Kong*. Amsterdam: Amsterdam University Press; Ching-kwan Lee and Ming Sing, eds. 2019. *Take Back our Future: An Eventful Sociology of the Hong Kong Umbrella Movement*. Ithace: Cornell University Press.

道，以及體驗過堵路帶來的影響，這越過了某種政治參與的心理關口（threshold）。香港人早年被認為政治冷感、政治參與度低。自八十年代開始的民主運動和各種抗爭，大都以和平守法的形式如遊行請願聯署等進行。戴耀廷就「佔領中環」運動做的準備工作，為「公民抗命」「以法達義」提供了理論基礎，[3]超過一年的公眾討論和辯論，為很多支持民主的人做了思想準備，而七十九天的佔領為很多人帶來了實踐經驗。到了二〇一九年的抗爭，不少抗爭者對參與「佔領馬路」差不多已經沒有心理障礙，例如六月十二日在立法會門外的集會很快便變成堵塞馬路，其後的各區遊行和抗爭中，也有不少居民會參與以雜物堵路。參與者當然知道違法會有法律後果，但並不一定覺得違法抗爭是不道德，不會再視合法鬥爭為唯一手段，也可能有較好心理準備要付出被檢控判刑的代價。一般支持民主的市民，對以不合法手段爭取民主或表達訴求的接受程度，也因雨傘運動的經驗而提高。

香港人一直被視為經濟動物，而香港也被視為經濟城市。港府一直都以「經濟至上」論述治港，佔領爆發前（二〇一三～一四年間）政府陣營反對佔中的最有力論述就是「佔中會嚴重影響經濟」。然而七十九日佔領下來，發覺造成生活不便有之，對佔領區附近的店鋪和居民也有影響，但對整體經濟並沒有帶來沉重打擊。這某程度上為五年後的各種不合作運動打了防疫針，即市民不大相信持續抗爭就會嚴重影響經濟，或說雨傘運動的經驗提高了一般市民的容忍限度（threshold），即有較佳的心理準備，抗爭會帶來工作上的不便，或者對經濟某些層面有負面影響，但如果要爭取民主，就要準備付出代價。[3]

在香港的政治歷史上，不同世代的政治啟蒙和覺醒，往往來自成長過程中震撼性的事件或運動。這包括八九民運、二〇〇三年七一遊行、二〇〇九～一〇年的反高鐵運動、二〇一二年的反國教運動，也包括二〇一四年的雨傘運動。雨傘運動史無前例的抗爭，令不少本來不參與不關心的人（尤其是年輕人）反思香港前路，是一個重大的政治覺醒經驗。這也刺激了不少傘後組織的出現，成為下一波政治參與的基礎。

政治上，雨傘運動的另一大影響是對不少現行制度的信心下滑。亞洲民主動態調查的數據反映，由二〇一二年到二〇一六年，被訪者對不少主要政治制度的信任都大幅下降，政府的合法性危機加深（見表一）。其中受很大影響的是警隊，信任度下降近兩成。香港警察自七十年代以來一直有不錯的形象與國際聲譽。在雨傘運動中，警察被認為使用過度武力、放走用暴力襲擊

3 有關「佔領中環」及相關的公民抗命論述，可見戴耀廷，二〇一三，《佔領中環：和平抗爭心戰室》，香港：天窗。

表一｜香港人對不同政治制度的信任百分比，2012年和2016年比較

問題：你信不信任以下機構呢？（信任的百分比）

	行政長官	法院	中央政府	政黨	立法會	公務員	駐港解放軍	特區政府	警察
2012	58.9%	82.3%	53.4%	35.9%	48.5%	75.2%	61.5%	63.6%	81.8%
2016	37.3%	74.2%	35.6%	26.2%	37.3%	61.7%	39.2%	44.4%	63.8%

資料來源：亞洲民主動態研究調查（Asian Barometer Surveys）第三波（2012）及第四波（2016）

佔領者的疑似黑幫份子，對「黃絲」「藍絲」有差別對待等，都令部份市民對警察的印象變差。在二〇一九年的反抗運動中，對警察暴力的不滿是運動的最主要動力之一。

1.1.2 對運動路線的影響

雨傘運動對二〇一四年後的民主運動和社會運動，有多重的影響。一方面，它令運動走向分裂，並出現無力感和迷失方向。另一方面，它帶來對原有路線和領導者的質疑，加速了向「本土」的轉向，以及「勇武」論述的抬頭。

佔領運動造成相當創傷，也帶來了一定的運動低潮。首先，傘運後民間社會瀰漫相當重的無力感。當七十九天的佔領街道都不能迫使政府作任何讓步時，民主運動的路線面臨很大的挑戰：還可以有什麼行動令政府聽取民意而改革呢？從二〇〇三年七一遊行推倒二十三條立法開始，不少港人相信大量人民上街遊行可以對政府造成壓力，迫使政府改革或讓步，但佔領運動結束後出現「遊行無用論」，即覺得無論多少人上街遊行，政府都不會理會。幾年間，遊行示威可以動員的人數銳減，令各類社會運動走入低潮。最明顯的是每年的七一遊行，自二〇一四年之後的人數大為減少（見表二）。

組織上，傘運後反對運動進一步分裂，而傳統民主派的公眾支持（尤其在年輕人之間）逐漸低降。這有幾個原因：第一是本土／自決／港獨思潮的上升。爭取二〇一七年普選特首失敗，加上中國政府對香港控制愈來愈緊，干預日多，令不少年輕人覺得一國兩制不過是個騙局，在一國兩制下保證的「普選」，原來只是像八三一方案般經中共篩選候選人後的「假選舉」，並非真正民主選舉。於是部份人覺得在一國兩制下不會得到真正的自由和民主，甚至認為只有港獨是出路。

表二｜七一遊行人數
2010–18

年份	人數
2010	52,000
2011	210,000
2012	400,000
2013	430,000
2014	510,000
2015	48,000
2016	110,000
2017	60,000
2018	50,000

資料來源：民陣公佈數字

二〇一四年後香港人對中國的身份認同進一步下降，尤其在年輕人群組中，對中國政府和特區政府的信任、對中國人身份認同的比例，都屢創新低。（亦見第十一章〈香港人身份的運動〉）

第二，爭取二〇一七年普選特首失敗，代表一段時間內全面民主化的希望亦幻滅。不少人認為領導民主運動三十年的傳統民主派應為此負責，有「三十年一事無成」之譏。本土派支持者亦不滿民主派當年支持「民主回歸」，認為他們應為香港人現時之處境負責，認為他們多年來相信中國會有政治改革，或者可以與中國政府談判而帶來民主，是不切實際的想法，也是香港民主運動失敗的原因，因而必須淘汰這批傳統泛民（例如在選舉中令他們全數落敗），香港的民主運動才有重生之機會。

第三是在佔領後期出現的「無大台」傾向。佔領運動之意念雖然來自佔中三子，但很多佔領者並非響應其號召而來。學聯和學民思潮（「雙學」）在九月二十二～二十六日的罷課及在二十六日突襲佔領公民廣場，是導致佔領的間接因素。金鐘佔領區搭建的司令台，一直有著發放訊息、協調行動的功能，並且方便向傳媒（尤其是國際傳媒）發放佔領運動的訊息。但到佔領運動中期以後（十一月開始），開始有人不滿「大台」，例如批評其只會讓「自己友」發言，糾察以不民主的方法限制佔領者活動，以及不肯「升級」等。於是出現「拆大台」和要求行動升級的聲音，對運動後期造成相當大的分裂後果。這部份是因為雨傘運動是自發佔領，不少參與者並非響應政治組織或政治領袖的號召而來，因而不覺得可以有「大台」主導運動的路線和行動。

承接「反大台」和對傳統民主派與社運組織的不滿，傘運結束後學界掀起「退聯」風潮。不少本土派認為學聯作為「大台」，是阻礙佔領運動升級，導致失敗的原因，認為大專學生會如果退出學聯，學運會有更佳的發展動力。在二〇一五年，不少大專院校陸續退出學聯，令學聯只餘下四間成員院校（中大、科大、嶺南、樹仁）。在政團層面，如由學民思潮變身的「香港眾志」和本土派組織「本土民主前線」與「青年新政」等新政團，都對傳統的主流民主派有一定的挑戰作用，也令整個反對派陣營更為碎片化。

1.2 從二〇一五到二〇一九：自治和自由的倒退

親政府人士喜歡用社會經濟原因解釋香港人對政府的不滿，以至解釋二〇一九年反抗運動的爆發：例如貧富懸殊、青年向上流動困難，樓價高企（居高不下）令香港年輕人置業困難等。這些無疑都是社會潛伏的不滿。特區政府多年來沒有能力解決各種民生問題，民間對各種社會政策例如教育、房屋、社會福利的沒有改善，成為民怨的根源之一，但這些社會經濟問題難以解釋二〇一九年的大規模動員。現實上，九七後香港最大規模、參與人數最多的抗爭和遊行都和爭取／捍衛自由或民主有關（例如二〇〇三、二〇〇四、二〇一四、二〇一九）。要解釋二〇一九年為什麼會爆發如此大規模的「反送中」運動，得從二〇一二年以來的政治情勢說起。

1.2.1 自治的倒退

九七後初年，是北京給予香港最大自主性的時期，但在二〇〇三年七一遊行後，由於擔心香港局面失控以及民主派會坐大而奪權，北京對香港的介入漸深，包括要建立「第二支管治隊伍」，[4]也包括中聯辦對香港各級選舉介入愈來愈厲害，透過投放資源、直接施加壓力及其他手段，統屬香港的建制派力量，建立一個龐大的動員機器，以協助建制派政黨選舉。[5]在官方意識形態方面，中央領導人、主管香港政策官員和駐港官員往往強調「一國先於兩制」、中央

4 見Jie Cheng. 2009. "The Story of a New Policy." *Hong Kong Journal* 15, http://www.hkjournal.org/archive/2009_fall/1.htm; 曹二寶，〈「一國兩制」條件下香港的管治力量〉，《學習時報》二〇〇八年一月二十九日。

表三｜香港市民對一國兩制有信心的比例

調查日期	有信心	無信心
2019年1月到6月	41.3%	55.3%
2018年7月到12月	45.5%	49.0%
2018年1月到6月	43.5%	50.6%
2017年7月到12月	49.2%	45.7%
2017年1月到6月	50.8%	43.3%
2016年7月到12月	47.5%	43.9%
2016年1月到6月	43.4%	49.9%
2015年7月到12月	46.4%	46.5%
2015年1月到6月	47.3%	47.0%
2014年7月到12月	41.6%	51.8%
2014年1月到6月	47.5%	45.7%
2013年7月到12月	52.1%	41.0%
2013年1月到6月	51.3%	41.1%
2012年7月到12月	50.2%	40.9%
2012年1月到6月	53.1%	37.6%
2011年7月到12月	55.0%	36.6%
2011年1月到6月	60.5%	32.8%
2010年7月到12月	61.6%	30.8%
2010年1月到6月	60.6%	35.0%

資料來源：香港民意研究所

對香港事務尤其政制發展有最終決定權，國家安全的重要性，以及香港是行政主導而司法機關應該配合等。

二〇一二年梁振英擊敗唐英年當選特首。北京本來一直屬意前政務司司長唐英年出任二〇一二年特首，但在選舉階段唐屢爆發醜聞而民望大瀉，北京最後大力介入，包括派統戰部長劉延東到深圳召見建制派選委要求他們支持梁振英。[6]梁振英當選翌日便造訪中聯辦，被質疑為「謝票」。梁振英從政多年，一直被懷疑為中共地下黨員。他任內（二〇一二～一七）最受人批評的是各項自由倒退，以及緊跟中央路線。如果從民意調查反映，由二〇一二年開始，香港人對「一國兩制」以及各項自由和法治的信心，都在下降的軌跡中（見表三）。

二〇一四年六月，國務院發表《一國兩制在香港特別行政區的實踐》白皮書。白皮書中首次提出中央對香港有「全面管治權」，強調香港的自治權力均為中央授與、特首和立法會選舉都要符合國家安全及利益。部份類似觀點其實過往已有官員口頭表述，但《白皮書》理論上是政策文件，反映中央對港政策的收緊，而民主派亦大力批評這代表「一國兩制」下的高度自治愈見萎縮。

在經濟上，香港逐漸被納入中國全國規劃之中，自二〇一一年的「十二五規劃」開始，香港和澳門部份在報告中獨立成章。梁振英在政期間，經常強調香港要配合中國的規劃發展，特別是利用香港的優勢配合中國「一帶一路」和「大灣區」的規劃。對很多親建制和商界的人來說，這些都是吸引的商機及親近／服從中國政府的最強原因，但對不少不喜歡在內地謀生或生活，以及覺得未能從這些機遇中受益的年輕人來說，往往覺得特區政府的取態（立場）過份迎合中國政府，一味推動中港融合，而政策和資源似乎都向內地傾斜多於以香港利益優先。

二〇一八年九月和十月，廣深港高鐵和港珠澳大橋先後通車。在二〇〇三年後一段時間，

5 見 Ngok Ma. 2017. "The China Factor in Hong Kong Elections." *China Perspectives* 2017/3: 17–26.

6〈梁承諾完成四大任務　劉延東南下親箍票〉，《頭條日報》二〇一二年三月二十日。

香港人對這類跨境基建是歡迎的，認為可以增加就業和便利往返內地，有利經濟發展。但到了二〇一八年，不少香港人對中港快速融合的利處已有質疑，而由於兩工程都出現嚴重的延誤和超支（港珠澳大橋香港段最後用了一千一百七十七億港元、高鐵香港段估計用了八百四十四億），以及使用量遠遜官方估計，不少港人對這些基建落成沒有興奮，反而不少人質疑這些是「大白象工程」，[7]只是為了方便跨境交通而花掉大量公帑服務，並不值得。

高鐵通車亦引發「一地兩檢」的爭議。自從高鐵開始構思建造香港段以來，如何在內地與香港之間設置關口檢查一直是重要政策難題之一：因為《基本法》規定內地官員不能在港執法，而內地法律亦不能在香港實施，於是旅客如何在香港境內清關便成為難題。二〇一八年六月，特區政府提出的解決方法是把西九高鐵站的一層劃為內地口岸，由內地人員管理。法律界不少批評指出這做法等同「割地」，容許內地官員在香港土地上執行內地法律是違反《基本法》的。[8]

二〇一六年十二月，時任政務司司長的林鄭月娥突然宣佈已與北京故宮博物院達成協議，將在香港西九龍文化區興建香港故宮博物館，由於賽馬會負責所有三十五億開支，故此無需立法會批准計劃。此計劃之前從未經過諮詢，「平地一聲雷」可能是為了替林鄭月娥競選特首造勢，但對香港人來說卻是一個由上而下未經諮詢的項目。

到了二〇一九年，不少香港人的感覺是在「一國兩制」下，香港的「高度自治」日漸減弱，特區政府施政以遷就內地為先，而不會以香港人利益優先，中央政府和中聯辦對香港事務的干預愈來愈厲害，而這情況沒有因梁振英換上林鄭月娥有所改變。

1.2.2 各項自由的倒退

表四反映港人對各項自由的信心，自二〇一〇年後開始減弱，一直到二〇一九年都大致在一個下降的軌跡。篇幅並不容許詳述這些自由受損的過程，這裡會集中討論對言論自由、新聞自由和學術自由等有特殊象徵意義的事件。

從言論自由和衝擊一國兩制的角度看，「銅鑼灣書店」事件可算是最具標誌性。「銅鑼灣書店」是香港一間樓上書店，售賣及出版不少有關大陸政情以及領導人和貪官醜聞的書籍。二〇一五年十二月書店老闆之一的李波到柴灣貨倉點貨後失蹤，他太太報警。後來傳媒發現書店的五個合夥人已先後失踪，幾名失踪者其後陸續在內地媒體露面，自行承認自己曾干犯罪行並且是自願回到內地。二〇一六年六月，書店合夥人之一的林榮基公開在香港的記者會表示，之前在內地被扣留數個月，他在承諾會交出書店的電腦硬碟後獲准回港，思前想後下決定披露真相。

7 編按：大白象（White Elephant）通常指的是造價非常昂貴但完成後效果不彰或維護費用過高的基礎建設，例如機場、水壩、橋梁、商場或運動場館。

8〈吳靄儀：不能容許一地兩檢　如內地人員名正言順在港執法　一國兩制更守不住〉，《立場新聞》二〇一六年一月二十四日。

表四｜香港人對各項自由的評價／評分

問題：請你用0–10分評價一下香港各類自由的程度。10分代表絕對自由，0分代表絕對無自由，5分代表一半一半，你會給幾分呢？

調查日期	言論自由	新聞自由	出版自由	遊行示威自由	結社自由	罷工自由	出入境自由	學術研究自由	文藝創作自由	信仰自由
2019年1月到6月	6.20	5.81	5.76	6.15	5.38	5.86	7.77	6.78	6.93	8.12
2018年1月到6月	6.72	6.32	6.32	6.66	6.44	6.28	8.07	7.01	7.05	8.53
2017年7月到12月	7.20	6.50	6.71	6.72	6.68	6.80	8.37	7.47	7.32	8.68
2017年1月到6月	6.59	6.37	6.22	6.51	6.46	6.48	7.85	6.91	6.99	8.49
2016年7月到12月	6.59	6.33	5.93	6.62	6.37	6.76	8.02	7.09	6.82	8.42
2016年1月到6月	6.90	6.23	6.27	6.65	6.48	6.62	8.17	7.08	6.96	8.51
2015年7月到12月	6.69	6.43	6.61	6.77	6.71	6.50	8.16	7.27	7.18	8.49
2015年1月到6月	6.88	6.55	6.81	6.53	6.65	6.41	8.14	7.33	7.50	8.63
2014年7月到12月	6.83	6.29	6.60	6.70	6.78	6.51	8.28	7.29	7.22	8.30
2014年1月到6月	7.07	6.61	7.04	7.05	6.91	6.51	8.48	7.48	7.26	8.58
2013年7月到12月	7.51	6.80	7.36	7.34	7.21	6.89	8.62	7.71	7.74	8.71
2013年1月到6月	7.33	6.88	7.19	7.24	7.17	6.54	8.49	7.65	7.47	8.78
2012年7月到12月	7.41	6.98	7.31	7.31	7.46	6.71	8.57	7.72	7.46	8.77
2012年1月到6月	7.35	7.01	7.40	7.23	7.11	6.69	8.55	7.70	7.65	8.71
2011年7月到12月	7.41	7.31	7.45	7.07	7.36	6.68	8.52	7.95	7.74	8.76
2011年1月到6月	7.40	7.12	7.43	7.17	7.09	6.55	8.19	7.89	7.71	8.66
2010年7月到12月	7.49	7.40	7.59	7.42	7.34	7.04	8.60	8.14	7.71	8.96
2010年1月到6月	7.62	7.60	7.71	7.69	7.41	6.93	8.44	8.20	7.99	8.83

資料來源：香港民意研究所（2018年下半年沒有公佈）

銅鑼灣書店事件對香港人的啟示是：香港的邊界和法律都完全無法保障香港人在港的人身安全，遑論言論自由。內地「強力部門」可以越境執法以及在沒有法律基礎下扣留捉拿香港人，而特區政府似乎沒有做什麼來防止這事情發生或者事後追究。在這情況下，所謂「一國兩制」根本不能保障香港人的言論和出版自由。涉事的五人中，桂民海和李波都擁有外國護照或旅遊證件（桂民海持瑞典護照，李波持有BNO[9]），因此引起相當的國際關注。

隨著本土思潮上升，「港獨」慢慢變成某種言論禁區。這由二〇一五年一月梁振英在他的施政報告中批評港大學生刊物《學苑》打響第一炮開始，親中媒體開展反港獨的宣傳攻勢。中學生和大學生是否可以討論香港獨立成為政治敏感的話題，而不少民主派的行動和言論亦隨時被標籤為「播獨」。香港電影金像獎二〇一五年最佳電影《十年》，由於部份內容出現「港獨」的意象，一時間幾乎找不到電影院放映。ViuTV曾抽起一輯由兩代學生運動領袖（北京學運領袖王丹及港大馮敬恩）的旅遊節目，公開的解釋是「本台堅決反對港獨及任何人士使用本台宣揚港獨言論。」[10]

二〇一八年九月，香港警方表示根據《社團條例》，禁止香港民族黨運作。香港民族黨在

9 BNO, British National (Overseas) Passport，英國國民（海外）護照，是根據《中英聯合聲明》英國可簽發給香港人的旅遊證件（沒有英國居留權）。自一九八七年七月一日起簽發。

10 周潔媚，〈ViuTV 改口認安排馮敬恩王丹出席記者會　維持停播重申反港獨〉，《香港01》二〇一六年十月二十日。

二〇一六年成立，目標明列為「民族自強，香港獨立」，其主席陳浩天在二〇一六年立法會選舉被禁參選。在警方將之列為非法組織後，加入、煽動他人加入或資助此一組織均屬違法。香港民族黨被禁後，國務院港澳辦、中聯辦和外交部駐港專員公署均表示歡迎，指「對港獨必然是零容忍」。事件卻引起歐盟外事部和英國外交部關注，指以政治立場禁止政治組織運作是違反言論自由原則。

二〇一八年八月二十二日，香港外國記者會（FCC）邀請陳浩天到午餐會演講，被前特首梁振英、特首林鄭月娥、外交部等批評。該演講之主持人、金融時報記者及外國記者會副主席馬凱（Victor Mallet）旋即在十月被拒絕續簽在港工作簽證，而必須離開香港。

如果我們參看「無國界記者」的世界新聞自由指數，則香港由二〇一二年的世界排名第五十八位，至二〇一七年跌至第七十三位，在五年內跌了十五位，跌幅顯著。香港記者協會近數年的年報，對言論自由和新聞自由都持悲觀的論調。分析主要圍繞幾個主題：一、日漸嚴重的新聞自我審查；二、中國及所謂紅色資本控制愈來愈多的媒體；三、針對傳媒的暴力增加。[11] 中國的政治影響力令不少傳媒機構改變政治立場，較敢言或反政府的專欄作者或電台節目主持都可能被辭退，而支持民主的媒體（例如黎智英的壹傳媒集團）因受商業杯葛而經營愈來愈困難，整體上令新聞媒體的獨立性受損。（見第九章〈傳媒篇〉）

雖然香港傳媒工作者因採訪而受檢控的絕無僅有，但自二〇一二年開始，記者或新聞機構受暴力威嚇甚至襲擊的個案增加。記協的紀錄反映在雨傘運動期間，共有三十九宗記者被襲擊、無理拘留、或騷擾的事件。[12]其中最震驚的是二〇一四年二月，前明報總編輯劉進圖被三名刀手伏擊，身中多刀，受到重傷。

「陳文敏案」應該是在學術自由領域內最震撼的事件。二〇一五年一月，《文匯報》和《大公報》報導港大將聘法律學院院長陳文敏出任副校長，[13]接著出現大量評論文章，批評陳文敏的學術成就、政治立場（包括在任期間容許戴耀廷發動佔中）、以及港大法律學院的研究表現等，力陳不應聘陳文敏為副校長。陳文敏任港大法律學院院長多年，一直被視為溫和民主派，亦曾經常就香港法治、司法獨立及一國兩制等問題評論發聲。不同傳媒都有報導梁振英曾對港大校董會施壓，反對聘陳文敏為副校長。[14]在重複拖延下，港大一直沒有任命陳為副校長，直到二〇一五年九月正式否決陳文敏的任命。事件引發港大校內外的一場運動，反對政治干預學術任命。

到了二〇一九年前夕，香港不少人都覺得「一國兩制」本來保障的各項自由，在北京干預

11 可見香港記者協會每年出版的《香港言論自由年報》。
12 記協二〇一五年年報。
13 按香港的大學通例，人事聘任或升職的所有消息都是保密的，在決定前不應對外透露任何人選及資訊細節。
14 倪清江、白琳、林俊謙，〈電話施壓　梁振英阻陳文敏任副校〉，香港《蘋果日報》二〇一五年二月十二日。

和收緊政策下正在縮減。不少西方傳媒、國際組織和英美等國家的報告，也關注香港在一國兩制下的自治和自由逐漸走樣的問題。

1．3 旺角事件、DQ及政治審訊

香港反對派的氣勢和參與意欲，並不是自二〇一四年後便一直向下的。二〇一五年的區議會選舉和二〇一六年的立法會選舉，都反映了相當的新動力，而二〇一六年旺角事件（本土派稱之為「魚蛋革命」）更是非常具有標誌性的事件，但在人大釋法令六名反對派立法會議員被褫奪議席，不同派別的抗爭者被判刑入獄後，反對運動的不同派系都受到很大的士氣打擊。踏入二〇一九年，「佔中九子」被判有罪而部份入獄。在反送中運動爆發前夕，香港的反對運動籠罩在一種悲觀而又無力的情緒之中。

1．3．1兩次選舉和DQ

二〇一五年十一月的區議會選舉和二〇一六年九月的立法會選舉，都反映雨傘運動的政治效應：新人和新政團湧現、投票率創新高、本土派的影響力冒升。雨傘運動無疑帶來新的政治覺醒和動力，但這動力在一兩年內卻被人大釋法帶來的褫奪議席（港稱DQ，disqualification）幾近完全挫敗。

二〇一五年十一月的區議會選舉有幾項特色：

一、不少新人受了雨傘運動的刺激而決定參選，這一部份是雨傘運動催生的「傘落社區」和「社區公民約章」組織的影響：部份佔領者覺得要回到社區、推動公民教育、組織基層和公民社會、由下而上的重建民主運動。亦有部份本土派以「傘兵」的姿態出現參選，令二〇一五年區議會選舉有很多「素人」出現參政。

二、創下新高的四十七％投票率，反映雨傘運動刺激了一定的參與和投票意欲，特別是年輕人的投票率大升。在選舉制度沒有改變的情況下，不少人仍然希望可以透過選票，在制度內帶來政治改變。

三、民主派議席有輕微增長，但得票率沒有明顯增加，反映雨傘運動的政治效應並沒有令很多選民改為支持民主派。在數十名新參選的傘後素人中，只得八人當選，成績並不突出，但民主派和建制派兩陣營都有不少資深已擔任區議員多年的人（包括立法會議員如鍾樹根、馮檢基、何俊仁等）落選，反映有一定數目的選民渴求可以選出新面孔以帶來政治轉變。

這幾項趨勢，延續到大半年後的立法會選舉。二〇一六年的立法會選舉創下破紀錄的五十八・三％投票率，達二百二十萬人投票，年輕人的投票率上升，而新面孔湧現。新的傘後小型政團和候選人(例如香港眾志、小麗民主教室),包括本土派的團體(例如青年新政等),成為新的力量,在選舉中所謂本土派和自決派共得十五%選票以及六個直選議席,而部份資深議員如李卓人、何秀蘭、王國興則落敗,帶來新舊交替的氣象。值得注意的是民主派(包括本土派)的總體得票比例並沒有增長。如果和二〇一二年比較,反對派(包括傳統泛民加上本土派)的總得票由二〇一二年的五十六%下跌至五十五%,而建制派候選人得票則增長達十三萬票,只是由於投票率高升,得票率只輕微上升一%。得票比例的此消彼長一方面反映建制派政團的力量進一步整固,也代表民主派沒有從雨傘運動中贏得民意,更多的是一個兩極分化的現象:部份中間或溫和民主派支持者可能因運動轉趨激進而將票改投建制派候選人或中間獨立候選人,但有不少傳統泛民的支持者和新增選民把票投給本土派和新生的勢力。

這兩次選舉產生的新動力,很快被所謂DQ案打擊淨盡。新一屆立法會議員在十月第一次會議宣誓就職時,不少民主派議員以各種方法表示不滿及抗議,包括改變誓詞的內容,在原有誓詞外加上新的口號,以極慢的速度讀出誓詞等,[15]其中「青年新政」兩議員游蕙楨及梁頌恆在宣誓時打出「Hong Kong is Not China」的旗幟,並把英語「China」讀成帶侮辱性的「支那」發音。監誓的立法會秘書長認為梁游兩人宣誓無效,之後數星期兩人一直未能再宣誓就職。十一月七日,全國人大常委會就《基本法》一〇四條釋法,規定公職宣誓必須「符合法定的形式和內容要求。宣誓人必須真誠、莊重地進行宣誓,必須準確、完整、莊重地宣讀包括『擁護中華人民共和國香港特別行政區基本法，效忠中華人民共和國香港特別行政區』內容的法定誓言」。不符合規定的宣誓即屬無效，並不得安排重新宣誓。釋法並說明相關擁護基本法及效忠特區的內容「既是該條規定的宣誓必須包含的法定內容，也是參選或者出任該條所列公職的法定要求和條件」。釋法並列明這詮釋有溯及力。[16]

這次釋法影響深遠。梁游二人的宣誓據此被裁定無效，而按釋法不能再重新宣誓，兩議席因此懸空。特區政府隨即入稟（訴請）法院，司法覆核姚松炎、劉小麗、梁國雄、羅冠聰四人的議員資格，理由是他們當日的宣誓根據釋法應該無效。二〇一七年七月，法院判政府勝訴，四名反對派議員亦被褫奪議席。反對派因此共喪失六個議席，代表的選票共十八萬五千七百二十七票。二〇一八年三月和十一月的兩次補選共五個議席，[17]民主派只能奪回其中的兩個，失去了議會內「分組點票」[18]的否決權。建制派議員乘機修改議事規則，擴大會議主席權力，令反對派制衡與抗爭更為困難。（見第二章〈百萬人上街之前〉）

15 自二〇〇四年梁國雄就職時在宣誓儀式上呼喊口號開始，歷屆的立法會議員就職宣誓時，一直有少數民主派議員在誓詞後加上自選內容、口號及其他訊息。二〇〇四年高等法院法官夏正民裁定，宣誓須讀出誓詞所有完整內容。自二〇〇四至二〇一二年，宣誓的議員縱使宣誓時加上內容或口號，只要完整讀出原有誓詞內容，便成有效宣誓。

16〈基本法一〇四條釋法內容全文〉，《明報新聞網》二〇一六年十一月七日。

17 編按：梁國雄因為向高院提出上訴，使其在新界東的議席沒有參與二〇一八年的兩次補選，該席至今仍懸空。

二〇一六年釋法的另一影響是列明了「擁護基本法」和「效忠特區政府」成為出任公職的要求和條件，為出任或甚至參選公職預設了政治標準。在二〇一六年後的選舉，政府以此為據，選舉主任可以因其認為候選人「並非真誠擁護基本法」而不讓其參選。二〇一八年三月和十一月的補選中，包括香港眾志的周庭及原任議員的劉小麗，以及其他數名候選人均被拒參選。[19]

釋法和DQ更大的影響是心理的打擊，令人對選舉制度和法院更不信任。傘運後不少年輕人政治意識上升，於是在二〇一五和二〇一六年兩次選舉踴躍出來投票希望改變政治現狀，但選出來的議員卻被取消資格。[20]這帶來新的「選舉無用論」和「議會無用論」，即既然政府可以用釋法手段把民主選出來的議席打掉，而法院判決也只會支持政府，連有限的選舉投票都是沒有用的。更令民主派洩氣的是兩度DQ並沒有帶來大規模的政治抗爭或者民意反彈；二〇一八年的兩次因DQ而舉行的補選投票率都不高，也不見選民因憤怒而把票投給民主派，四個直選的補選議席民主派只贏回兩席，而九龍西兩次補選更出現建制派候選人得票比民主派多這種前所未見的局面。[21]兩次補選失利，都令反對派陣營士氣大受打擊，彷彿民間的支持和社會動員力都在慢慢流失。

1.3.2 旺角騷亂及其後

二〇一六年二月八日（農曆年初一）晚上，旺角街頭發生騷亂。傳統上，過年前後不同區內都會容許有限的小販擺賣，包括深水埗桂林街，往往在大除夕（大年夜）至年初二，會有接連三晚的熟食和小販夜市，吸引很多人光顧。二〇一六年的年三十晚，食環署職員加強對桂林夜市執法引起不滿，有社運人士及網民呼籲在年初一晚上到旺角夜市支持小商販，以捍衛本地文化特色，其中包括當時已報名參選新界東補選的梁天琦及其政團「本土民主前線」。初一晚上，食環署職員前往旺角現場驅趕小販時被圍堵及痛罵，警察到現場增援後和現場群眾對峙，至十一時許警察以胡椒噴霧驅散人群，至凌晨二時衝突升級，大量群眾向警員投擲雜物，一名交通警員向天鳴槍示警，令群眾情緒更激動，出現以雜物堵路、街頭縱火及以雜物投擲襲擊警員，衝突達數小時至清晨才平息。

18 編按：根據一九九七年後的立法會運作，如果是由政府提出的議案，只要出席議員過半同意即獲通過；如果是議員提出的議案，則需要功能界別再加上民選議員都過半同意才算通過，這就是分組點票。民主派陣營多年來一直在直選部份有過半數議席，因而可以否決需分組點票的提案，但補選失利後則失卻分組點票中的否決權。

19 在二〇一六年九月的立法會選舉，已經有六名候選人因不同原因被取消參選資格，包括被認為是支持香港獨立的梁天琦、陳浩天、中出羊子、陳國強及賴綺雯等。

20 值得留意的是被取消資格的六名立法會議員中，五名都是傘後新參選的，包括青年新政的梁頌恆與游蕙禎、眾志的羅冠聰和小麗民主教室的劉小麗，他們的組織都是因雨傘運動而成立的，吸引不少年輕人選票。縱使是資深年長的梁國雄，多年來也以叛逆抗爭的形象而吸引不少年輕人選票。

21 由於民主派長期在普選中佔五成半至六成的得票，於是多年來如果是立法會直選的補選，變成單議席對決的話，民主派從未落敗，直至二〇一八年三月九龍西姚松炎敗給鄭泳舜、以及二〇一八年十一月李卓人敗給陳凱欣。

旺角的騷亂震驚全港，在政治上有幾重影響。事件當然反映了潛藏的民怨和對警察的不滿，因而一點火花就可以變成激烈的衝突。對本土派／激進派而言，這標示他們擺脫了雨傘運動和多年民主運動那必須和平抗爭的包袱，勇於以暴力衝擊，因而他們將事件稱為「魚蛋革命」。本土民主前線的領袖梁天琦，因在事件中的角色而聲名大噪。梁提出「以武制暴」，揚言「抗爭無底線」，即要以各種手法抵抗暴政鎮壓，並需要準備付出代價。由於梁能清晰表達本土派的立場，以及論述富個人魅力，因而被視為本土派和勇武抗爭的象徵人物。梁天琦在二月二十八日的新界東補選中得票逾六萬六千票（十五%），雖然落選，但卻吹響了本土派和勇武派的號角。

旺角事件對二〇一九年運動的另一項重要影響，是不少參與者其後以「暴動」入罪，被判相當重刑的監禁（見表五）。對很多認同梁天琦政治綱領的年輕人來說，這意味本土派和勇武派會面對強硬的政權打壓，如果要「革命」

表五｜旺角騷亂被檢控及判刑一覽

人名	被控罪名	裁決日期	判刑結果
陳柏洋	襲警／拒捕	2016年10月6日	監禁9個月
陳卓軒	在公眾地方作出擾亂秩序行為	2016年11月17日	監禁21天
陳宇基	襲警	2016年11月17日	監禁3個月
陳浩民	襲擊致造成身體傷害	2016年12月19日	感化令
麥子晞	暴動	2017年3月16日	監禁3年
許嘉琪	暴動	2017年3月16日	監禁3年
薛達榮	暴動	2017年3月16日	監禁3年

楊家倫	暴動／縱火	2017年4月3日	監禁4年9個月
楊子軒	暴動	2017年7月17日	入教導所
羅浩彥	暴動	2017年7月17日	監禁3年
連潤發	暴動	2017年7月17日	監禁3年
陳紹鈞	暴動	2017年7月17日	罪名不成立
孫君和	暴動	2017年7月17日	罪名不成立
鄧浩賢	暴動	2017年12月15日	監禁2年10個月
莫嘉濤	暴動／襲警／刑事損壞	2018年5月2日	監禁4年3個月
鍾志華	暴動	2018年5月2日	監禁3年9個月
何錦森	暴動	2018年5月2日	監禁3年9個月
霍廷昊	暴動	2018年5月2日	監禁3年8個月
陳和祥	暴動／襲警	2018年5月2日	暴動：監禁3年5個月 襲警：罪名不成立
鄧敬宗	暴動	2018年5月2日	監禁3年6個月
李卓軒	暴動	2018年5月2日	監禁2年9個月
林永旺	暴動	2018年5月2日	監禁3年8個月
葉梓豐	暴動	2018年5月2日	入教導所
吳挺愷	暴動	2018年5月2日	監禁2年4個月
梁天琦	煽動暴動／襲警／ 暴動（亞皆老街）	2018年5月18日	煽動暴動：罪名不成立 襲警／暴動（亞皆老街）： 監禁6年
梁天琦	暴動（砵蘭街）	2019年4月4日	暴動（砵蘭街）：罪名不成立
盧建民	暴動	2018年5月18日	監禁7年
黃家駒	暴動／襲警	2018年5月18日	監禁3年半
林倫慶	暴動	2018年5月18日	罪名不成立
容偉業	暴動／非法集結／ 煽動非法集結／襲警	2019年4月4日	監禁3年
李諾文	暴動	2019年3月22日	罪名不成立
林傲軒	暴動／非法集結	2019年3月22日	暴動：罪名不成立 非法集結：罪名不成立
袁智駒	暴動	2019年4月4日	監禁3年
畢慧芳	暴動	2019年11月7日	監禁3年10個月

便必須付出相當的代價。在有關旺角事件的審訊中，部份被定罪者縱使沒有很暴力的行為，但由於身在現場，亦因「參與暴動」罪成而被判相當的監禁年期。這對二〇一九年的反抗運動有相當影響：自從六月十二日警方把當日的衝突定性為「暴動」，令很多人想起旺角事件的經驗，相信警方可以用「暴動罪」起訴大量的抗爭者，而暴動罪的最高刑罰為十年監禁。「撤回暴動定性」於是成為二〇一九年反抗運動「五大訴求」中的主要訴求。

1.3.3 政治審訊

二〇一二年後，不少抗爭者面臨不同罪名起訴，由於反對派人士或抗爭者通常敗訴（包括前述的DQ案），以致不少人質疑法院受政治操控，司法不公，亦減弱了對司法獨立及司法程序公正的信心。

在二〇一二年前，香港的社會運動一直有使用公民抗命手段，但很少被檢控，例如二〇〇九～一〇年反高鐵運動、二〇一一年碼頭工人罷工、二〇一二年反國教運動，都會出現佔領街道，但沒有人因此被檢控。二〇一二年開始，警方多了用不同罪名檢控和平集會和遊行人士的手段，包括非法集結、公眾妨擾、阻街、阻差辦公、以至運用交通條例等，以及有時傾向用刑罰較重的罪名起訴示威者。這些罪名當中有些的刑罰不會很重，但卻給公眾政府刻意打壓和平集會示威的印象。民間團體「人權監察」一直批評警方選擇性檢控，即只有反政府的示威者會被控這類罪名，而其他人或親政府人士有同樣行為卻不會被檢控。[22]

二〇一七年八月，在一星期內有兩宗案件抗爭者被判入獄，引起轟動。因二〇一四年六月反對新界東北發展計劃而被控非法集結的十三人，較早前被判罪成，判刑一百二十小時社會服務令，律政司就刑期上訴，在二〇一七年八月除一人外均被判入獄十三個月。另一宗是「公民廣場案」，羅冠聰、周永康和黃之鋒三人因雨傘運動時在九月二十六日衝入公民廣場佔領，被控「非法集會」和「煽惑他人參與非法集結」，二〇一六年七月被判罪成，判社會服務令及緩刑。律政司就刑期上訴，在二〇一七年八月十七日，高院上訴庭判黃、周、羅三人分別入獄六、七、八個月。

這兩宗判刑引起相當的憤慨。首先是因為兩宗都是本來獲判較輕刑罰不需入獄的，但律政司不滿刑期提出上訴，令人覺得政府執意要將年輕抗爭者下獄，亦質疑法庭會受到政治壓力。兩案的十幾名判刑者都是和平抗爭沒有使用暴力，而且同類罪名在過往很少會判入獄，但法官楊振權卻在公民廣場案的判詞中批評「近年有人鼓吹『違法達義』的歪風」。兩案例令人覺得將成為以後量刑標準的參考，特區政府準備以嚴刑峻法來打擊社會抗爭。為表達對判決的不滿，約十萬人參加民陣、眾志和社民連等在八月二十日舉行的遊行聲援良心犯，為雨傘運動後

22 香港人權監察，〈人權監察就警方處理公眾集會遊行及襲警檢控事宜致立法會保安事務委員會意見書〉，二〇一〇年十一月十一日。

遊行人數的最高點。由於公民廣場案三名被告都是傘運及學運的象徵人物，因而亦引起相當的國際傳媒關注和迴響。

雨傘運動的主要領導人自二〇一七年開始被拘捕及檢控，法庭程序超過一年。被控的包括佔中三名發起人（戴耀廷、陳健民、朱耀明）、學生領袖（鍾耀華和張秀賢）、民主派政團成員（陳淑莊、黃浩銘、李永達），以及「大台」主持之一（邵家臻），被傳媒合稱為「佔中九子」。被控罪名包括「串謀他人公眾妨擾」、「煽惑他人公眾妨擾」、「煽惑他人煽惑公眾妨擾」等。「佔中九子案」在二〇一九年四月審結，九名被告全被判有罪，陳健民和戴耀廷均被判入獄十六個月（見表六）。如果比起旺角案的各被告來說，佔中九子的判刑無疑不算重（部份應是因為他們沒有使用暴力）。但佔中案的最後結案階段在二〇一九年二月至四月間，審訊報導成為重要新聞，庭上的陳情也給了雨傘運動的發起人再一次闡述其理念的機會。這時段正是反送中運動的開始，雨傘運動的影像不斷在媒體重現，對很多有參與或同情雨傘運動的人，產生了一定的刺激及反思作用。

旺角騷亂和雨傘運動，代表了兩種不同路線的抗爭，到了二〇一八～一九年都以入獄終結。這反映到了二〇一九年時，香港民主運動和抗爭運動的困境：用選票表達則議員被DQ，用暴力抗爭則判以重刑，而和平的公民抗命亦同樣入獄，不同路線都不見得能夠有效地推進民主運動。政權步步進逼：習近平在二〇一八年推動修憲令自己可以長期掌權，中國愈趨集權化

表六｜雨傘運動被檢控及判刑一覽

人名	被控罪名	裁決日期	判刑結果
佔中九子案			
戴耀廷	串謀作出公眾妨擾／煽惑他人作出公眾妨擾／煽惑他人煽惑公眾妨擾	2019年4月9日	監禁16個月
陳健民	串謀作出公眾妨擾／煽惑他人作出公眾妨擾／煽惑他人煽惑公眾妨擾	2019年4月9日	監禁16個月
朱耀明	串謀作出公眾妨擾／煽惑他人作出公眾妨擾／煽惑他人煽惑公眾妨擾	2019年4月9日	監禁16個月，緩刑2年
黃浩銘	煽惑他人作出公眾妨擾／煽惑他人煽惑公眾妨擾	2019年4月9日	監禁8個月
陳淑莊	煽惑他人作出公眾妨擾／煽惑他人煽惑公眾妨擾	2019年4月9日	監禁8個月，緩刑2年
邵家臻	煽惑他人作出公眾妨擾／煽惑他人煽惑公眾妨擾	2019年4月9日	監禁8個月
張秀賢	煽惑他人作出公眾妨擾／煽惑他人煽惑公眾妨擾	2019年4月9日	社會服務令200小時
鍾耀華	煽惑他人作出公眾妨擾／煽惑他人煽惑公眾妨擾	2019年4月9日	監禁8個月，緩刑2年
李永達	煽惑他人作出公眾妨擾	2019年4月9日	監禁8個月，緩刑2年
926重奪公民廣場			
周昀霆	普通襲擊	2015年10月27日	守行為1年
顏展豐	普通襲擊	2016年3月29日	罪名不成立
林淳軒	普通襲擊	2016年6月21日	罪名不成立
黃之鋒	煽惑他人參與非法集結／參與非法集結	2017年10月26日	社會服務令80小時
羅冠聰	煽惑他人參與非法集結	2017年10月26日	社會服務令120小時
周永康	參與非法集結	2017年10月26日	監禁3星期，緩刑1年
衝擊立法會			
鄭陽	刑事損壞／非法集結	2015年8月25日	社會服務令150小時
戴志誠	刑事損壞／非法集結	2015年8月25日	監禁3個月15日

張智邦	刑事損壞／非法集結	2015年8月25日	監禁3個月15日
石家輝	刑事損壞／非法集結	2015年8月25日	監禁3個月15日
旺角佔領區清場			
岑敖暉	刑事藐視法庭	2016年3月8日	監禁1個月，緩刑1年，罰款1萬
司徒子朗	刑事藐視法庭	2016年3月8日	監禁6星期，緩刑18個月，罰款1萬
朱緯綸	刑事藐視法庭	2016年3月8日	監禁1個月，緩刑1年，罰款1萬
周藴瑩	刑事藐視法庭	2016年3月8日	監禁1個月，緩刑1年
蔡達誠	刑事藐視法庭	2016年3月8日	監禁1個月，緩刑1年，罰款1萬
張啟康	刑事藐視法庭	2016年3月8日	監禁1個月，緩刑1年，罰款1萬
馬寶鈞	刑事藐視法庭	2016年3月8日	監禁1個月，緩刑1年，罰款1萬
黃麗藴	刑事藐視法庭	2016年3月8日	監禁1個月，緩刑1年，罰款1萬
楊浩華	刑事藐視法庭	2016年3月8日	監禁1個月，緩刑1年，罰款1萬
鄭錦滿	刑事藐視法庭	2016年12月16日	監禁3個月
歐煜鈞	刑事藐視法庭	2017年3月30日	監禁1個月，緩刑1年，罰款1萬
黃浩銘	刑事藐視法庭	2017年10月13日	監禁4個月15日
陳寶瑩	刑事藐視法庭	2017年10月13日	監禁2個月，緩刑18個月，罰款1.5萬
關兆宏	刑事藐視法庭	2017年10月13日	監禁6星期，緩刑1年，罰款1.5萬
趙志深	刑事藐視法庭	2017年10月13日	監禁2個月，緩刑18個月，罰款1.5萬
朱佩欣	刑事藐視法庭	2017年10月13日	監禁6星期，緩刑1年，罰款1萬
郭陽煜	刑事藐視法庭	2017年10月13日	監禁6星期，緩刑1年
麥盈湘	刑事藐視法庭	2017年10月13日	監禁6星期，緩刑1年

馮啟禧	刑事藐視法庭	2017年10月13日	監禁6星期，緩刑1年，罰款1.5萬
熊卓倫	刑事藐視法庭	2017年10月13日	監禁6星期，緩刑1年，罰款1.5萬
張啟昕	刑事藐視法庭	2017年11月28日	監禁1個月，緩刑1年，罰款1萬
羅慧茵	刑事藐視法庭	2018年5月15日	監禁1個月，緩刑1年，罰款1萬
陳子勳	刑事藐視法庭	2018年5月15日	監禁1個月，緩刑1年，罰款1萬
陳瑋鋒	刑事藐視法庭	2018年5月15日	監禁1個月，緩刑1年，罰款1萬
朱瑞英	刑事藐視法庭	2018年5月15日	監禁1個月，緩刑1年，罰款1萬
翁耀聲	刑事藐視法庭	2018年5月15日	監禁2個月，緩刑1年半，罰款1.5萬
黃嘉義	刑事藐視法庭	2018年5月15日	監禁1個月，緩刑1年，罰款1萬
江金桃	刑事藐視法庭	2018年5月15日	監禁1個月，緩刑1年，罰款1萬
陳遨天	刑事藐視法庭	2018年5月15日	監禁1個月，緩刑1年，罰款1萬
陳柏陶	刑事藐視法庭	2018年5月15日	監禁6星期，緩刑1年，罰款1.5萬
陳榮華	刑事藐視法庭	2018年5月15日	監禁1個月，緩刑1年，罰款1萬
梁翰林	刑事藐視法庭	2018年5月15日	監禁1個月，緩刑1年
蕭雲龍	刑事藐視法庭	2018年8月31日	監禁6星期，緩刑1年，罰款1.5萬
文俠安	刑事藐視法庭	2018年8月31日	監禁6星期，緩刑1年、罰款1.5萬
陳柏陶	刑事藐視法庭	2018年10月26日	緩刑1年，罰款1.5萬
黎宇聲	刑事藐視法庭	2018年10月26日	監禁1個月，緩刑1年，罰款1萬
劉鐵民	刑事藐視法庭	2018年12月28日	監禁13日

黃之鋒	刑事藐視法庭	2019年5月16日	監禁2個月
其他案件			
吳承泰	襲警	2015年2月6日	罪名不成立
余達聖	刑事損壞	2015年2月24日	監禁4個月，緩刑2年
施國雄	阻差辦公	2015年3月12日	罪名不成立
湯偉樑	有犯罪意圖而取用電腦	2015年3月30日	社會服務令180小時
何柏熙	襲警	2015年4月2日	罪名不成立
羅偉邦	襲警	2015年4月10日	被判感化令
梁志偉	襲警	2015年4月10日	罪名不成立
戴奇	襲警	2015年4月15日	罪名不成立
盧建民	阻差辦公	2015年4月17日	罪名不成立
何志燊	拒捕	2015年4月20日	罪名不成立
溫泓權	襲警	2015年4月27日	罪名不成立
謝聲宇	襲警	2015年5月5日	罪名不成立
招顯聰	襲警／拒捕／阻差辦公	2015年5月8日	襲警：罪名不成立 阻差辦公及拒捕： 監禁4星期
高偉智	襲警／阻差辦公	2015年5月13日	社會服務令180小時
劉子僑	襲警	2015年5月13日	罪名不成立
陳白山	襲警／未有按規定 出示身份證	2015年5月19日	罪名不成立
譚曉峰	有犯罪意圖而取用電腦	2015年5月26日	社會服務令100小時
郭穎生	襲警	2015年5月26日	罰款2000元
梁俊毅	非法集結	2015年6月5日	罪名不成立
蔡浩民	阻差辦公	2015年6月10日	罪名不成立
楊德華	阻差辦公	2015年6月10日	罰款3000元
李珏熙	襲警	2015年6月16日	監禁4星期
黃曉昇	襲警／拒捕	2015年6月24日	監禁1星期
歐陽東	導致公眾地方受阻	2015年6月26日	社會服務令160小時
蘇永健	襲警	2015年7月16日	罪名不成立
吳定邦	襲警／普通襲擊	2015年7月16日	監禁10個月

鄧德全	阻差辦公	2015年7月22日	監禁4星期
張德全	襲警	2015年8月4日	罪名不成立
李善芝	阻差辦公	2015年8月11日	罰款3000元
梁玥晴	阻差辦公	2015年8月20日	罰款3000元
楊皓然	襲警／嚴重傷害他人身體	2015年8月25日	罪名不成立
彭啟棒	襲警	2015年9月1日	罪名不成立
羅焯勇	在公眾地方作出擾亂秩序行為	2015年9月2日	感化令
劉子安	阻差辦公	2015年9月15日	罪名不成立
文志偉	刑事損壞／阻差辦公	2015年9月19日	感化令
何敏聰	襲警	2015年9月21日	社會服務令120小時
黃恆達	有犯罪意圖而取用電腦	2015年10月8日	感化令
郭子濤	有犯罪意圖而取用電腦	2015年10月12日	社會服務令120小時
郭玉衡	刑事損壞／有犯罪意圖而取用電腦	2016年1月13日	罪名不成立
梁景順	襲警	2016年2月3日	罪名不成立
張逑	非法集結／管有任何物品意圖摧毀或損壞財產	2016年2月26日	罪名不成立
顧家豪	有犯罪意圖而取用電腦／煽惑犯涉及非法暴力	2016年3月3日	監禁6個月
辛德發	刑事損壞	2016年3月14日	感化令
曾健超	襲警／拒捕	2016年5月26日	監禁5星期
朱婷婷	刑事損壞／有犯罪意圖而取用電腦	2016年10月11日	罪名不成立

以及對「中國模式」愈來愈有信心，中國走向民主改革似乎更加遙遙無期。但二〇一八～一九年的一眾政治審訊無疑令更多香港人開始思考前路，以及反省當很多人已經為香港付出代價之際，自己可以為香港做些什麼。

1.4 小結

本章嘗試整理二〇一九年反抗運動的政治背景，和香港在面對反送中運動前夕的政治情感。二〇一四年的雨傘運動，鋪墊了往二〇一九年反抗運動的路徑。雨傘運動後的反對陣營分裂和無力感，令反對運動在二〇一六年後陷於低潮。特區政府可能看準了反對力量分裂和能量減退，因而以為《逃犯條例》可以逆民意而硬闖通過立法會。雨傘運動帶來的政治覺醒和政治能量，在兩次選舉顯現後，在二〇一六至一九年間受到壓抑，但結果在二〇一九年的夏天整個爆發出來。

從另一角度看，雨傘運動的「教訓」對二〇一九年的反抗運動模式產生相當影響：佔領運動帶來了「無大台」的趨向，令各方政治力量都明白當人民自發抗爭，沒有人再可以扮演「大台」或指揮者的角色，而群眾亦不會再接受統一的指令。雨傘運動的另一項「反省」是運動的分裂只會導致失敗，反而促進了不同派系和路線在二〇一九年反抗運動中覺得一定要團結一致對外。這造就了反抗運動中「兄弟爬山，各自努力」和「不割席」、「不分化」的指導原則。

本章縷述的主要事件和例子，不能全面地討論這幾年內香港的政治變化，只能概括地勾畫在反抗運動前夕的一種情緒，即不少香港人（特別是民主派支持者及年輕人）對香港的自由、自治、法治和民主現狀和前景，都有很悲觀的看法。事態發展令許多人覺得中國政府對香港控制愈來愈緊，而且控制的能力愈來愈強，不少香港的核心價值和制度特色都在倒退，一國兩制日漸變質，公民社會的反抗能力日漸減弱。不少人對政府和制度的信心下降，DQ案及其他事件亦令很多人覺得政府可能隨意改變遊戲規則，年輕人在制度裡沒有出路，亦不知有什麼方法可以推動政治變革或者防止倒退。

這是二〇一九年反抗運動的重要背景：社會的政治變遷加上政治運動提升了人民的政治意識，累積了對政治現狀和制度的不滿但無處宣洩，也沒有有效途徑推動變革。各方面的倒退令不少人（尤其年輕人）產生悲觀絕望的感覺。這種情緒終於在二〇一九年夏天以史無前例的力度爆發出來。

CHAPTER 2 百萬人上街之前

在六月九日百萬人上街之前，反《逃犯條例》（或稱「反送中」）的抗爭已經以多條戰線展開，起碼包括：一、國際遊說；二、議會戰線；三、聯署運動；四、本地不同團體的反對行動和反建議。到了五月底六月初，運動指向全力動員六月九日的上街遊行。本章會集中討論六月九日前的議會抗爭、聯署運動和團體行動三部份，而國際遊說部份則會在第七章〈國際篇〉談及。

2.1 背景

二〇一八年二月十七日，港男陳同佳在台灣旅行時涉嫌殺死同行女友潘曉穎後回港，由於香港和台灣之間沒有引渡安排，雖然台灣當局認為已掌握充分證據證明陳同佳是殺人犯，但香港不能控以殺人罪或將之引渡到台灣受審，只能以其他罪名（包括盜竊和洗黑錢）起訴陳同佳。

二〇一九年二月十二日，民建聯正副主席李慧琼與周浩鼎陪同潘曉穎家屬召開記者會，認為潘曉穎死了一年正義仍未得申張，支持政府修訂法例以引渡陳同佳到台灣受審。翌日保安局長李家超提出修訂《逃犯及刑事事宜相互法律協助條例》（下簡稱《逃犯條例》）和《引渡條例》，以填補法律漏洞。修例容許行政長官啟動引渡程序，將在香港以外犯事的嫌疑犯移交到犯案地受審，毋須立法會審議，但香港法院有權審視表面證供是否成立。香港政府亦可協助凍結罪犯資產。政府並宣佈由二月十四日開始就修例諮詢，諮詢期為二十天，至三月四日完結。

至諮詢期完結，保安局宣佈收到四千五百份意見書，其中三千份支持修例。但其後不同團體的反對聲音陸續湧現，包括專業團體、法律界、商界等，一方面起了多重動員的效應，也對政府提出修例的公信力造成很大的打擊。

2.2 各界團體意見、方案和回應

最先提出反對意見的是各民主派政治團體、人權組織及法律組織，包括香港眾志、法政匯思、英國人權組織 Hong Kong Watch 等。主要恐懼是修例將令行政長官可以下令拘捕任何疑犯，將之移送至尚未與香港簽訂正式雙邊引渡協議的司法管轄區，疑犯的法律權利沒有足夠保障。引渡規定可用於所有香港居民、在港居住者及訪港經港旅客，換言之亦包括很多外國人，反對意見認為修例可能影響香港的國際城市地位。

原則上，《逃犯條例》適用於香港以外很多國家，但討論焦點一直都集中在疑犯可以被引渡到中國大陸受審。反對修例的運動很快用上「反送中」這名號。對很多香港人來說，中國的法律和人權保障不足，《逃犯條例》通過後可以被引渡到大陸受審，甚至政治異見人士可以被羅織罪名而被引渡到大陸，令「一國兩制」下在香港享有的法律權益保障名存實亡。這是最有效動員市民反對修例的論據，而「送中」的諧音和負面聯想，也有很好的宣傳效果（包括在台灣），國際傳媒亦很早聚焦在疑犯（包括各國居住在香港的國民）可被引渡到大陸此一點上。

雖然政府強調特首和法院可以把關，但反對者一般並不相信如果中國政府提出要移送某罪犯，特首林鄭月娥或香港法院會拒絕，而香港法院也沒權檢視中國法院提出的證據是否真確，只要「表面證供成立」便須移交。在不少市民對香港自治和司法獨立逐漸喪失信心之際，不少人都不相信特首和法院可以有效把關，拒絕內地政府引渡的要求。

至五月十五日，超過四十個民間團體組成「全港反送中聯席」，成員來自不同專業界別，進行遊說及在街頭宣傳的工作，推動了不少專業界別在其後發動反對修例的聯署。到了五月底，聯席團體在全港努力宣傳反對修例的訊息，並且呼籲市民參與六月九日的大遊行。

香港商界對修例感到相當憂慮，令反修例者的層面擴大至不同光譜和不同階層，是這場運動的關鍵因素。香港有很多商人都在內地做生意，往往需要透過賄賂官員或其他手段以取得合約或令生意有效運作，因而害怕一旦內地政策改變，或有聯繫的官員因肅貪或其他原因被抓，自己也會受到牽連，在《逃犯條例》通過後被引渡至中國。也有商人指出內地不少地方政府可能用欠稅、逃稅等名義為難港商，部份港商害怕自己會以稅務罪行的名義被抓回大陸。[1]早在三月初，商界政黨如自由黨、經民聯以及商界議員如田北辰等皆公開表示，商界對《逃犯條例》有相當憂慮。[2]三月二十日，香港總商會與保安局長李家超見面，希望修例可以增加對商界的保障。

商界的反對行動，最具標誌性的是華人置業主席劉鑾雄在四月一日向高等法院申請司法覆核《逃犯條例》。劉鑾雄在二〇一四年因「歐文龍案」遭澳門法院裁定行賄罪成，被判監五年三個月，由於港澳之間沒有引渡安排而一直沒到澳門服刑。劉鑾雄入稟法院，指一旦《逃犯條例》通過，他可以被引渡到澳門，而他不會得到公平審訊，有違人權法下的保障，是以入稟作司法覆核。[3]

面對商界的疑慮，港府反應迅速，很快提出幾項修訂，抽起九項經濟罪行及環保罪行，包括破產、公司法律罪行、證券期貨、知識產權版權、非法使用電腦、課稅關稅以及虛假商品說明等，表明犯這些罪行的均不會被引渡。三月二十六日的行政會議通過修訂剔除這些罪行，並將引渡門檻提高至判監三年或以上的罪行（本來的建議門檻是一年）。此修訂引來新的批評，例如被質疑違反法治原則。如果像政府所言，修例是為了填補法律漏洞和彰顯公義，那就難以解釋為什麼某類罪行的人可以得到豁免，或者經濟犯罪和較輕的罪犯就不用引渡。亦有人質疑政府只重視商界意見，而選擇性地豁免商界主要關心的一些罪行。[4]

由於政府聲稱出發點是引渡陳同佳到台灣，因此台灣政府的態度在整件事中非常關鍵。台灣陸委會在二月二十一日發表聲明，質疑修例另有政治意圖，憂慮會侵害香港「一國兩制」、破壞香港法治、打擊政治異見者及侵蝕人權。由於台灣人每年到香港或經過香港的數量相當多，陸委會也表示擔心會重演「李明哲事件」。[5]三月十二日，台灣立法院通過議案，與香港協商僅適用於台港之間的引渡法案。

陸委會在二月便已聲明由於《逃犯條例》把台灣列為「中國其他地區」，故此縱使香港通過，

1〈佘繼標稱內地仍有潛規則　憂中小企「誤中地雷」〉，《明報新聞網》二〇一九年六月一日。

2 李偉欣、彭毅詩，〈建制商界憂修例影響營商環境　經民聯未決定是否支持〉，《香港01》二〇一九年三月七日。

3〈曾在澳門被定罪的香港富商劉鑾雄提司法覆核，阻修訂《逃犯條例》〉，《端傳媒》二〇一九年四月一日。

4 莊恭南，〈湯家驊批向民粹政治讓步　「邊個惡啲就聽邊個」〉，《香港01》二〇一九年三月二十六日。

5 台灣人李明哲為民進黨前黨工及人權工作者，在二〇一七年三月十九日前往大陸後失蹤，經妻子、台灣民間團體和國際人權組織反覆查詢及聲援後，到三月二十九日中國國台辦證實李明哲因涉嫌危害國家安全已被扣留調查，至五月時國台辦稱李明哲已被正式逮捕，至九月十一日在湖南岳陽市公開審訊，李明哲承認「散佈惡意攻擊中國大陸現行制度、中國大陸當局的文章與言論，撰寫惡意抹黑制度的資料文字，實施顛覆國家政權行為」，至十一月二十七日被判監五年，成為第一位以顛覆國家罪入罪的台灣人。

台灣政府也不會接受用此一名義引渡罪犯。五月九日陸委會發言人公開表示，就陳同佳案曾三次提出司法請求與香港政府會商，但港府均沒有回應，批評香港政府「捨易取難」，重申條例通過亦不會申請引渡陳同佳。[6]台灣政府的回應，令特區政府的理據（所謂「初心」）變得薄弱，因為要解決陳同佳案應該有很多辦法和機會，不一定需要修例而引起如此大的爭議。台灣提供的資訊令人覺得在此之前港府並沒有積極處理。到了五月，台灣政府表態拒絕根據《逃犯條例》引渡，因此用《逃犯條例》來處理陳同佳案已經不成理由。而如果不是用來處理陳同佳案，修例便沒有迫切性，因此令人懷疑修例是另有目的。[7]

針對政府聲稱修例是為了要引渡陳同佳到台灣，公民黨議員楊岳橋和民主黨議員尹兆堅先後提過私人草案作為替代方案，焦點為「港人港審」。楊岳橋在四月二十六日提出的私人草案，建議引渡只限謀殺、誤殺及意圖謀殺等罪行，而刑事調查、檢控和審訊均在港進行。尹兆堅在五月五日提出的私人條例草案包括八項嚴重罪行，而罪犯將由香港法院審理。政府對兩項私人草案的回應是認為其不夠全面，不能填補法律漏洞，不加理會。[8]

法律界相當堅決地反對修訂。大律師公會在三月四日便發表聲明，認為原有安排並不是「漏洞」，而是有意地把大陸排拒在引渡安排之外。到了四月二日大律師公會再發表聲明反對修例，重申現行安排並非法律漏洞的論點，並指出政府建議豁免部份罪行亦缺乏法律基礎，認為可以用一次過的安排（專案）解決陳同佳案。曾在一九九七年參與制訂和審議有關法例的立法會議員李柱銘和涂謹申均指出，當年制訂《引渡條例》時不包括中國及其他地方，並不是一項「漏洞」，而是因為中國的法治保障不足而故意作的安排。

一直被視為親政府的基本法委員會委員陳弘毅亦認為，修例大量增加特首權力，是法律上的根本改變，不應倉卒決定，而法例對人民的基本權利保障不足。他因此建議引渡只限於最嚴重罪行，而且無溯及力，可以考慮「港人港審」。[9]五月二十九日，路透社訪問三位沒透露姓名的法官，指出中國的司法制度沒有公信力，非常擔憂修例帶來的法制衝突。[10]

六月五日，一向被視為較保守的律師會亦發表意見書，認為由於法例影響廣泛深遠，應該全面檢討及諮詢，不應倉卒從事。六月六日，法律界有三千人參加反修例遊行，反映法律界普遍對修例有所保留。法律界高調的反對修例，包括一向較保守的律師會和法律專家如陳弘毅等

6《明報》二〇一九年五月九日。

7 特區政府一直的解釋之一是陳同佳會在二〇一九年九月刑滿出獄，故有必要在此之前通過修例，否則陳會變成自由身。

8 根據香港基本法七十四條，議員提出私人草案如果涉及政府政策，需要行政長官書面同意，換言之如果政府不同意，草案將無法提到立法會議程上。

9〈陳弘毅評論逃犯條例建議修訂全文（附更正）〉，《明報新聞網》二〇一九年五月八日。

10 Greg Torode and James Pomfret. "Exclusive: Hong Kong Judges See Risks in Proposed Extradition Changes." *Reuters*, 29 May 2019.

都公開反對，對特區政府推動修例的公信力產生相當大的打擊。當很多不論政治立場的法律專家都公開表示法例有問題，而政府卻拿不出有效的法律觀點反駁，反指批評者「誤解」，對公眾而言實難有說服力。

2·3 議會戰線

四月三日，《逃犯條例》正式提交立法會首讀，接著是暫緩二讀進入法案委員會階段。[11]就此開展了議會戰線的抗爭。

四月十七日，法案委員會第一次會議，程序的第一項是選舉法案委員會主席。按議會慣例，在未選出法案委員會主席前，會議由最資深議員主持，即民主黨議員涂謹申。在第一次會議中，議員就選舉委員會主席的程序多番爭論，結果兩個小時內仍未能選出主席。

這是反對派議員自二〇一二年後常用的所謂「拉布」或拖延戰術。民主派／反對派議員由於通常只佔立法會約四成議席，[12]在所有議決中正常都會落敗，而在各委員會中亦佔少數，因而重要的委員會主席必然由親政府議員出任。自二〇一一年開始，部份較激進議員（例如社民連和人民力量的議員）發明了「拉布」戰略，包括對法案提出大量修正案、重複爭論程序問題以及提出程序動議，在沒有發言時限的會議重複發問及作冗長發言，以及在全體大會以各種方法促使流會或虛耗時間等。[13]這種抗爭想傳遞的訊息是如果政府提出的法案或撥款有爭議或違反民意，反對派會不惜一切手段阻止其通過，政府如果想避免拉布拖延政策、預算或撥款通過，便須作出讓步。這項策略有部份成功，有時由於拖延過久積壓議程，令政府只好撤回某些具爭議項目（見表一）。政府的對策除了指摘反對派議員破壞施政及影響經濟外，便是利用掌握議會大多數，推動盡快通過法案或撥款。建制派議員通常配合政府，希望盡量縮短會議時間，例如主席在主持會議時限制討論時間，不容許反對派議員提出某些修訂或對程序的質疑，將部份

11 香港的立法程序，正常是政府提交法案到立法會首讀（first reading），作為正式提交法案上議會的程序。接著進入二讀階段，立法會主席通常會宣佈暫緩二讀，到內務委員會（House Committee）決定是否成立法案委員會（bill committee），法案委員會將仔細審議法案內容，但無權修改或否決法案。法案委員會審議完畢後，提交大會恢復二讀，二讀辯論及表決通過後，進入全體委員會階段（committee stage），此階段議員可提出修訂，所有議員可參與辯論及表決各修訂，到所有修訂表決完畢後，最終法案會付諸三讀表決，通過後交行政長官簽署成為香港法律。

12 二〇一六年選舉後，民主派佔七十席中的三十席，但在二〇一六年和二〇一七年有六位議員被取消資格，其後的補選只能贏回部份議席，到二〇一九年四月的時候，民主派只佔六十九席中的二十六席（梁國雄的席位未補選而懸空）。

13 其中一個方法是「點人數」：立法會法定會議的人數是一半，但在冗長會議進行期間，不少議員會離開會議廳，有時反對派議員會指出在席議員不夠法定人數，要求「點算法定人數」。按照會議常規須響鐘十五分鐘，如果沒有足夠議員回到議事廳則須流會，要另行安排會議，就算不流會，議事過程亦會因響鐘而拖延最多十五分鐘。

表一｜2009年～2016年立法會主要拉布事件

法案／撥款申請	開始日期	結束日期	持續時間	結果
廣深港高鐵香港段工程項目撥款	2009/12/8	2010/1/16	4次會議（27小時）	通過
2012年立法會（修訂）條例草案	2012/5/2	2012/6/1	4星期	通過
重組政府架構撥款申請	2012/6/20	2012/6/21	9小時	否決
會議常規修訂	2012/10/19	2012/10/19	1天	擱置討論
長者生活津貼撥款	2012/10/26	2012/12/7	7次會議（30小時）	通過
2013年撥款條例草案	2013/4/24	2013/5/14	11次會議（70小時）	通過
2014年撥款條例草案	2014/4/30	2014/6/4	14次會議（131小時）	通過
成立創新及科技局撥款	2015/4/1	2015/4/1	1天	新決議
2015年撥款條例草案	2015/4/18	2015/5/28	6星期	通過
成立創新及科技局撥款	2015/5/29	2015/6/3	2次會議	通過
2014年版權（修訂）條例草案	2015/12/9	2016/3/4	11星期	擱置討論
廣深港高鐵香港段工程項目追加撥款	2015/12/23	2016/3/11	12星期	通過
港珠澳大橋追加撥款	2016/1/8	2016/1/30	3星期	通過

抗爭的議員趕離議場，以及盡快表決等。早期（二〇一一～一四年間）只有數名較激進的議員採取「拉布」策略，而主流的民主派政黨如民主黨和公民黨為怕流失溫和民主派及中間票源，並不願意加入。到了大約二〇一五～一六年，特別是高鐵超支撥款的會議（二〇一六年初），幾乎所有民主派政黨都加入「拉布」的行列，從此主要民主派政黨遂對「拉布」策略採取「不切割」的態度。

「拉布」問題在二〇一六年的新東補選和立法會選舉中都成為選舉議題。建制派指摘反對派拖延政府施政而影響經濟，並提出可能會修改議事規則以防止「拉布」。反對派則指出在「行政霸道」以及議會不民主民意無法彰顯下，「拉布」是重要的抗爭及制衡政府手段。修改立法會議事規則需要在直選和功能兩部份議員均過半數才可通過，但反對派一直在直選部份有過半數席位，二〇一六年選舉後拿得三十五席直選中的十九席，足以否決任何議事規則修訂。但隨著六名反對派議員在二〇一六～一七年間被褫奪議席（其中五名是直選），到二〇一七年七月後，建制派在直選部份拿得十六對十四席的優勢，於是立時推動修改議事規則，包括容許會議主席限制總體討論時間（以及法案的總體辯論時間），將全體委員會階段的出席法定人數由三十五降至二十，容許立法會主席及各委員會主席禁止各項休會動議，以及可在會議中止後隨時復會等。

在議事規則修改後，反對派的「拉布」策略可說是「廢了武功」。他們深知有關《逃犯條例》

的法案委員會必定會選出建制派議員當主席，而該主席必定會盡力配合政府盡快完成法案委員會階段的審議，在委員會內能拖延的空間有限，於是決意把握第一道關口，在涂謹申仍主持會議時，用各種方法拖延選出委員會主席，以時間換取空間，令反對運動可以有時間動員民意和凝聚力量，而涂謹申主持會議時亦盡量容許議員就程序發言及提出質疑，在大量有關程序的提問和質疑下，一直未能選出法案委員會主席。政府和建制派亦深明反對派的策略，因而希望縮短審議時間，避免反對力量凝聚，希望在暑假休會前付諸全體大會表決通過。[14]

法案委員會在四月三十日開第二次會議，在一片擾攘中仍未能選出主席。五月四日，內務委員會在一個特別會議上，通過發出指引由建制派的石禮謙[15]代替涂謹申主持法案委員會會議。此做法沒有先例可援，反映了建制派透過掌握議會大多數，想盡快跨過選舉法案委員會主席的第一道拖延關口。立法會秘書長陳維安向法案委員會所有議員發信，要求書面回覆是否接受指引。民主派議員質疑陳維安越權及違反政治中立原則，如同「政變」，因為議事規則訂明只有主席有權以通傳票方式作決策，在未選出委員會主席前，應該是涂謹申而非石禮謙有此權力。五月六日，三十六名建制派議員（過總體半數）回覆接受指引。石禮謙於是宣佈取消原定當日下午的法案委員會會議，而在五月十一日舉行下次會議。民主派議員不理會「取消」的決定，照原定安排舉行會議，在建制派議員缺席下，選出涂謹申和公民黨郭榮鏗為委員會正副主席。

議會鬥爭於是鬧出「法案委員會雙胞案」，而兩個陣營都聲稱自己才是合法的法案委員會。五月十一日早上，兩個委員會同時同地開會，並在會議廳爆發肢體衝突，結果擾攘達四小時，石禮謙任主持的會議仍未能選出主席。三日後的會議同樣情況繼續，民主派議員守住會議廳不讓建制派議員開會，建制派議員在擾攘一輪未能選出主席後離開會議廳，而民主派議員在沒有官員出席及秘書處職員支援下，自行開會審議法案。

五月十二日，前立法會主席曾鈺成建議法案可以繞過法案委員會直上全體大會以解決僵局。民主派則建議政府、民主派與建制派舉行「三方會談」以找出解決方法。五月二十日，保安局長李家超要求將法案直接提交立法會全體大會。五月二十四日，內務委員會開會，以四十票贊成，十九票反對，通過將法案直接提上全體大會，在六月十二日恢復二讀。於是法案委員會的議會抗爭階段，在拖延了一個多月之後結束。

這階段的議會抗爭有幾項重要性。如果從拖延時間的角度看，很難估計如果如常地召開

14 一個明顯對比便是二〇〇三年有關基本法二十三條立法時的審議，民主派議員在法案委員會階段開了一百八十小時的會議，透過質詢官員和聽證，暴露法例的不少漏洞和問題，最後推動了五十萬人在七月一日上街反對二十三條立法，成功推倒法案。見 Ngok Ma. 2005. "Civil Society in Self-Defense: The Struggle against National Security Legislation in Hong Kong." *Journal of Contemporary China* 14, 44: 465–482.

15 石禮謙為議會第三資深議員，第二資深議員是民主派的梁耀忠。

法案委員會，會不會用了更多時間審議法案。沒有召開法案委員會仔細審議法案，代表民主派失去了在委員會會議內，針對法例細節指出法例各種問題的機會。但一個多月的高調議會抗爭無疑有吸引公眾注意力的作用，包括五月十一日在議會的肢體衝突吸引了很多國際媒體大幅報導，也起了團結大多民主黨派的作用。一般被認為較溫和的民主黨，包括議員涂謹申和黨主席胡志偉，都在過程中高調抗爭，令反對派不同政團的分歧收窄。

一個多月的議會抗爭反映政府和建制派會用各種方法，包括繞過正常程序（法案委員會），務求盡快通過修例。對反對修例的群眾來說，這過程令他們覺得法案在六月十二日二讀時，反對派議員可以在議會內用拖延或其他方法阻止法案通過的機會不高，於是只能透過街頭行動或其他方法施壓。

2.4 聯署運動

在百萬人上街之前的運動和發聲，以學校為動員基礎的聯署是一項特別的運動。聯署運動接著蔓延到不同的專業及其他團體，對反修例運動有重要的動員作用，也為其後運動的小眾動員模式奠下了基礎。

自五月底開始，有不同的中學校友以校友名義在網上發起聯署反對修例。運動迅速蔓延，到了五月底，有三百多間中學（香港大約有五百間中學）的校友群體發起聯署行動。同時期有不同的大學校友群體、小學同學群體，以至宗教組織和專業組織發起聯署反對修例或者呼籲暫緩。

聯署運動的做法其實是有某種淵源的。二〇一二年反國教運動的高峰期，很多中學的校友都自發成立了關注組，發動聯署以至動員家長校友向母校施壓，質問是否會在校內推動國民教育課程，令各學校的校長和管理層備受壓力，部份學校因而公開表示不會推行國民教育課程。這個校友網絡和動員經驗無疑成為了某種重要的動員架構和資源，在二〇一九年被重新起用。

校友和學生聯署運動的另一特點是，這是一種特別的身份政治。大部份的香港人都讀過中學，而畢業的中學往往是成長過程的身份認同當中一個重要的部份。中學同學畢業後因升學就業出路各異，往往分佈在不同行業不同階層，這令校友網絡的聯繫可以動員到很多平常社運或政治組織不能接觸的個人。有人就聯署者的畢業年份作分析，反映聯署者以年輕離校不久的人居多（十八～二十五歲）。[16]另一特別的是，不少校友聯署聲明的內容並不是隨意的「人有我有」而內容劃一，而是往往在聯署聲明中引述校訓或校歌內容，以及學校的精神（例如宗教信念或教誨）作為支持撤回條例的基礎，亦有呼籲身為高官或議員的校友反對修例，都是加強身份認

16 鄧鍵一、袁瑋熙，〈聯署大數據分析：哪年畢業的學生較活躍參與？〉，《立場新聞》二〇一九年五月三十日。

同的重要途徑。這個以中學為基礎的動員網絡，在九月不同的中學開始罷課時，發動了一定數目的畢業校友回校支援。

在六月九日的遊行前夕，民間不同界別有超過三百二十個反修例的聯署群組出現，包括商界、不同專業界別、不同地區人士、以至各種隨機組合例如「師奶」等名義。[17]這形成了一個多層面、多界別反對《逃犯條例》修訂的動員。

2・5 北京的介入

自特區政府二月提出修例，內地媒體和中聯辦都少有評論，民間亦不見大量支持政府的親中團體進行動員，和過往在重大政治事件上（例如二十三條立法和政改）的做法不同。到了五月中，不少商界仍然對修例有相當疑慮，而有傳聞說修例純是特區政府意思，中央無強烈意願。特區政府可能感覺議會內的支持不穩，於是中央政府開始高調介入動員支持。五月十五日，中聯辦和港澳辦先後開聲撐修例，港澳辦主任張曉明在會見政治團體民主思路時，說修例是「必要、恰當、合理合法、不必多慮」，而中聯辦則指出回歸以來中國向香港移交罪犯二百六十多人，香港則沒有相應安排，因此修例有迫切需要。[18]中聯辦在五月十七日接見數十名港區全國人大代表及政協，要求「在座各人團結一致，支持港府完成修例」。同日中國外交部發言人表示「中國中央政府堅定支持香港特別行政區政府修訂相關條例。」[19]五月二十一日，主管港澳事務的國務院副總理韓正，在北京接見香港的福建社團聯會，指修例符合基本法並且是「彰顯公義」，表示中央政府完全支持特區政府的修例工作。

在中央政府公開表態後，一般相信建制派議員縱使心裡不願意，也只會在六月十二日的大會表決中投贊成票。香港的建制派和商界議員開始噤聲不再批評修例。劉鑾雄亦在五月二十九日撤回司法覆核，聲稱希望減少社會上的爭拗，「也就此表示劉鑾雄已作出了他個人的努力」。[20]

2.6 小結

在六月九日一百萬人上街遊行之前，反送中的運動已經以多條戰線進行，反對聲音在不同

17〈反修例聯署「遍地開花」逾三百二十個　牛津劍橋、師奶、航拍動漫愛好者加入〉，《眾新聞》二〇一九年五月三十日。
18《星島日報》二〇一九年五月十六日。
19 彭琤琳，〈中國外交部：堅定支持香港修例　美方勿干涉〉，《香港01》二〇一九年五月十七日。
20〈劉鑾雄撤回逃犯條例修訂司法覆核申請〉，《信報》二〇一九年五月二十九日。

階層、專業和群體出現。民間人權陣線在六月前組織了兩次遊行，第一次在三月三十一日，約一萬二千人參加，第二次在四月二十八日，有十三萬人參加，已經是打破了佔領運動後街頭遊行的人數紀錄。六月九日是立法會在法案恢復二讀前的最後一個週日，可以說是二讀前最後一次民意動員的社會行動，有濃厚的決戰意味。

特區政府對反對意見很大程度上是一種「不屑」的態度。林鄭月娥曾在五月九日的立法會答問會上指部份批評是「廢話」，[21]以及指反對的人是由於「誤解」，並且批評泛民議員到外國遊說是誤導外國政府。[22]官方的回應是如果不修例，香港會變成「逃犯天堂」，而林鄭月娥曾說政府一直沒有作有關修訂是「做了鴕鳥」，她卻沒能解釋為什麼回歸後二十多年香港都沒有變成「逃犯天堂」。建制派協助政府宣傳的口徑是「如果沒有犯法就不需害怕」。面對多國政府及商會、本地商界、法律界和其他專業組織的反對聲音日益高漲，特區政府的策略並不是作更多諮詢或努力遊說反對意見，而是加快立法程序，繞過法案委員會直上立法會大會，用意應是希望在七月中立法會放暑假前，速戰速決通過。如果拖到暑假後表決，表決時間會非常接近十一月的區議會選舉，以及更接近二〇二〇年的立法會選舉，建制派議員將面對更大的民意壓力，而如果在違背民意下硬要投票支持政府，他們所需付出的選舉代價可能會更大。但政府加快立法程序的行為，令更多人覺得政府漠視民意，以及議會不能反映民意和制衡政府，民眾只能以街頭抗爭的方式來對抗。

政府在最後階段（五月三十日）再提出修訂，將引渡的罪行門檻提高至判監為七年或以上的罪行，並只會處理由引渡國的中央政府提出的申請，用意應是令人感覺只有嚴重罪犯才會被引渡，以令較多的人覺得「不關我事」而減低反對聲音。這次修訂同樣引來相當的質疑：修訂將不少罪行，例如性罪行、刑事恐嚇、走私等可算是嚴重的罪行，剔除在引渡範圍外，被人質疑違反法治和公平原則，而七年刑期的劃界亦令人覺得隨意，並沒有很強的法律理據。[23]

21《明報》二〇一九年五月九日。
22〈賴泛民誤導西方　林鄭不屑外交照會：歐盟只是宣示立場〉，香港《蘋果日報》二〇一九年五月二十六日。
23〈提高門檻僅「小修小補」　張達明：無法保障疑犯獲公平審訊〉，《立場新聞》二〇一九年五月三十日。

CHAPTER

3

三百零三萬又一個人的八天

反送中運動，從六月九日（星期日）至六月十六日（星期日），走過了非常重要的八天。這八天包括了一次百萬人遊行，一次二百萬人遊行，煞停了《逃犯條例》的二讀。六月十二日警察的使用過量武力，一名市民在六月十五日以死控訴，六月十五日林鄭月娥的記者會，彷彿定義和勾劃了二〇一九反抗運動的性質，也令運動的本質和之前香港經歷過的都不同，開啟了其後多個月的抗爭。

3.1 六月九日的遊行

從不少角度看，六月九日的百萬人遊行，和二〇〇三年七月一日的五十萬人反二十三條遊行有相似之處。兩個遊行之前數星期，都有不同群體的聯署運動和動員，起了小眾動員的效應，也有不少名人和意見領袖呼籲市民上街表達意見，有一種全民各界都呼籲市民上街，盡最後努力向政府表達意見的感覺。兩次運動同樣經歷了議會抗爭階段，[1]引起了更多人關注修例。二〇〇三年民建聯的葉國謙主持法案委員會會議時，被批評試圖縮短會議協助政府。二〇一九年在議會的法案委員會雙胞爭議下，政府索性繞過法案委員會直上大會表決。兩次都引起市民對政府不守程序理性的不滿，也令更多人相信立法會大會投票時必定會通過修例，期望立法會二讀階段會有足夠的議員倒戈來否決議案是不切實際的。在大遊行前不同專業團體、法律界、商界及社會領袖的反對聲音，也嚴重削弱了政府推行條例的正當性。兩次遊行，都是民間在盡最後的努力，在明知議會不夠票阻止法案通過下，嘗試盡可能以大量人數上街來施加民意壓力。

二〇一九年六月四日的六四三十週年紀念燭光晚會，大會數字為超過十八萬人參與，是令民主派鼓舞的數字，因為六四燭光晚會在早前幾年受本土派批評為「大中華」、「行禮如儀」，因而參與人數下降，特別是年輕人的參與減退。二〇一九年的燭光集會主題之一為「反送中」，在六月九日遊行之前數天舉行而人數創新高，加上不少年輕面孔重現維園，預示了運動力量的重生與合流。

六月九日大遊行，民陣數字為一百零三萬人參與，為九七後之紀錄。同一個週末，在世界各地的大城市亦有聲援香港「反送中」運動的集會和遊行（見第七章〈國際篇〉）。但政府在遊行結束一、兩小時後，即在晚上十一時發表聲明，表示會如期在六月十二日二讀草案。[2]翌日，立法會主席梁君彥宣佈「劃線」，將二讀辯論的總體時間（質詢＋審議）限制為六十六小時，預計最快可在六月二十日表決草案。這個「劃線」的決定表示，雖然反對派議員提出了大量修訂案，希望在議會用拖延戰略，在委員會階段透過多項修訂案的討論和表決而盡量「拉布」，但在議事規則已被修改，主席有權限制法案總體討論時間，以及可以否決及合併議員修訂下，拖延戰略已將難以奏效。

六月九日的一項現場民調反映，達三十六%參加六月九日遊行的人並不期望政府會聆聽民意而撤回法例，有三十六%覺得政府只會小修小補，而覺得政府會重新諮詢或撤回條例的，分別只有十六%及十二%。[3]這反映很多參與六月九日遊行的人對成功不存厚望，但覺得有責任要為香港出來發聲，要顯示民意力量。該民調同時反映遊行參加者中有十五%自我界定為「本土派」、十一%為「自決派」，四十四%定義自己為「溫和民主派」，反映在這階段的運動，已經是傳統民主派和本土派支持者的合流，但溫和民主派仍然較多。六月九日的百萬人遊行大致

1 二〇〇三年的國家安全立法，在立法會經歷了幾個月達一百八十小時的法案委員會會議，民主派議員在會上詳細詰問法例的各種問題，是加強反對民意的重要過程。這可能影響了二〇一九年政府的部署，不想在法案委員會階段給反對派攻擊的機會。見Ngok Ma. 2005. "Civil Society in Self-Defense: The Struggle against National Security Legislation in Hong Kong." *Journal of Contemporary China* 14, 44: 465–482.

2 香港特別行政區政府新聞公報，〈政府回應遊行〉，二〇一九年六月九日。

3 鄧鍵一、袁瑋熙、李立峯，〈一百萬人的民意——六月九日現場問卷調查初步觀察〉，《明報》二〇一九年六月十三日。

上和平結束。午夜後有人在金鐘嘗試圍堵立法會，要求與林鄭月娥對話，但在立法會附近被駐守的大量防暴警察和速龍部隊強力驅散，多人被捕。

政府在六月九日當晚的回應無疑是火上加油，給反對陣營的訊息是政府「視民意如無物」，破紀錄的遊行人數對政府而言一點意義也沒有，而立法會主席梁君彥的取態和決定亦令人覺得政府的對策是「快刀斬亂麻」，在民意強力反對下，反而希望加快通過法例。六月二十日的立法會表決死線比反對陣營預計的更早，換言之在法案通過前，他們難以動員一次大型群眾行動（例如七一遊行）來反對修例。六月十日，民陣號召在六月十二日全面罷工罷課罷市，與民主派議員一同呼籲群眾在六月十二日開會當日包圍立法會，直至六月二十日表決完結為止。政府六月九日的回應激化了運動，令人覺得和平的一百零三萬人示威遊行完全不能動搖政府分毫，部份民選產生的議會也不能代表民意，而餘下的時間就只得一星期多一點。

六月十一日，原本以一百一十一億港元投得啟德一塊地皮的高盛金融突然宣佈放棄投資，原因是「近期的社會矛盾及社會經濟不穩定，將對香港地產市場的增長產生負面影響」，寧願被沒收達二千五百萬港元的按金（保證金）。[4]這被視為地產界公開對《逃犯條例》通過後的經濟狀況投下不信任票。身兼高盛獨立非執行董事的石禮謙，是經民聯代表地產界的立法會議員，他公開表示由於對前景缺乏信心，所以建議集團寧願放棄訂金也要退出投資。[5]

民意動員不斷升溫，指向六月十二日的全面罷工以及立法會外的集會。不少網民自發以不同名義呼籲市民到添馬公園或政府總部，包括「到政總野餐」、「一個人去寫生」、「攝影及繪畫比賽」、到政府總部影日出（拍攝日出）、一起創作劇本、作「一個人的相展」等。這種策略，主要是抗衡政府可能以「非法集會」或「非法集結」的罪名檢控示威群眾，所以號召以各種個人名義前往立法會外集結。這和後來警方往往不批准遊行集會時，抗爭者會以不同的名義（例如宗教集會）發起集會的做法類似，有很重的「Be Water」精神（見第四章〈無大台　不割席 Be Water〉）。六月十一日晚上最突出及令人印象深刻的是，一班教徒竟夜在政總、立法會和添馬公園附近唱聖詩《唱哈利路亞讚美主》（*Sing Hallelujah to the Lord*），在面對大量佈防的警力下唱了數小時，蔚為奇觀。由於在香港法例下，宗教集會毋須事先申請，因此按理不可以被控非法集會或非法集結。這種以宗教為名義發起的聚集，在其後整場運動中都會一再出現。

民陣、職工盟和社工總工會均呼籲在六月十二日罷工罷市，並加入立法會外的集會。最後有一千二百二十九家商店公開加入罷市行動，以小店居多。部份僱主亦公開表示容許員工當天不上班，或者彈性在家工作。一些大會計師行如安永、德勤、畢馬威，主要銀行如滙豐、恒生、渣打等，均公開表示容許員工彈性上班或在家工作，可算是對運動的間接支持。

4《明報》二〇一九年六月十一日。

5 石禮謙後來在十一月接受《經濟一週》的訪問時，表示自己從來都反對《逃犯條例》，但因為身為建制派所以也會投票支持。

警方對立法會外可能的集會相當緊張，在六月十一日晚上便已在金鐘地鐵站內截停不少年輕人搜身，並和前來交涉的民主派議員對峙，場面被拍攝放上網後引來不少批評。立法會秘書處在午夜時發出黃色警示，預期立法會將有衝突發生，而警方亦調動大量人手到場。

3.2 六月十二日

六月十二日早上，通宵留守添馬公園的大量群眾和其他群眾開始到立法會門外集結，並佔領道路（包括金鐘道、龍和道和夏慤道），重演二〇一四年佔領金鐘的場景。另外，港島不同地方都發生交通意外，有部份人士慢駛汽車抗議，新巴九巴的職工會亦呼籲員工「按章工作」，以「安全車速」行駛，令港島中央的道路出現嚴重交通擠塞。由於不少立法會議員（包括主席梁君彥）未能回到立法會開會，原定在十一時召開的立法會未能如時召開。人群繼續佔領街道。

下午二時左右，現場示威群眾要求政府在三時前撤回草案，否則行動升級。三時左右，部份示威者嘗試衝擊立法會，並在立法會門外示威區投擲雜物及與警察衝突。駐守的警察迅即還擊，以催淚彈、橡膠彈射擊，噴射胡椒噴霧及追打示威者。示威者以雜物在馬路設置路障，警察從金鐘立法會門外一直推進，至晚上八時驅散人群至中環。翌日警方的記者會交代警方當日共發了超過一百五十枚催淚彈。[6]當日下午四時半的記者會中，警務處長盧偉聰形容當日事件是騷亂／暴亂。全日警方拘捕十一人。至下午六時，立法會秘書處宣佈取消當日會議。

六月十二日是整場運動的第一個轉捩點。整個二〇一四年的佔領運動，警方只在九月二十八日發射了八十七枚催淚彈，已經導致很多人因不滿警暴而出來佔領街道，導致兩個多月的佔領運動。六月十二日雖然有人衝擊立法會外圍，但用的主要是竹枝、雨傘、磚頭等武器，警方卻以大量催淚彈和防暴警察驅散，包括以催淚彈和橡膠子彈瞄準示威者的頭部發射（而不是按行動守則所指示的腰部以下），多名警察以警棍圍毆已跌在地上的示威者，甚至向記者射擊等，都被認為是使用過度武力。當時很多在金鐘的市民都在沒有裝備（指頭盔、防毒面罩及其他）以及沒有使用暴力的情況下飽嘗催淚彈、橡膠彈及警棍，全日至少七十二人受傷。

當日民陣在中信大廈外舉行集會，本來獲警方發不反對通知書[7]至晚上（因而是合法的集會），亦一直和平進行，但警察到場後，在沒有被暴力衝擊的情況下，卻以武力驅散群眾及施放大量催淚彈。防暴警察兩面夾擊，很多集會者無路可逃，只能嘗試擠進附近的中信大廈，大

6 警務處長盧偉聰在六月十三日給的數字，是警察在六月十二日共發射一百五十發催淚彈、數發橡膠子彈、大約二十發布袋彈，到了八月中警方更正數字為「大約」二百四十發催淚彈、橡膠子彈「約十九發」、三發布袋彈、約三十發海綿彈。

7 編按：警務處若反對遊行，就會給集會遊行的組織者發出反對通知書，反之則發出「不反對通知書」（Letter of No Objection），會被視為合法的遊行集會。

廈不少玻璃門關上，但警察仍然嘗試追捕並且繼續發射催淚彈，令大量人群擠壓在大廈門口無處可逃，場面非常危險。擠在中信大廈外或者已逃進大廈內的人，都在狹窄或密封空間內飽受催淚彈之苦，不少人事後控訴「警察企圖謀殺」。[8]

人權組織「國際特赦組織」（Amnesty International）和「民權觀察」（Civil Rights Observer）其後就六月十二日事件發表報告，根據在場者及目擊者的訪問以及傳媒錄像紀錄，指出警察有多處濫用暴力，包括使用不成比例的武力、武力驅散和平集會、很多人沒有配戴警員委任證、以催淚彈和橡膠彈直射人體、非法使用各種武器、妨礙記者及救護工作等行為，都是違反國際人權標準。[9]由於當日國際和本地傳媒雲集，一些暴力畫面，例如港台（香港電台）一名司機及一名教師被打中臉部血流披臉的照片、[10]無抵抗能力的示威者被按在地上遭數名警察以警棍痛打的片段、警察擎長槍平射群眾的圖像，都很快地在網絡上瘋傳並遍及全世界，引來相當廣泛的全球報導和震撼的效果。追究六月十二日的警暴，是二〇一九年反抗運動的「五大訴求」中要求獨立調查委員會的起點。

六一二衝突是定義整個反送中運動的重要事件。以運動路線而言，六九＋六一二代表了「勇武」和「和理非」策略的合流。六月九日的一百萬人遊行是「和理非」表達意見的高峰，但政府毫不理會反而加快立法程序，這給予六一二的各種升級行動（包括罷工罷課、堵路、以至衝擊）某種合理性，對一百萬六月九日參與了遊行，但因為政府不聽民意而心懷憤怒的人來說，行動向「勇武」方向升級就變得可以理解甚至同情了。其後在運動中對事情發展的詮釋和論述，是政府在六月十五日之所以宣佈暫緩修例，是因為六一二用了過度武力下，面對國際輿論和本地民意反彈的結果，間接則是六一二勇武升級的結果。這奠定了反抗運動其後的一項論述，即「和理非」和「勇武」互為佐翼，「兄弟爬山，各自努力」，「如果沒有六九，就沒有六一二，如果沒有六一二，就不會暫緩方案」。「和理非」和「勇武」的策略可以互相配合也都有成效的論述，便成為貫穿整個運動的主調（見第五章〈和理非與勇武的螺旋〉）。

3·3 過渡期

值得注意的是，在六月十二日當天，特區政府的立場一直是相當強硬的。除了警務處長盧偉聰下午的記者會把事件定性為騷亂／暴亂外，晚上八時許政府發放一段三分鐘的特首林鄭月

8 見佚名，二〇二〇。《中信圍困日記》。香港：玻璃樹文化。

9 Civil Rights Observer, "Report on Police Use of Force in Handling the Anti-Extradition Bill Protest in and around Admiralty, Hong Kong on 12 June 2019." 19 January 2020; Amnesty International. "How Not to Police a Protest: Unlawful Use of Force by Hong Kong Police." 21 June 2019.

10 該名教師後來證實右眼幾乎完全喪失視力。

娥的錄影講話，也是把事件定性為「有組織地發動的暴動」。另一個在晚上播出的無線電視訪問，[11]林鄭月娥重複強調修例的「初心」，是為了解決台灣殺人案，完全沒有提及會考慮撤回或暫緩修例。

盧偉聰和林鄭月娥在六月十二日均清楚把當天發生的事定性為暴動，而且一直沒有收回說法，令其後運動的「五大訴求」中，「撤回暴動定性」一直是重點，因為根據之前二〇一六年旺角「暴動」事件的案例，只要身處「暴動」現場，縱使沒有任何暴力行為，也可被視為「參與暴動」而判以重刑，暴動罪最高刑罰可達十年監禁。如果政府不撤回暴動定性，就可以將六一二當日在場數以千計而沒有暴力襲擊的人牽連在內，判以重刑。當然其後多月無數曾經參加大型遊行以及在街頭衝突現場的人，亦同樣會有被控的危險。

六月十二日下午警方的清場，造成多人受傷，其後警察到醫院逮捕部份傷者，也有警察在醫院現場監視以及索取病人資料。[12]這個做法惹來醫護人員的不滿，醫管局職工總會呼籲醫管局不應違反病人隱私，而「杏林覺醒」等幾個醫護人士組成的團體亦批評警方的做法，認為他們不應阻礙救助傷者，以及在沒有法庭手令（搜索票）情況下索取病人資料。醫護人員對警方的不滿貫徹整個運動。這做法的另一影響，是後來不少受傷的示威者因害怕會被捕而不敢到醫院求診，可能令其傷勢加重，亦令官方和傳媒報導的數字低估了運動中受傷的人數。

六月十三日至六月十五日下午林鄭月娥召開記者會前，可以被視為一個過渡期。警方在六月十二日所用的武力，造成香港自由城市的形象被破壞，國際輿論的反響，以及民情的進一步反彈，迫使北京重新審視情況，最後令林鄭月娥暫緩修例。

六月十二日後，反對聲音進一步升溫：民陣在六月十三日號召六月十六日再上街遊行，以及六月十七日（星期一）再進行三罷（罷工、罷課、罷市），然後在立法會門外集會（本來預計立法會將在星期一復會二讀《逃犯條例》）。教協聲稱會在六月十七日當日發動全港大罷課。不同專業及民間團體，包括大律師公會、建築師學會、社福界團體等，都再發表聲明要求政府撤回修例。

六月十三日，不少行政會議成員（包括召集人陳智思、林正財和葉劉淑儀）仍然態度強硬，公開表示草案沒有修改空間，撤回修例是沒有可能。但不同跡象反映風向開始轉：首先是立法會沒有開會。六月十三日金鐘已沒有堵路，按理立法會可以如常開會，但主席梁君彥沒有返回立法會，也沒有宣佈下一次會議時間，立法會秘書處則宣佈星期四和星期五都沒有會議。所有建制派議員，差不多絕跡於公眾視野。中國駐英大使劉潔明在六月十三日接受BBC訪問時表示，修例是港府自發，他們應自行決定，給人的感覺是中央在修例問題上有轉圜餘地。

六月十四日，二十七名前高官及前議員（包括陳方安生、黎慶寧、施祖祥、黃宏發、張文

11 一般相信該訪問是在當日下午錄映而準備在下午播出的，但無線電視認為不適宜而改在晚上播出。

12 22 Hongkongers，二〇一九，《自由六月》，香港：新銳文創，頁七十八。

光等）聯署要求撤回修例。開始有消息傳出政府會暫緩修例，而行政會議成員亦轉口風支持暫緩。據報負責港澳事務的副總理韓正南下深圳坐鎮，和林鄭月娥開會後作出暫緩而非撤回修例的決定。[13]

3．4 六月十五日的兩件事情

六月十五日，全城聚焦特首林鄭月娥下午的記者會。之前一天已經有消息說政府會暫緩或撤回法案，於是很多人注視特首的宣佈會否有效為六月十六日的遊行降溫。但當天發生的兩件重要事情，反而令民情升溫，令翌日民陣遊行創下歷史紀錄的二百萬人。

六月十五日上午，林鄭月娥首先在禮賓府見行政會議成員及建制派議員，應該是通知他們有關決定。她在下午三時的記者會中，提出暫緩推動修例。[14]

從民間其後的批評和輿論反應來看，林鄭月娥的記者會有幾個問題：

一、「暫緩」修例不等於完全撤回法例。政府暫緩把法案提交立法會二讀，仍然可以在會期較後時間（例如等民情降溫後）再提交立法會通過，而在政府控制立法會大多數的情況下，這程序可以很快完成。林鄭月娥在記者會表示修例的初心是為了堵塞法律漏洞，如果撤回的話，社會將誤解條例無立足之地。林鄭月娥並且表示暫緩後會「做更多的解說，聽更多不同意見」，給人隨時會把草案再提上立法會的感覺。

二、整體取態上，林鄭月娥在記者會中完全沒有表示修例是錯誤的，或承認法例的內容有很大問題，也沒有承認修例引起市民對人權和法治的憂慮，只說是「解說、溝通工作做得不足」，換言之是推行執行工作的問題，而不是法例的內容有基本問題。這令市民覺得政府隨時準備重推法例。

三、在回答記者問題時，林鄭月娥不肯撤回暴動定性，基本上完全肯定警方在六月十二日所用的武力，認為示威者用有殺傷力武器攻擊警察，警察執法是「天公地義」的。[15]

四、林鄭月娥在記者會的態度相當傲慢，包括「教訓」記者，[16]令人覺得其道歉缺乏誠意。

除了記者會沒能有效降溫外，梁凌杰的離世改變了運動的性質。當日下午四時許，一名男子梁凌杰開始在金鐘太古廣場商場的二十多米高工程架上危坐，掛起「反送中標語」及要求林鄭月娥下台。在危站約五小時後，墮下身亡。[17]

13《蘋果日報》二〇一九年六月十五日，《星島日報》二〇一九年六月十五日。
14 香港特別行政區政府新聞公報，〈行政長官會見傳媒答問內容〉，二〇一九年六月十五日。
15「天公地義」是林鄭月娥的原話，中文當然只有「天經地義」和「天公地道」兩個成語。
16 例如林鄭月娥跟有線電視記者說：「既然有個遊戲規則話最多兩條，喝極你哋都係要第三條，就唔係尊重個遊戲規則喇，……」陳嘉裕，〈林鄭鬧記者：喝極你都要問三條〉，香港《蘋果日報》二〇一九年六月十六日。
17 關於梁凌杰是失足還是主動自殺，媒體有不同報導說法，但運動陣營一般認為他是以死控訴政府。

梁凌杰的犧牲是反送中運動一項極重要的事件。在香港過往的社會運動和政治運動中，不曾有人主動犧牲性命來作控訴。梁凌杰可說是運動期間以生命控訴政權的第一人，不少人覺得「他是被政權推下去的」，為整個運動抹上了極強的悲情色彩。當晚及翌日（六一六大遊行當日），很多人到太古廣場的自殺現場獻花及致哀。

由於梁凌杰自殺於林鄭月娥記者會完結之後，反映林鄭月娥的回應並不能滿足不少抗爭者的訴求。對很多運動參與者來說，運動中已經有人犧牲性命以作控訴，那就不能輕言放棄。其後陸續有其他人自殺，留下遺書表示絕望或對政府作出控訴。八月後抗爭群體懷疑有不少人被殺，十一月科大學生周梓樂因逃避警察而墮樓身亡，令「血債」愈積愈多。到了有人以死控訴，特區政府仍然不回應訴求，結果更多人繼續輕生，政府背上的道德責任再也難以洗脫。

梁凌杰在危坐時身穿黃色風褸，背上寫有「林鄭殺港　黑警冷血」的字句，他身邊還掛起「全面撤回送中　我們不是暴動　釋放學生傷者　林鄭下台　Help Hong Kong」的標語。他身穿的黃色風褸後來成為抗爭文宣的一個重要符號，他的標語上所載的訴求有四項變成其後「五大訴求」的基礎。在此之前一、兩天，網上有不少討論六月十六日民陣遊行的口號和主題應該是什麼，但自梁死後，他身上標語的內容幾乎自動變成民陣在六一六遊行的主題，也變成後來整個運動中「五大訴求」的一個藍本。

3·5 三百零三萬又一個人的八天

六月十六日，大量民眾整日在港島區遊行，成為香港歷史上最大規模的遊行抗爭。民陣召集人岑子杰宣佈參與人數為兩百萬零一個人，「有一個人今日無法參與遊行，無法一起來到終點，但這個人在我們心目中與我們一同走著。」這個說法帶有一種悲情，以及很重的「齊上齊落」的精神。整場運動自此背上了一種犧牲精神，其後有更多的人自殺、被捕、被打、受傷以至懷疑被殺，令更多參與運動的人覺得需要堅持到底，否則無以面對已經犧牲和付出代價的人，而堅持不回應訴求的政府，以及使用暴力導致多人受傷的警察，則背上了愈來愈大的道德包袱。

由六月九日至十六日的八天，兩場極大型的遊行和六月十二日大量的警察暴力鏡頭，震驚了全世界，引發了全世界的關注和同情。政府在六月十六日晚上發表聲明，「行政長官承認由於政府工作上的不足，令香港社會出現很大的矛盾和紛爭，令很多市民感到失望和痛心，行政長官為此向市民致歉。」這基調和六月十五日的記者會，和其後六月十八日的特首記者會沒有分別，都是在態度上致歉，但沒有進一步回應民間訴求或具體立場上的改變。在這八天當中，六月九日和六月十六日反映了民意的廣泛支持（支持層面和人數都超過以往的民主運動），但嚴格而言，這兩次大規模的和平遊行未能爭取到政府讓步，反而是六月十二日的勇武抗爭引發的警察鎮壓，帶來了國際輿論反彈，令政府決定暫緩修例。這八天的經驗及其論述，促成了整個運動中，有更多人接受「勇武抗爭」以及「兄弟爬山，各自努力」的邏輯。

CHAPTER 4 無大台　兄弟爬山　不割席　Be Water

要明白二〇一九年運動的特色和精神，幾個關鍵詞是非常重要的：二〇一九是一個「無大台」[1]的運動，運動的主要精神是「兄弟爬山、各自努力」，[2]不同路線的行動互相包容「不割席」，[3]而運動沒有常態、隨機應變順勢而行，是為「Be Water」。這幾個特點和精神其實相輔相成，又互相配合，造就了二〇一九年運動的特殊形態和動員模式。本章將會簡述這幾個關鍵詞的來源、意含和在運動中的體現。

1 無大台：沒有清楚領袖及單一領導組織。
2 兄弟爬山：不同單位路線派系角色的人各盡所能各做自己的工作。
3 不割席：不會互相指摘或排拒。

4.1 無大台

這幾個運動特徵，有相當部份是受了二〇一四年雨傘運動的經驗及其教訓的影響。雨傘運動沒有一個官方（意指主要發起的組織或民間）的檢討報告，但不少參與者和支持者都會對如此大規模參與的群眾運動空手而還，懷抱一種忿忿不平，於是在二〇一九年的運動發展初期及過程中，網上討論策略的焦點之一便是如何避免重蹈五年前佔領運動的覆轍。

4.1.1 雨傘運動與去中心化

二〇一四年佔領運動的藍本是「愛與和平佔領中環」運動，因此本來佔中三子（戴耀廷、陳健民、朱耀明）在佔領真正爆發前是運動領袖，但後來是由學生佔領公民廣場，再後來是警察放催淚彈引發市民自發佔領，不少佔領的群眾嚴格來說都不是響應三子或學生組織呼籲而來，因此運動中一直都沒有清楚的領導層和架構可以發號施令。佔領初期，「五方平台」包括佔中三子、雙學（學聯和學民思潮）、民主派政團和民間團體代表，會定期開會討論策略。金鐘佔領區則搭建了一個「大台」，作為發佈消息和傳媒通訊之用。每個晚上，主要運動領袖、政治人物和知名人士，都有機會在金鐘大台上發言，以凝聚群眾、激勵士氣、發佈訊息，以及團結運動路向。但在佔領區，很多當場的決定，其實都是由在場的群眾自行商討，不是由上而下的。佔領運動帶來了一種人民覺醒，一種香港人應該自決命運，以至人人平等、「自己香港自己救」的民主意識，為二〇一九年的「無大台」運動奠下了基礎。

佔領運動到了後期（大約十一月）累積了對「大台」的不滿。不少本土派／激進派／勇武派覺得運動停滯不前，單純長期佔領沒有辦法迫使政府回應民間訴求，而運動的聲勢日漸減弱，覺得行動應該升級（例如暴力衝擊），認為金鐘「大台」不民主並且太溫和會阻礙行動升級，因而號召要「拆大台」。「大台」的影響力慢慢下降，亦沒有能力和很強的理據阻止部份佔領者行動升級，在十一月三十日龍和道升級失敗後，運動沒有下一階段的方向，最終以被清場告終。

第一章討論了雨傘運動後反對運動的「反大台」或「去中心化」的傾向，包括二〇一五年時，學界爆發「退聯潮」，最後學聯只剩四間成員院校（中大、科大、嶺大、樹仁）。傳統民主派政團例如民主黨、公民黨等亦受新政團和本土派挑戰，地位開始低降，令整個反對運動有「去中心化」的趨勢。

六月九日和六月十六日的百萬人大示威，都是由民陣申請和主辦的，但民陣本身只是一個鬆散的民間團體聯盟，沒有很強的意志或能量來統率其後的整個運動。尤其到了七月，各種行動遍地開花，包括一些「素人」也可以自行申請在不同地區舉辦遊行，超過十萬人的遊行可以秩序井然而不需大組織主辦，各項自發的行動不斷進行，根本沒有組織可以統籌，無大台之勢已成。

4.1.2 無大台的運動特色

如果從二〇一九年的運動觀察，香港的「無大台」運動有幾個特質及好處：

一、由於沒有領袖和組織發號施令，因而所有人不會等別人下令，各小眾團體或個人都可以各自思考自己可以做什麼，並且以不同名義發起和推行。由五月間的中學校友或各種群體發起的聯署開始，至七月「遍地開花」的地區遊行，至八月後以不同群體（例如銀髮族）發起的各種行動，都是公民社會自發，反而令運動有更多的能量。

二、當沒有大台時，所有人或團體都是平等的，於是沒有人可以「不准許」或者禁止其他人做任何行動，因為行動者之間沒有垂直的權力關係。行動者如果不同意其他人建議的路線或行動，可以在網上或群組討論利弊，但無權禁止其他人行動。這令各種各樣的行動可以「遍地開花」地不斷出現，令運動充滿不同的劇目（repertoire），而且創新的能力很強。

三、自我修正能力相對強，因為如果發覺某行動有問題或有反效果，可以透過自行討論而修正，停止或改變行動方向而沒有包袱。當然行動如果效果不好，參與的人亦會主動減少，無以為繼。一個很好的例子是六月二十五日網民號召圍稅局，帶來部份市民的不便而在現場產生衝突，事後網上檢討覺得行動帶來負面輿論效果，於是一、兩日後有行動者主動在稅局現場向受阻的人道歉。這個模式的「強項」是：不需要所有參與圍堵稅局的人都同意道歉，只需少數的人認為應該道歉便可自己做，而不需其他人批准或向誰交代，但同時可以起到相關的媒體效果。

四、只要運動中人仍然有相當憤怒及能量（而基數是二百萬人），就可以用不同的名義作行動（例如職業界別、銀髮族、校友群體、學生組織、宗教組織，以及各種隨機的組織等），而不需要等候名人、政治領袖或有名的組織號召帶頭，行動因此更加機動化，能夠紛至沓來歷多月而不衰。這同時會擴大參與層面，捲入不少非傳統社運組織可接觸到的人，令很多人覺得自己可以為運動出一分力，有充權（賦權）的作用。

五、決策相對快及民主，決定了行動用網絡或社交媒體傳播便可推行，相對於由一個大型的運動組織作決策及傳播，會更快速及機動，隨機應變能力更強，因而可以發動更多的行動。這麼做倚賴的是參與群眾的智慧、自發性以及在運動參與過程中學到的知識。

4.1.3 無大台的利弊

當然，沒有模式是只有好處沒有壞處的，對「無大台」的一大質疑便是：如果沒有清楚的組織，運動如何持續的問題。如果以二〇一九年的反抗運動來說，持續性其實相當不錯。另一弊處是沒有辦法阻止負面效應的行動出現，就算是網上討論有反對意見，也在「兄弟爬山」「不割席」的原則下，各有各做了（各做各的），縱使行動有壞影響也只能事後補救。到了八月後，暴力衝擊行動增加，於是本來希望是和平集會／遊行（或獲發不反對通知書的集會）的行動，也有可能因為部份人在其間作出衝擊、暴力或違法行為，而令街頭衝突取代和平集會成為傳媒焦點，不少支持者卻步，亦給予警察介入、逮捕參與者或解散驅散和平集會的藉口，以至令部份沒有暴力行為的參與者受警察暴力對待或被捕。這是「無大台」的主要代價，即個別行動縱使有不良效應，也只能共同承擔，沒有權威架構可以把行動叫停。

另一方面，沒有大台或有型的組織，較難策劃一些需要持久、多人參與而又有組織的行動，最佳例子便是各種不合作運動中的罷課、罷工和罷市（見第十章〈不合作運動篇〉）。在二〇一九年的反抗運動中，各種不合作運動往往由於沒有統籌和組織基礎，難以持久，無法組織很多人參與，因而不能給予政權壓力。到了十一月後，運動希望以罷工作為下一階段施壓的手段，但發覺組織力不足，因而引發一波組織工會的浪潮。

沒有大台，即是沒有有形的領袖和統率群眾發號施令的單一架構，對政權而言是相當頭痛的事情。當運動沒有清楚的領袖和架構時，政權縱使要打擊也不知從何入手。如果策動的是一個列寧式革命政黨或傳統社運組織，逮捕其領袖和主要骨幹成員便有可能可以瓦解或者大大削弱運動，但在反送中運動卻不可能，因為很多行動都是由小眾發起的。這應該是政權一直苦無對策的原因之一：整個運動沒有真正的決策或指揮核心可以給政權打擊和瓦解。政權原本可能透過滲透臥底或其他方法瓦解某些組織，但當運動有相當廣泛的公民社會參與時，這樣的手法能起的效應就很有限。控告或逮捕一些知名人士（例如黃之鋒或立法會議員）只有激化群眾的效果，並不會真正打擊到運動。

政府的對策於是變成在七月底開始主動出擊大量搜捕，用強大武力打擊前線示威者並加以逮捕，變成一種「有殺錯無放過」的策略（見第六章〈政權策略篇〉）。大量的施放催淚彈和使用武力，傷害本來並非示威者的平民，進一步引起民憤，令更多人反對政府和警察以及投入運動，而政府及警察的公眾支持持續下降。這個策略的假設是把「核心暴力份子」給「抓光」，但「無大台」的模式下根本沒有運動領袖，抓捕的過程結果激化了其他人，反而令運動長期不止息。

另一個問題是：當沒有大台或領袖時，政府不知道可以找誰來對話或談判。民主派議員和政黨到了群眾運動開始時，便不再扮演重要角色了，到了七、八月街頭衝突加劇時，更是只能起到輿論和輔助的角色。到十月立法會復會後，議會抗爭是一條戰線，但和街頭運動的關係也只是「兄弟爬山」而已。從運動角度看，這可以是「無大台」的一個壞處，即是沒有人有權代表運動和政府或其他政治力量對話來拉近距離，令政治解決問題的難度增加。

杜法姫（Zeynep Tufekci）認為新世代這種無領袖以網絡協調動員的運動有幾項弱點：一、難以調整策略因而造成策略僵化（tactical freeze）；二、難以與政權談判；三、難以有足夠的組織力來顯示足夠的能量迫使政權談判或讓步。[4]從香港反抗運動的經驗來說，則後兩項大致是對的，但「兄弟爬山、各自努力」和「Be Water」的抗爭原則和哲學，則克服了策略僵化的問題。

4.1.4 議員和民陣的角色

民主派議員和政黨，在議會鬥爭階段（四月至五月底）扮演較重要的角色，到了六、七月間往往是在現場作調停，到了七月中以後運動愈趨暴烈，警察使用的武力往往無差別，議員在前線亦起不了調停作用，而立法會沒有會議，於是民主派議員最多只能起到輿論聲援的作用，並非主導或「大台」的角色。

六一六遊行後行動逐漸升溫，經常出現示威者和警察在街頭對峙的現象，部份立法會議員較常出現在對峙前線進行調停工作，例如鄺俊宇、譚文豪、尹兆堅、區諾軒、林卓廷等。其中最突出的是民主黨議員鄺俊宇，早期多次出現在抗爭現場，以「手足」稱呼抗爭者，[5]呼籲抗爭者「不流血、不受傷、不被捕」，獲示威者讚賞而冠以「鄺神」[6]稱號。

六月期間，立法會議員的介入大致可有效勸止暴力衝擊，以及呼籲街頭抗爭者安全離去以避免受傷被捕，這是不少行動能以相對和平的方法進行及結束的原因之一。例如六月二十一日及六月二十五日兩次包圍警察總部，示威者在牆外塗鴉並躍躍欲試頗有要衝警總之勢。民主派立法會議員如張超雄、胡志偉、郭家麒、林卓廷等在現場攔阻，認為如果示威者衝擊警察總部，必定遭警察開槍鎮壓，會造成嚴重傷亡。這兩次都可算是勸阻成功，人群在劍拔弩張氣氛下於深夜和平散去。

七一衝擊立法會是轉捩點之一。從下午開始，示威者以各種器物衝擊立法會大門及外牆，而警察沒有阻止。幾名民主派議員下午在立法會門前嘗試阻止衝擊，結果梁耀忠被人一手推開而受傷，部份示威者對民主派議員表示「這裡交給我，相信我們」，各民主派立法會議員沒法攔阻衝擊，反映了他們沒有權威或道德力量來勸阻「勇武」的抗爭者。

七月開始，各區地區遊行後往往演變為街頭衝突。七月十三日尹兆堅在上水的前線調停時被警棍擊打，七月二十一日林卓廷在西鐵元朗站車廂內被白衣人毆打，至譚文豪八月二十四日在麗晶花園被噴胡椒噴劑等，都反映出立法會議員的身份已不足以調停，甚至不能保證自身的安全，在前線找不到自己的角色。前線警察對議員及記者的敵意亦愈來愈重，認為他們其實是在擋住警方執法，好讓示威者可以逃走。此外，抗爭者的快速游擊戰術亦令議員難以跟隨前線。八月三十日，區諾軒和譚文豪被控在之前的街頭對峙中阻差辦公（區並同時被控襲警），這表明了其實政府或警方不希望議員做和事佬。

4 Tufekci, Zeynep. 2017. *Twitter and Tear Gas: The Power and Fragility of Networked Protest*. New Haven and London: Yale University Press.

5「手足」其後在整個運動中，成為抗爭者稱呼同路人的專有名詞，見第十一章〈香港人身份的運動〉。

6「鄺神」的稱號在運動以前已經有，只是沒有這麼流行。

各民主派立法會議員其後主要是扮演輿論聲援的角色，以及譴責警察暴力，因而起到「不割席」的作用。個別立法會議員亦會協助市民以民事索償。十月立法會復會後，民主派議員把握機會在多個會議上質詢及批評政府，要求不同政府部門公開與運動或警暴有關的資訊，以及在選內務委員會主席時進行長期拖延，可以說是另一條戰線的抗爭，但對街頭運動的影響相對輕微，亦沒有領導的作用。

同樣地，民陣一直都沒有扮演大台的角色。民陣自二〇〇三年發起七一遊行，多年來發起多次運動（包括每年的七一遊行），因而在不少人（尤其「和理非」支持者）心目中有較高的公信力。在二〇一九年的反抗運動中，民陣發起的獲得「不反對通知書」的遊行或集會，往往可以吸引較多人（特別是傳統「和理非」）參加。幾次最大規模的集會遊行，都是由民陣發起主辦（包括六月九日、六月十六日、八月十八日、二〇二〇年一月一日），但二〇一九年的反抗運動突出之處是自七月開始，不同的單位或個人都可以申請及舉辦遊行，不需要有規模的組織協調領導，因而民陣的角色並不明顯。自八月底開始又進入了另一局面：很多遊行申請都不會獲批，民陣的亦不例外，而有沒有「不反對通知書」與是否會受到警察驅散、拘捕或以暴力對待，也往往沒有關係，民陣組織遊行的角色因此暫時減退。

4·2 兄弟爬山　不篤灰　不割席

第二套的關鍵詞比較複雜，雖然字眼上有不同版本，但其實和「無大台」的邏輯互相緊扣配合。這包括「兄弟爬山，各自努力」、「不分化」、「不篤灰」、[7]「不割席」、「不指摘」、「不譴責」等。

與「無大台」一樣，這系列的運動精神源於傘運後的檢討。一個有關雨傘運動的檢討是運動太多內部矛盾，參加者互相攻訐令運動失敗。不同派別間的積怨甚深，在運動中因為路線不同而互相攻擊及指摘，甚至在某些派別受打擊時袖手旁觀。路線矛盾主要有兩項：「和理非」與「勇武」的矛盾：主流民主派通常堅守「和平理性非暴力」立場，有時會對含暴力的手段或行動加以譴責（例如二〇一六年的旺角事件），這樣的行為被視為「割席」（見第五章〈和理非與勇武的螺旋〉）。第二項分歧是本土派跟傳統泛民的分歧：泛民一向表示不支持港獨立場；本土派則認為泛民的保守性拖垮運動，他們的溫和行動沒有效用，而他們把希望寄託在中國的民主改革（所謂「大中華」）基本上是錯誤的路線，應該強調香港的自主自決以至獨立，因而必定要將這些舊力量「淘汰」，民主運動才可有出路。二〇一四年後反對派陣營進一步分裂及碎

7「篤灰」本為香港黑社會用語，意指出賣、告密，在反抗運動的語境中意指不會反過來攻擊同路人，或落井下石等。

片化，令反對運動難以凝聚而陷於低潮。

二〇一九年的運動可以走出這種內部分裂，有幾項主要原因。首先，在反修例的立場上，反對陣營和公民社會內沒有根本分歧，本土派和傳統泛民也沒有分歧，一致覺得要捍衛香港的自由和利益。尤其是最初的訴求非常簡單，就是要煞停修例，不同團體和派別大致沒有異議。大家都同意條例對香港的自由和自治造成非常大的破壞，因此必須團結反對。到了「五大訴求」階段，各派系陣營對訴求內容都沒有異議，由於政府長期沒有回應任何訴求或作討價還價，以致運動中縱使有比較溫和或比較激進的份子，也沒有機會出現分歧。

在大目標一致下，餘下的只是行動策略上的分歧，包括「和理非」和「勇武」的分歧。整個運動在好幾個月內大致能保持團結，部份是由於危機感。對手非常強大，但抗爭者的目標相對簡單，而失敗會帶來嚴重後果（例如大量拘捕和判以重刑，以及香港的自由會進一步倒退），參加者覺得沒有條件再搞分裂。到七、八月以後，警察暴力帶來的憤慨和威脅，形成團結很多運動參與者的強大力量。不同來源和背景的支持者在面對強大警暴，同仇敵愾槍口對外，各種分歧都暫時放下，縱使對不同運動策略或具體做法有不同意見，也只能由得各有各做（「兄弟爬山」），不會互相指摘（「不割席」），以免令運動分裂而自行削弱。

另一原因是運動一開始便已經是多元化的行動，有不同的小眾各自發起不同的行動，參加者之間沒有清楚的組織與權力關係。到了二〇一九年民主運動整體陷於低潮，已經很難說有哪種行動路線或手法是一定成功，或者有明顯成效的（包括「和理非」對「勇武」的區分路線辯論），因此沒有哪一個陣營可以說自己的行動路線一定較優，而擁有「號令天下」或者決定什麼可以做什麼不可以做的權力。在二〇一九年反抗運動中，嚴格而言不同的行動都可能有一定作用，但總體爭取的目標在幾個月後亦未能說是成功，所以沒有人可以說什麼行動一定有效，另外一些一定無效，這造就了「兄弟爬山，各自努力」的「各有各做」「互相效力」的精神。在路線不同、參與人數眾多，而又「無大台」的情況下，運動顯示出超乎尋常的包容，包含在幾句口號之中：「不篤灰」、「不割席」、「不指摘」。

和雨傘運動或其後幾年的一個分別，是之前勇武派或本土派的支持者往往會指某些活動或劇目為無用、消蝕民氣、只是自我感覺良好，對政權沒有壓力。他們往往認為只有不斷升級的勇武抗爭才可以帶來勝利，因而批評這些行動並且反對參與，例如集會現場唱歌經常被譏為「唱K」，各種儀式性的活動（例如支聯會的六四燭光晚會）被視為「行禮如儀」，行動者自行激勵士氣會被嘲為「俾啲掌聲自己」（給自己掌聲鼓勵），或者在爭取到部份目標後暫停行動，又會被譏為「散水（半途而廢）社運」等。但在二〇一九年的運動中，極少這樣的批評。不同路線和派系的人自六月開始，都會承認不同的行動可以帶來影響力或對運動有所貢獻。某些純象徵性的和平活動（例如拉人鏈、唱歌、摺紙鶴等），會有好的傳媒形象效果，也被視為有助激勵士氣，並可吸引不同類型的人（尤其「和理非」或學生及小孩）參與，吸引傳媒報導爭取支持。某些行動可能沒有很多人響應或者效果不佳，但往往批評不多，而由於好幾個月內行動的劇目繁多，縱使行動效果不好也都很快過去，對整體影響不大，大家很快將之忘卻，又去下一個行動，並沒有影響運動的團結性。這和Be water的運動特色暗合，因為行動不斷前行，很快會流動到下一個行動，不會停留在某個固定形式或地點，以及不斷爭論行動成效——行動沒成效就移到下一個，不需停留爭論。

4·3 Be Water

Be Water的概念來自李小龍，在佔領運動後期已經出現這種說法，主旨是說抗爭運動應該無常態，本來是用來對抗當年「大台」那種由上而下的層級化文化的。運動要「Be Water」的說法，在二〇一九年被廣泛引用。《金融時報》曾於九月三日的評論文章將香港的運動名為「Water Revolution」。[8]

李小龍原來說法的精神和含意有不同的演繹，最常被引用的是他在接受皮埃爾·伯頓（Pierre Berton）訪問的短片中說，水是「無形態、無形狀，水的形狀跟隨其容器，水能流動、亦能衝擊」。套用在抗爭運動中，主要是形容沒有固定的抗爭形式、因時因地制宜，不拘泥形式和不會戀戰，以及靈活機動的策略。在二〇一九年的抗爭現場，Be Water有時成為撤退不戀戰的同義詞。在運動中，亦有人將 Be Water 詮釋為：「堅如冰、流如水、聚如露、散如霧」，意指一種無常態的抗爭模式，靈活進退。

在二〇一九年反抗運動中 Be Water 的精神和思維，是和二〇一四年佔領運動最大的不同處。雨傘運動嚴格而言其實只得一種抗爭劇目，就是長期佔領街道，以此影響城市正常運作和影響經濟，來脅迫政府讓步。七十九日內的主要抗爭劇目、形式和地點都是完全幾乎固定不變的。但二〇一九年的運動，由四月開始轉換過無數抗爭劇目，至少包括國際遊說、登報、聯署、靜坐、和平遊行和集會、堵塞機場、阻礙交通工具、堵塞交通要道、罷工、罷課、唱歌、各種不合作運動、縱火、暴力抗爭、圍堵警署、「人鏈」、連儂牆及其他文宣，層出不窮，並且會在不同地點輪番進行，可以在一天中轉換不同地點，並且多於一個劇目，參與者亦可以輪換。不同人自行選擇喜歡或者可以應付的劇目，而同一類劇目亦會在不同時空重複交替出現。

靈活機動的策略特性在七、八月間的城市游擊戰中發揮得淋漓盡致。由七月七日九龍區遊行開始，不同的分區遊行之後都演化為示威者堵路，然後和警方對峙。當防暴警察嘗試清場時，抗爭者有時向前、有時撤退、有時對抗、有時逃跑，遇上警力強大時可能會「轉場」，轉到其他地點再佔領或攻擊特定目標。在八月中之前，抗爭者主要倚賴火車和地鐵轉移戰場，由於他

8 Jamil Anderlini. "Hong Kong's 'Water Revolution' Spins Out of Control." *Financial Times*, 2 September 2019.

們本來沒有固定的滋擾和攻擊目標，主要靠臨場隨機應變，以臨場商討、網絡群組通訊聯繫，以及配合地形、因應警方部署和交通狀況應變，這種快閃式抗爭的機動性比警方強，警方也就難以預計以及調配人手。例如八月五日大罷工當日，抗爭者便曾不斷轉換抗爭現場，騷擾警署、堵路及破壞或干擾主要交通設施（例如紅磡海底隧道）。抗爭者亦曾引用毛澤東談及游擊戰的十六字戰略要訣：「敵進我退、敵駐我擾、敵疲我打、敵退我追」，作為這一策略的指導原則。

到了八月下旬，港鐵變成配合警方搜捕示威者的工具，這策略開始受影響。由八月二十四日觀塘遊行港鐵關閉整條觀塘線開始，港鐵往往會因應示威情況封鎖車站，或令列車不停某些站，示威者不確定他們可以坐地鐵離開，而警察往往很快大量派員駐守港鐵站，警察如果在港鐵站內搜捕或截查，抗爭者難以逃脫，加上港鐵站有閉路電視直達警署，示威者因而不能再倚賴港鐵作快速流動的工具。八月三十一日的太子站警察入站搜捕及毆打，九月三日警察在九龍灣截停整輛巴士上車搜捕，九月七日警方把中環到銅鑼灣的港鐵站都封掉以便在港島東區搜捕等事例，都對抗爭者的流動策略造成很大影響。當示威者不能再倚靠港鐵作快速流動之際，七、八月時採用的流動策略變成不再可行。

Be Water的另一個意義，就是抗爭者不會拘泥於某種抗爭形式或劇目。形勢不利時會改變策略或行動模式，就像水流遇到石頭時會在旁邊流過，但繼續向前，這其實很符合香港人靈活多變善於「執生」（隨機應變）的性格。一個例子是針對機場的抗爭：八月十二日，很多人對八月十一日的警暴感到憤怒而入機場示威，令機場在當日下午停止所有航班升降。這鼓勵了不少人在八月十三日繼續堵塞機場，以為這是有效癱瘓空運的抗爭手段。但當日發生打「環球時報記者」事件和與警察衝突，以及機管局在當天成功申請禁制令，阻止機場運作變成違法，行動於是迅速轉到其他方向，暫時放棄機場（見第十章〈不合作運動篇〉），而沒有任何包袱。

這種 Be Water 策略的另一體現，在於以不同名目抗爭。自六月十一日起，很多不同群體呼籲以不同名義到添馬公園和政府總部外集會（包括寫生、討論劇本、宗教集會等），讓抗爭者可以靈活運用來抗爭和發聲。自八月尾起，警方往往反對遊行申請，抗爭者會聲稱只是到集會現場「行街」，以避免名義上觸犯法例，之後亦有不少用祈禱會或其他名義發起集會。

這種運動的策略特質，當然和上述「無大台」及「兄弟爬山」的特性有很大關係。由於沒有固定的組織和領導，很多小眾團體都可以自行發動行動，並且在前線自行協調聯繫，因地制宜，因此可以自由轉換地點和形態，不需向任何人交代。網上在討論抗爭戰術戰略時，有「相信前線」之說，因為很多人都覺得由前線抗爭者因地制宜隨機應變作出戰術調整，會比由安坐鍵盤前的「冷氣軍師」的判斷為好，也比事先由某種組織作詳細規劃為佳。而由於沒有事先規劃，警方亦難以作針對性部署。

由於很多行動都屬自發，由不同的單位和個人發起，然後其他人決定是否跟隨，於是運動到了七月後，劇目變化非常頻繁，一直保持著動員不同的人和群體，行動策略經常轉換而繼續向前，不會固定某種形式；但不同策略和行動可以起到不同的效果，觸動不同的群體和引發不同的媒體效應。這是整個運動可以持續好幾個月的一個重要原因。

十一月十一日開始的「黎明行動」，警方嘗試攻入大學校園，在十一月十一～十二日攻打中大，和十七～十八日圍堵理工大學的兩役，對Be Water的運動模式，帶來相當的反思。警方十一月十二日在中大二號橋頭和抗爭者對峙整日，發射催淚彈及其他槍彈達數千枚，最終與校方達成某種協議，退回校外。從中大學生的角度，當天成功「保衛中大」，令警察不能進入大學校園，是重要的象徵式勝利。但其後兩天，在中大校園內不同來源的駐守抗爭者（包括非中大的學生和非學生）卻對是否要留守中大出現爭論。有人認為不宜長期駐守，因為和警察的武力、人力相差懸殊；也有人認為中大二號橋是重要戰略性據點，可用來堵塞東鐵和吐露港公路以癱瘓新界東交通，因而不應放棄。

十一月十七日理工大學的戰役在暢運道及漆咸道可說是「打足一日」，警方以極強武力進襲，包括大量催淚彈、水炮車、裝甲車、音波炮[9]等，到黃昏時候以大量警力封鎖理工大學的數個出口，將抗爭者困在理工大學無路可走。其後兩三天內經多方斡旋，部份抗爭者從不同管道逃脫、部份十八歲以下的獲准離開暫不拘捕、有不少自願離開或嘗試逃脫時被捕，而十一月十八日晚上到九龍各區嘗試「營救」理大的群眾有大量被捕及被控暴動罪，可以說是對「勇武」抗爭者造成嚴重打擊的一役。中大的相對安全「撤走」和理大的固守令很多人受傷被捕，成為強烈對比。事後的討論中，有人指出在理工大學打陣地戰違反Be Water原則，即在武力以及補給非常不對等下，長期的陣地戰對抗爭者很不利，正面對撼（對抗）取勝機會不高，結果導致大量抗爭者被捕。

4・4 小結

從社會運動和公民社會的理論來說，二〇一九年的反抗運動可說是體現了某種理想狀態。運動最大的特性是在無大台及領導下平等參與，強調個人和參與者的自發性，倚賴群眾的創造力，透過多種小眾的自發的公民組織推動運動。它沒有單一統籌的組織，因而沒有由上而下或層級性的權力關係，而決策變得相對民主和平等。這種運動模式和義理令不少香港人「反求諸己」，詰問自己可以為運動為香港做些什麼，帶來人民的覺醒、提高主動性，每人可以各自選擇自己可以投入的形式和程度，結果形成強大的集體意識和團結性，成為二〇一九年反抗運動推進香港人身份認同的重要因素。

當然，這種反傳統的組織和行動模式不是全無問題的。一是「無大台」沒有堅實組織，倚

9〈警方首次出動音波炮　警告可能使用致命武力〉，《法廣》二〇一九年十一月十七日。

賴群眾自發，其實是難以推動一些要求高度組織化、需要資源而又要持久的抗爭（例如罷工）。二是在二〇一九年香港的抗爭模式中，這種運動模式雖可以長期持續抗爭，但不利與政權談判或爭取「階段性成果」，某種程度上也是二〇一九年的運動拖得很長的原因之一。

CHAPTER

5

和理非與勇武的螺旋

整個運動中，政權和抗爭者的策略互動，主要圍繞所謂「暴力」的問題。政權自六月九日百萬人遊行之後，期望如果行動升級走向暴力，民意會逆轉而反對運動，較溫和的、只支持和平抗爭的人會與暴力抗爭者「切割」，而令運動分裂、降溫以至消亡，建制派在十一月區議會選舉的選情也有回天之機。抗爭者的暴力升級，亦可合理化警察用更強的武力「止暴制亂」。好幾個月的運動都在一個無形的博奕之中，不同的是抗爭者「無大台」，沒有一個總體策略，各類行動都靠不同行動者自行摸索和調整策略，但正如第六章〈政權策略篇〉所分析，政權的策略亦時有轉換，而且充滿不一致的訊息和行為，並非「如臂使指」般貫徹。

對抗爭者來說，堅持用和平非暴力的手段還是用暴力手段抗爭，是在整個運動中困擾他們的原則和策略問題。自六月九日以來，抗爭者經常辯論究竟應該用和平非暴力策略還是用勇武／帶暴力的行動，而如果用暴力又可以到哪一個程度，有什麼界線等。結果在「不割席」、「兄弟爬山、各自努力」的大前提下，整個運動形成很有趣的「和理非」行動和「勇武」行動交互輪番使用，互相支援，不相互否定的局面。由六月到十一月，「和理非」和「勇武」的策略互相增援而逐漸升級，我稱之為「和理非與勇武的螺旋」。到了八月尾後，「不割席」已經成了運動的大共識，於是出現了「和勇一家」之說。好幾個月下來，勇武的策略有時會自行調節，並不是直線的持續升級，這是運動可以持續的重要原因。從政治的角度看，政府持續不回應民間訴求和不受制約的警暴，令民意愈來愈支持可用更激烈手段抗爭，是「和理非」與「勇武」沒有切割的主因。

5·1 策略辯論之源

所謂「和理非」和「勇武」策略的辯論，在香港的運動圈子已經歷時大約十年。香港的民主運動和政治運動，一直的路線都是強調合法及和平抗爭，被（謔）稱為「和理非」。[1]主因應該是香港一直有比較保守的政治文化，主流民主派害怕變得激進，包括違法和暴力抗爭的行動，會喪失比較溫和的支持者（例如部份中產者），尤其是影響選舉中的選票，因而堅持以合法及和平的手法抗爭。不少人亦覺得和平抗爭有助爭取最多人支持，包括國際輿論支持，以及歷年的七一遊行都是和平井然有序地進行，以「幾十萬人上街而沒有打碎一塊玻璃」而自豪，因而認為能保持和平是香港人抗爭的一個強項。

一直有較激進的力量批評這種「和理非」的路線，認為多年來這路線並不能迫使政府讓步而帶來民主，主流民主派就是太保守而令運動多年來一事無成，認為運動應要丟掉「和理非」的禁忌，嘗試例如台灣早期的議會抗爭、肢體衝突或甚至採取暴力鬥爭，才可以突破困局。政治領袖黃毓民或網上言論領袖陳雲等認為要「勇武」才可為運動帶來突破。黃毓民在二〇〇八年選上立法會議員，他在議會內和社民連黨友以各種較激進手段抗爭（包括擲物、擾亂秩序、拉布、粗言辱罵、肢體衝突等），慢慢開啟了較激進抗爭的想像。

所謂「勇武派」或者勇武抗爭的路線，一直沒有很清楚的行動綱領，例如怎樣才算「勇武」，有什麼行動計劃，哪些計劃又可以爭取到哪些政治目標等。香港自二〇〇八年後仍然非常少出現以暴力抗爭的行動。社民連可算是最常因抗議示威而有成員被檢控的政治團體，但其成員在抗議時使用的「武力」一直非常「低度」。[2]「佔領中環」運動籌備時，發起人努力強調這是和平非暴力的公民抗命運動，認為只有非暴力手段才可佔據道德高地而爭取市民支持。佔領後期不少人在金鐘「圍大台」並要求行動升級，是這個策略辯論的一個在地縮影：當和平手段明顯不能迫使政府讓步時（例如已經長期而大規模地佔領街道），有人要求暴力升級，支持「和理非」

1 即「和平、理性、非暴力」。曾經有民主派領袖非常重視不能講粗口，所以相關用語是「和理非非」（包括非粗口），但近年相關討論都以「和理非」為基礎，而二〇一九年反抗運動的抗爭現場、文宣和網上討論對粗口都沒有避忌。

2 例如投擲物件（碟飯、水杯）等。

者就變得難以抗拒和反駁，因為會被激進力量質疑：「如果你反對暴力，那你覺得什麼行動是有用的？」金鐘佔領者二〇一四年十一月三十日在龍和道升級失敗，並沒有消弭兩條路線的矛盾。「和理非」認為這證明了此路不通，而「勇武派」則認為是保守的人拖住後腿，令衝擊的人數不夠而行動失敗。[3]

民主派主流政團一般都排拒暴力，如果在社會行動中出現暴力手段，他們往往都會出言譴責，其中最突出的是二〇一六年二月九日的旺角事件（本土派稱為「魚蛋革命」），行動包括數小時的堵路和襲擊警察，主流民主派政黨迅速譴責暴力，因而被本土派視為「割席」，成為主流民主派和本土派之間出現嚴重矛盾的原因之一。

在歷年的爭論中，兩條路線往往是互相排拒的態度。「勇武派」或本土派往往嘲弄「和理非」沒用，多年以來沒有爭取到民主，尤其是在傘後的無力感中，不少人認為政府不會回應和理非的民意表達，覺得和平遊行等行動是浪費時間和精力，「消蝕民氣」。「和理非」則認為暴力抗爭本身不可取，會令中間及溫和路線的市民反對運動，削弱對運動的支持，給予政權鎮壓的藉口，亦不能有效爭取到政治目標，因而拒絕支持有關路線及行動。

5.2 六月：和理非主導

反送中運動初期，是由「和理非」的思維所主導。在六月九日的百萬人遊行前，主要的民間動員目標是催谷（拉抬）當日遊行的人數，背後其實是一個很「和理非」的思維，即透過大型和平遊行的人數施壓。六月九日後政府宣佈如期二讀，不少人號召六月十二日到立法會包圍及佔領街道，最初的想像仍然可能是二〇一四年佔領金鐘式的非暴力抗爭（雖然已經是公民抗命），當日下午有少數人以投擲雜物、雨傘及竹枝衝擊立法會，但警方迅速還擊並以武力驅散，示威者在大多沒有裝備的情況下主要是挨打。開頭少數人衝擊立法會的「暴力」，遠遜於警方所用的暴力，令民情大幅轉移。

這個軌跡在其後數個月的街頭運動中不斷出現：即有少數示威者以暴力衝擊，例如設路障、投擲雜物或磚塊或燃燒彈，或以武器襲擊警察（主要是雨傘及棍棒），但遭到警察以更大程度的武力還擊（例如大量催淚彈、橡膠彈、布袋彈的射擊，以及警棍毆打等）。傳媒及現場拍到的影像令較多人同情示威者，結果是民意不單沒有因為暴力衝突而逆轉令運動止息，反而令運動焦點轉移到警察暴力，數個月下來令警方的支持度和公信力不斷流失。

六月十六日的二百萬人遊行後沒有暴力事件，是「和理非」在整個運動的高峰，維持了一種二〇〇三年七一式的「百萬人遊行但井然有序」的形象。遊行人海讓路給救護車的影像傳遍

3 有關這種論述最主力的著作，可見熱血時報，二〇一六，《雨傘失敗錄》，香港：熱血時報。

世界，更是一種和平主義、人道主義和高公民素質的標記，而不少香港人亦以此自豪。正如第三章〈三百零三萬又一個人的八天〉所言，由六月九日至六月十六日的八天中，抗爭由「和理非」到「勇武」到「和理非」走了一圈，奠定了其後整個運動中，和理非與勇武兩翼互相配合的基調。六月九日和六月十六日的兩次百萬人遊行雖然震撼人心並引起全球關注，卻是沒有真正帶來任何政府讓步的。六月十二日的有限暴力導致的鎮壓，所造成的民意和國際輿論迴響，反而是促使政府暫緩修例的關鍵。在論述上，是政府不回應六月九日的和平遊行，為六一二的衝擊帶來了合理性，這使得「和理非」承認單靠和平行動沒法拉倒修例，而勇武派亦確認兩次和平大遊行的價值，造成兩派合流之勢。

由六月十六日到六月三十日的兩週，和理非的路線仍然是主導的，但有一種「山雨欲來風滿樓」的感覺，民情不斷升溫。林鄭月娥在六月十八日的記者會上道了歉，但沒有宣佈撤回條例，換言之對六月十六日二百萬人的主要訴求沒有回應。六月二十一日大專學界在政府沒回應五大訴求後宣佈行動升級，號召在早上開始包圍政府總部。抗爭群眾在幾乎沒有警察阻止下，很輕易地佔領了金鐘外的夏慤道，在下午改為包圍警察總部。同樣的劇目在六月二十五日重複，由堵稅局變成圍警察總部，兩日都是在民主派立法會議員勸阻下，示威者到深夜時和平散去，沒有衝進警察總部。這兩次包圍，示威者塗污警總外牆，長時期在警總外辱罵警察，以及破壞塗污警署的徽號或象徵，加深了警隊和示威者間的仇恨，是其後衝突暴力化的原因之一。

二〇一四年戴耀廷推動「佔領中環」時，曾說「佔領中環」是核彈級的武器，當時認為公民抗命佔領街道已經是港人可以為民主付出的很大的犧牲。經過二〇一四年的佔領運動後，很多抗爭者都有了佔領街道的經驗，克服了心理障礙。六月二十一日和六月二十五日，示威者都在非常輕易而幾乎沒有警察阻撓的情況下佔領了金鐘灣仔的街道（開始佔領時人數不多），反映抗爭者的「勇武」程度已經提高，對違法抗爭已放下了心理包袱。部份市民可能在二〇一四年時對堵路抗爭影響交通覺得非常反感，但到二〇一九年六月時已經不感意外。整個二〇一九年中不同日子因示威堵路而交通受影響，更是家常便飯。

泛民議員在六月二十一日和六月二十五日兩次包圍警總中，都算是成功地阻截了勇武派衝擊警總，他們的主導思想仍然是避免暴力衝突，給予警方暴力鎮壓或逮捕的藉口。其中鄺俊宇的號召「不流血、不受傷、不被捕」無疑在這階段有一定的安撫作用。

5.3 七一衝立法會：是你告訴我們和平遊行沒有用

七月一日大遊行會同時爆發衝立法會，有一個時間上的原因。之前六月二十八日的G20會議對香港議題的討論不多，令人覺得似乎之前一輪的（和平）登報等行動都無功而還（見第七章〈國際篇〉）。六月二十九日及六月三十日，先後有兩名年輕人輕生以控訴政權，都令抗爭者的悲情加深，覺得有一種迫切性要在七一大遊行時做點突破，否則運動可能逐漸降溫。參與者都知道期望七一或以後的遊行會多過二百萬人參與是有點不切實際，於是產生轉換策略以放手一搏的動力。對「和理非」而言，除了動員參加七一遊行外，也提不出其他的行動模式可以迫政府回應。換句話說：當「勇武派」說要把行動升級時，其他非勇武派是講不出有力的論據和前景來說服他們不要做的。當日下午有數名泛民立法會議員在立法會門口嘗試勸止衝擊，但有些被推開（例如梁耀忠），其他議員亦無法阻止示威者衝擊。

七一大遊行的民陣數字顯示有五十五萬人參加，但焦點都在自下午開始的衝擊立法會上。示威者自中午開始在立法會門外聚集，在現場「公投」決定要衝擊立法會，希望仿效台灣的太陽花運動佔領議會，來向政府施壓。部份示威者在下午開始以鐵枝及裝垃圾的鐵籠車衝擊立法會大門及嘗試打破玻璃，最後在晚上九時衝入立法會大樓。示威者打破大樓內的玻璃幕牆、投影機、電腦、以噴漆在牆壁和柱上噴上各種政治口號、噴黑及打爛立法會主席梁君彥和前主席范徐麗泰的畫像，撕毀部份建制派議員座位的文件，豎起「沒有暴徒　只有暴政」等橫額，以及塗黑牆上的立法會會徽和特區區徽等。

警察在當日的部署和反應是非常奇怪的。自中午開始，金鐘已經有人群聚集衝擊立法會外牆的玻璃，達數小時之久，但主要阻止他們行動的只是泛民的立法會議員，按理衝擊者已一早犯法，但警察由中午到晚上都完全沒有阻止及逮捕，只留守在立法會內。這和六月十二日立法會被衝擊時，警察由立法會大樓主動出擊打足數小時的反應完全不同。到了晚上九時示威者衝入立法會時，駐守的警察卻突然撤走，事後的解釋是有人用「有毒化學粉末」和「不明液體」攻擊在場警察，他們覺得有危險所以撤走。在下午數個小時的衝擊立法會中，警方都沒有增援，等到示威者衝入立法會三小時後才清場並且預先給予警告，接著大量防暴警察在午夜前到達立法會外圍，示威者全面撤走，在不足一小時內完全被驅散，反映警方其實一直有足夠能力防止示威者衝擊立法會。

從政權的劇本看，這是示威者暴力衝擊公權機構、大肆破壞、令議會無法正常運作，而且塗污國徽等政權象徵，應該可以令溫和、中間、淺黃的民眾對運動反感。林鄭月娥和政府高層在凌晨四時高調召開記者會，表示「非常傷心、亦很震驚有人選擇用如此暴力，進入立法會大樓內肆意破壞。」批評行為「目無法紀」、「嚴重影響法治」、「感到憤慨痛心」等，「予以強烈譴責」。

林鄭月娥始料不及的是，在記者會中她全程受狙擊，記者不斷質問她為什麼之前三個人以死明志時她不作回應、以及她是否仍相信她會上天堂等，反映了傳媒的不滿，亦預示了整個夏天同類劇目的輿論效應：即民間有一定聲音覺得是因為政府不回應民間訴求，才導致暴力抗爭，政府單純重複的譴責示威者的暴力，並沒有得到他們想像中的輿論效應。

七一衝擊立法會後民意並沒有如政府預期般逆轉，電台的叩應節目不少是同情示威者並且批評政府不回應民意，也沒有什麼社會領袖出來譴責示威者的暴力。這形成了一個突破點：即到了二〇一九年七月一日，香港人對暴力和所謂「勇武抗爭」的接受程度已經大大提高，而不少人認為政府不回應民間訴求，一定程度上要為示威行動升級負責。

從宏觀的角度看，多年來民間積累的對政治制度的不滿，以及政府在是次危機中的表現，令更多人可以理解和同情衝擊立法會的行為。政治制度不民主令民意無法透過議會表達，建制派主導的立法會只想繞過正常程序（如法案委員會）而盡速通過《逃犯條例》，令人覺得立法會只是協助政府通過反民意政策的機關，種種都令市民不滿。

示威者衝進立法會後，用了一點時間即場（現場）草擬了《七一立會宣言》，[4]為衝擊行動提供了論述。《七一立會宣言》稱由於政府對二百萬人民意及三人輕生均「置若罔聞」，而立法會不能代表民意，因此要進行各種佔領和不合作運動，包括佔領立法會，並且正式提出五大訴求：一、徹底撤回修例；二、收回暴動定義；三、撤銷對抗爭者控罪；四、徹底追究警察濫權；五、二〇二〇落實雙真普選。[5]《七一立會宣言》在一般民主派支持者之間獲得一定同情和認同，因為他們覺得問題焦點是不民主的制度，亦從此將「五大訴求」的第五項，從「林鄭月娥下台」[6]正式轉為「雙真普選」（全面民主），變成是針對制度改革而非個人。

示威者在立法會內逗留達三小時，其間傳媒（包括國際傳媒）全程直播報導，令公眾可以較清楚地了解他們的行為和想法，也看到較豐富的圖像，不容易受到電視新聞編輯剪裁只集中暴力破壞場面的影響。公眾於是看到佔領者並不是無意識到處破壞的「暴徒」，而很多破壞或塗鴉都是有其政治目的或意含的，例如在各立法會主席的畫像中，初期衝進立法會的示威者只除下及塗污梁君彥和范徐麗泰的畫像，而沒有動形象較好的曾鈺成、黃宏發和施偉賢的畫像。[7]他們只塗污了立法會會徽中「中華人民共和國」的部份，「香港」的部份則沒有塗污；只搗亂了建制派議員的座位，而沒有無差別的破壞。示威者圍起了立法會內放紀念品的範圍，標明是「文物，不可破壞」，攔起了圖書館部份不讓人破壞，以及有人在雪櫃拿走凍飲但同時留下錢當作付費，都令人覺得這批不是簡單的「暴徒」，做的是有一定界線和目標的抗爭行為。

七一衝擊立法會留下不少符號，為日後的運動論述提供了基礎。當日在立法會大樓內一根柱子上的塗鴉：「是你告訴我們和平遊行是沒有用」，一時在網上瘋傳，有效解釋了示威者的情緒，引來相當共鳴，後來的行動中亦一再被引述。前港大《學苑》總編輯梁繼平在會議廳內扯下面罩發言，呼籲持續佔領立法會，指「香港人不能再輸」，指如果現在放棄的話，就會有大規模搜捕，「公民社會一沉十年」，「要贏就一起贏」。對不少支持運動的人來說，這反映了抗爭

4 或稱《香港人抗爭宣言》。
5 小妤，〈《香港人抗爭宣言》中英對照版本〉，*Medium story*，二〇一九年七月二日。
6 梁凌杰的遺言。
7 曾鈺成的畫像最後仍是被除下及丟在路旁。

者願意付出相當的代價來爭取香港的政治改革，這種願意自我犧牲以為香港未來的精神對不少人有一定的感染力，亦成為其他抗爭者其後不放棄繼續參與各種抗爭的一種動力。臨午夜警方清場前，本來有四名示威者堅持留守不願意離去，但最後被數十名抗爭者強行架走，原因是要大家「一起來，一起走」，這種「齊上齊落」的同行義氣，感動了不少支持運動的人，亦部份為其後的「不切割」提供了道德參考。

5·4 七月：和理非與勇武的螺旋（一）

七月間的幾次地區遊行，往往會出現相同模式，即本來的遊行集會是合法的（獲警方發出不反對通知書）及和平的，但在遊行結束後或末段，開始出現堵路以至警民衝突，結果在警方驅散或逮捕時以暴力衝突告終。

這至少包括七月七日的九龍區遊行、七月十三日的「光復上水」遊行、七月十四日的沙田區遊行、七月二十一日的民陣港島區遊行等。運作模式主要是合法遊行（獲警方的「不反對通知書」和確定獲批准遊行路線），有數以萬計的大量群眾參與，「勇武派」以此作為屏障，到遊行末段可以號召較多的人加入堵路等行動。有部份「和理非」亦認為較多人參與行動有助於保護前線（這未必正確），或發揮調停作用，以及自己就算不參與衝擊或非法行動，亦可以起到拖延或支援的作用，例如傳遞物資。

這階段雙方其實在某種博奕之中。政權估計行動會走向升級而出現暴力場面，暴力如果失控則民意可能逆轉，以及令「和理非」和「勇武」切割而運動走向分裂。在七月十三日的上水遊行和七月十四日的沙田遊行中，都出現了部份警員「落單」而被人圍毆的場面。七月十三日有數名警察在街道上被群眾圍毆，亦有一名青年因逃避追捕，幾乎在上水的商場跳下二十多呎高的天橋。七月十四日警察進入新城市廣場商場範圍和示威者打鬥，一名警察被多名示威者圍毆，最後因某記者阻止示威者而獲救，另一名警察被示威者咬斷手指。這預示了暴力衝突會繼續升溫。

七月二十一日是民情轉化的重要關口。當日民陣獲批遊行從維園至灣仔（但民陣本來申請終點為中環的終審法院），遊行全程在幾乎沒有警察佈防下和平完成，人群到了灣仔後繼續前行，只有少量普通警察的防線很快便撤走。部份示威者選擇繼續在行車路上前行至中聯辦，而沿途完全沒有警察阻攔。[8]至晚上七時，示威者到了中聯辦外以鐵馬（路障）圍堵，以雞蛋和黑漆擲向中聯辦，污損高懸的國徽後離去，門外一直都沒有警察攔截。[9]示威者接著改為圍堵

8 留意按公安條例的規定，遊行過了不反對通知書批准的範圍，即可被控以「非法集結」及其他罪名。

9 以香港的示威經驗來說，這是非常不尋常的，因為過往遊行到中聯辦抗議，門外都是高度設防的，而西區警署和中聯辦只是一步之遙。

中聯辦旁的西區警署，警方在八時十五分開始清場，示威者向中區退卻並改為圍堵及攻擊中區警署，整個晚上與警察在中上環一帶對峙，到午夜時間示威者大致離去。

中聯辦在七月二十一日晚上發表聲明強烈譴責衝擊，翌日中午中聯辦主任王志民召開記者會說污損國徽是「污辱民族尊嚴、行徑十分惡劣、性質嚴重」。林鄭月娥和一眾高官在七月二十二日下午見記者，亦批評示威者「公然挑戰國家主權」，「觸碰一國兩制底線」，「傷害民族感情」等。但衝擊中聯辦的政治效應，當晚卻被元朗的暴力事件完全蓋過。七月二十一日下午，元朗市區有超過百名白衣人手持武器（包括藤條、鐵通〔空心鐵管〕、木棒等）在區內游弋，毆打穿黑衣及其他人士，到晚上進入港鐵元朗站無差別攻擊站內無武器的市民和乘客，以及衝入車廂毆打多人，包括立法會議員林卓廷。

事件引來大量「警黑勾結」的指摘。不少區內人士在七月二十一日前都曾接獲消息，有人動員黑幫份子七二一當日在區內截擊遊行回來的黑衣人士，元朗區議員黃偉賢和麥業成都曾通知警方有關消息，而警方表示已有部署。事發當日不少市民自下午一直致電九九九報案熱線報警，打很久打不通，或有時被掛線，晚上有市民直接到元朗警署報案，警署竟然拉下大閘不作處理。傳媒鏡頭拍到兩名在港鐵站的巡警看見大量白衣人持武器進站，但卻掉頭離去；亦拍到巡邏警車在很多白衣人旁邊經過，而完全沒有行動。[10] 建制派立法會議員何君堯當晚在現場和白衣人握手和合照，並稱他們為「英雄」，一直被指是行動的策劃者。傳媒拍到八鄉分區指揮官李漢民在深夜到元朗南邊圍調查時，拍拍白衣人的膊頭（肩膀）說：「心領了」「唔使擔心」「不會令大家難做」，大量白衣人最後在深夜從南邊圍在警察及傳媒圍伺下安然離去，當晚沒有人被捕。十月立法會議員邵家臻（因佔中案判刑）刑滿獲釋時，稱獄中有黑幫人士對他說七二一事件前，元朗反黑組曾指示相關黑幫，「點玩都得，唔好打死人」（怎搞都好，不要打死人）。[11]

七二一元朗事件成為整個運動中永遠沒解的死結。林鄭月娥在七月二十二日的記者會，被記者連番質問七二一當晚到了哪裡，為什麼不理會大量普通市民在元朗站生命受威脅而沒有做任何事挽救，是不是只關心死物「國徽」而不關心市民人命安全（見第九章〈傳媒篇〉），政府的輿論部署因此大失預算（落空）。七二一事件被認為是政府和警方的「死穴」，此後一直被各方窮追猛打。每個月的二十一日，元朗區都會有人靜坐或以其他行動紀念事件。

5．5 八月：和理非與勇武的螺旋（二）

七月尾至八月中，政權和反抗運動都在一個「暴力升級」的軌跡當中。七月二十七日元朗

10 警方後來的解釋是該兩名巡警是離開呼喚增援。
11〈邵家臻引述囚友稱　元朗反黑組事前曾向黑社會「做 briefing」〉，《立場新聞》二〇一九年十月四日。

遊行，七月二十八日的上環遊行，都以警察大力鎮壓告終。警方並在七月三十日控告四十四人暴動（多為七二八被捕者），翌日立刻提堂（出庭）。運動方面的動員指向八月五日的大罷工和集會。這個本應是以和平的罷工和不合作運動為主體的劇目，卻因為多區出現堵路和包圍及襲擊警署，變成游擊戰以及警察與示威者在多區的武力衝突。

暴力升級在八月十一日到了一個高峰，當日至少發生了五件事被傳媒在現場報導時拍到「有片為證」，不少市民直接看到或看到其後在網上被傳播的片段，引起甚大公憤：

一、警察在尖沙咀大放催淚彈並以各種槍彈射擊，一名女救護員被布袋彈射盲右眼；

二、防暴警察在追捕示威者時，向港鐵葵芳站內射催淚彈；

三、警察進入港鐵太古站以警棍追打已經在扶手電梯向下跑的群眾，並在數呎的距離內以海綿彈槍向群眾的後腦射擊；

四、在銅鑼灣的衝突中，傳媒拍到有黑衣人在鼓動其他人衝擊後，突然協助警察抓住部份示威者，並壓在地上痛打，其後被現場記者追問其是否警察。影片令人懷疑有警察假扮示威者，其後警方在記者會中承認警察會「喬裝」成其他身份以執行任務（見第六章〈政權策略篇〉）；

五、在銅鑼灣的逮捕中，傳媒拍到有警察把鐵枝放進已被逮捕的示威者背囊中，被懷疑是插贓嫁禍。不少被捕示威者在被壓到地上無法抵抗的情況下遭痛打。翌日警方在記者會被問及「栽贓」事件時，回應是「不完美，可接受，可改善」。

由七二一到八一一三個星期內的暴力升級，沒有震懾香港人，反而令很多人更加憤怒，觸發更多和平與暴力的抗爭。八月十一日的警暴即時觸發了八一二和八一三的圍堵機場行動，想法是以癱瘓機場來對政權施加壓力，同時也有機場是比較安全的考慮，認為警方應該不會在國際機場大力鎮壓集會。但機場停擺兩天以及八月十三日打「環球時報記者」的事件帶來不利的輿論轉向，運動反而回到「和理非」的軌跡上。八月十八日，一百七十萬人參與了一個完全和平的「流水式集會」抗議警暴，當晚雖然有部份「勇武派」在金鐘一帶徘徊準備行動，但被其他人勸退，堅持要保持八一八是完全和平的行動。其後在八月二十三日的全港人鏈，因為完全和平而起到非常良好的國際媒體效應，勇武派亦同意是成功的行動。

這是七、八月間的常有模式：政府的不回應以及警察打壓帶來暴力升級，但在一段抗爭暴力升級後，部份由於多人受傷或被捕，部份由於開始有輿論反彈或「和理非」有不滿，運動並沒有進一步向暴力升級，反而有一段時間回歸「和理非」的行動，所謂「和理非全面進場」，或者「勇武抖抖（休息一下）」。由於和理非人數多很多，於是他們以不同名義開展的行動劇目也可以多很多，並且會有較多人參與，展現出相當的能量（例如在商場唱歌和校區人鏈），而且比較安全代價較小，在「兄弟爬山、各自努力」的義理下，這種策略和行動交替有利不同派別和群體的持續抗爭。

5·6 九月後：和理非與勇武的螺旋（三）

踏入九月，勇武路線進入一個危險的螺旋。九月初部份示威者開始破壞港鐵站（包括塗鴉、搗毀入閘機、售票機及部份車站設施等），以及在車站門口和街上縱火。從抗爭者的角度，「不切割」的義理令「和理非」縱使不同意，也不會譴責或阻止相關行動，最多是網上勸諭。其後在九月中至十月初的幾次較大型街頭衝突，[12]破壞港鐵站、街頭縱火和破壞某些大型連鎖店（特別是美心集團食肆）和中資商店（特別是中國銀行），都變成了常有的劇目。

另一層次的暴力升級是所謂「私了」的出現。由七二一事件後，偶爾有消息流傳某些黑社會人士將有計劃地在某些地方襲擊示威人士。較突出的例如：八月五日，一群被指為「福建幫」的人士整日盤踞在北角街頭，被一群黑衣示威者打退；八月十一日晚上，荃灣二陂坊有一批白衣人襲擊區內穿黑衣者，令至少一人重傷，不少人認為是該區的黑幫或「福建幫」所為，其後有人到二陂坊一帶破壞有關連的商鋪。

自七月以來，不同區均有零星的襲擊事件，例如連儂牆成為攻擊目標。[13]有支持運動的人相信，在受襲時報警不會有用，於是建議面對「藍絲」或黑幫的暴力襲擊時，應該以暴力還擊。

12 包括九月八日、九月十五日、九月二十九日、十月一日、十月四日和十月六日。
13 例如八月二十日，一名男子以刀襲擊三名在連儂牆人士，其中兩人重傷。

表一｜「私了」的主要事件

日期	事件
2019/8/4	黃大仙有人從黃大仙紀律部隊宿舍內向樓下投水彈、玻璃樽，其後有人手持木棍、雨傘和宿舍外市民互毆並互投雜物。
2019/8/5	荃灣有白衣男子持棍攻擊黑衣示威者，一名黑衣男子被斬至重傷，其後大批示威者分頭搜索，兩名白衣男子被毆至頭破血流。
2019/8/5	示威者與持械白衣人在北角衝突，白衣人敗走，逃往「香港第一青年會義工團」會址。
2019/8/12	荃灣二陂坊多名市民與白衣人衝突，白衣人手持木棍等武器衝向市民，市民堆起發泡膠箱陣防護並向對方扔玻璃瓶。
2019/8/13	機場集會上，中國環球時報記者付國豪因近距離拍攝示威者，被懷疑是假冒記者遭示威者包圍，並綁在手推車上毆打，另一名被認為是深圳公安的男子遭示威者用索帶綑綁雙手。
2019/9/14	大批愛國人士到牛頭角淘大商場揮動國旗及唱國歌，有人疑被在場人士毆打。
2019/9/15	北角康威商場內一班被指是「福建幫」人士與十多人對打。一名「福建幫」男子被拖到商場外遭十名市民不斷用腳踢。
2019/9/21	7・21事件兩個月後，數百人晚上於元朗西鐵站旁商場靜坐，變成不同政見者衝突，最少五名中年男子被示威者以雨傘等硬物襲擊及拳打腳踢。
2019/9/25	一名身穿印有「PTU」（Police Tactical Unit，警察機動部隊）衣服的休班警員在屯門市廣場，被指曾追打現場女子，又持鎖匙威嚇他人，最後被約二十人打至頭破血流。
2019/9/29	一名被指為「福建幫」的男子在寶靈頓道被近百示威者包圍，多人舉起雨傘遮擋，該名男子眼角受傷。
2019/10/01	一名白衣女子持刀在深水埗街上揮舞恫嚇聚集的黑衣市民。大批市民一擁而上制服該女子，並以雨傘打她。
2019/10/03	黃大仙一老伯疑醉酒持刀與示威者爭執，被示威者圍毆，頭部受傷流血。
2019/10/05	大埔一名中年男子手持兩把斧頭追襲一名戴口罩男子，數十名示威者將他包圍，以棍、長竹等圍毆至頭破血流。

2019/10/06	一名男子在旺角彌敦道嘗試移開路障，與示威者口角後遭拳打腳踢。
2019/10/06	一名中年男子持刀進入屯門新墟麥當勞內，表達對示威者的不滿。他步出麥當勞後被多人追打，躺在路邊五至十分鐘後離去。
2019/10/06	有中年男子被指攻擊示威者及持棍恐嚇，遭示威者毆打後躺在彌敦道馬路上。
2019/10/06	深水埗有的士（計程車）衝上行人路（人行道）令多人受傷，司機被拖下車毆打。
2019/10/06	一名白衣男在深水埗被指持刀恫嚇並襲擊在場示威者，結果遭示威者毆打。
2019/10/07	沙田新城市廣場集會期間，一名男子不滿有人塗污中國國旗，在拾起國旗後說「香港是中國的」，被集會市民圍罵及追打。
2019/10/07	無綫藝人馬蹄露在旺角，因看到有示威者毀壞中國銀行的櫃員機而用手機拍攝，與示威者發生衝突而受傷，嘴角、後腦流血。
2019/10/11	一名男子在旺角警署附近，疑撕毀連儂牆，遭約10人以硬物襲擊，頭部流血倒地。
2019/10/13	香港仔一名藍衣男子疑向市民動手，遭十多名示威者毆打。
2019/10/13	一名便衣警於唐俊街遭大群示威者毆打，身上伸縮警棍被踢入水渠，手提電話被搶走。
2019/10/19	一名男子疑用手撕去藍田啟田商場連儂牆文宣，被兩男女阻止並疑似遭「鐵蓮花」（手指虎）襲擊。
2019/10/20	示威者破壞旺角創興廣場地下的「小米旗艦店」。傍晚時分，據悉有人潛入店內偷去幾部手機，一名男子發現此事後遭到毆打並被綁在欄杆上。
2019/10/23	一名男子坐的士到港鐵太子站外，下車並撕掉站外連儂牆上標語，其間疑被人襲擊，的士被破壞。
2019/10/27	旺角彌敦道一名講普通話的男子被現場示威者質疑拍攝他人頭像並拒絕刪除，遭數十人圍毆。
2019/10/27	油麻地有一名男子被認為是便衣警員，疑拍攝示威者「大頭」及意圖襲擊記者，遭示威者以腳踢。
2019/10/31	一名白衫男子與示威者衝突，被圍毆受傷倒臥地上。

2019/10/31	旺角彌敦道一輛私家車被指企圖撞向人群，遭示威者包圍毀車，中年男司機亦被圍毆至頭破血流。
2019/11/02	一名男子在旺角山東街疑因意見不合與人爭執及被襲擊，被脫去包括內褲等衣物。
2019/11/08	科大生周梓樂不治觸發多區堵路，一名男子駕外賣電單車在沙田大涌橋路高速穿過路障，疑似撞到在場示威者而被圍毆，電單車倒後鏡（後照鏡）及尾箱亦被打爛。
2019/11/08	防暴警兩度進入將軍澳富康花園，惹起居民不滿，一名男子疑因聲浪問題報警，與示威者口角，並被圍毆。
2019/11/10	一名女子與蒙面示威者爭執，欲揭開一示威者口罩，遭大批人圍住指罵及毆打，有人向她面部噴黑漆。
2019/11/11	一名男子在馬鞍山港鐵站追逐示威者並與他人口角，其間突然被人潑液體及點火，男子上半身着火，逾四成皮膚燒傷。
2019/11/14	一名醉漢經過旺角堵路範圍，疑襲擊一名女子，被在場示威者圍毆打倒在地。
2019/11/17	天水圍區有示威者堵路，某白衣男疑持刀與示威者爭執，被打至頭破血流。
2019/12/01	在旺角一名男子被指拍攝示威者的「大頭相」，爆發爭執，被示威者追打。
2019/12/09	旺角有人因政見不同口角，一名男子被打至昏迷倒地。
2019/12/24	示威者破壞旺角匯豐銀行。有不同政見人士動武，一名男子疑遭圍毆，重傷倒地。
2019/12/28	示威者到上水廣場天橋抗議水貨客，一名男子疑用手機拍攝，遭示威者包圍並毆打。
2010/01/26	旺角紀念四年前的旺角騷亂，一名內地男子被一名黑衣人毆打。

資料來源：綜合各傳媒報導

表一列出了自八月開始主要的（根據傳媒報導）「私了」事件。其中最嚴重的應該是十一月十一日在馬鞍山，一名男子與人口角後被人淋上易燃液體放火燒傷，錄像在網上廣傳後引來極大震撼。

這階段的暴力升級引起不同的批評和討論，縱使是在支持運動者之間也有不同意見，包括在抗爭者之間有關暴力的使用原則問題。如果綜合各方的討論，這些批評可以分幾類／幾個層次：

一、較保守者覺得用暴力就是不對，而「私了」變成是濫用私刑，無節制的暴力變成和施襲者沒有兩樣，道德上不可接受。

二、破壞港鐵設施、交通燈、公共設施，以至搗毀商業機構如中銀、美心等會影響不少普通市民（不論立場）的生活，攻擊及破壞商業機構如連鎖食店等也超越了「對準政權」的原則。

三、所用的暴力破壞有時不成比例地大。某些商號支持政府或警察不代表它們就應該蒙受鉅額損失或全線無法營業，縱使商號的老闆政見保守，亦應有其言論及商業經營的自由，不應令其生意受到破壞。政見保守的人亦不代表應該身體受傷害。

至於支持「私了」的理由包括：

一、不可能倚賴警察公平執法。公眾（尤其支持運動的群眾）對警察的信心極低，而自雨傘運動至七二一及其後的不同事例，不少人都相信如果有人暴力襲擊示威者，報警後警察來到不會拘捕施襲者，反而會拘捕被襲者或者視為打鬥而一同拘捕。[14]

二、任由施暴者揚長而去變成鼓勵暴力，反之有人指出不少「藍絲」都是欺善怕惡，如果看到使用暴力者會被更大的武力懲罰，就會因而害怕以後不再使用暴力。

三、自衛還擊或「以武制暴」本身是符合道德的，最重要的是使用的武力符合比例。

八月間，有連登網民製作了「行動守則」，包括不用過度武力、不傷及平民或非戰鬥人員、不打救護人員及記者、不打或虐待已俘虜或投降之人士，容許接受人道救援，不搶奪盜竊等，並在「連登」網上引發討論。[15]在十月四日（即政府立反蒙面法當日）晚上有人大肆破壞中國銀行及美心等商店後，網上亦掀起有關行動的檢討，並且迅速定出「黑裝修、紅裝飾、藍罷買、黃懲罰」的原則。[16]

這階段的討論有一個啟示：即運動內部是有一個非正式的內部檢討機制，由於沒有大台和

14 一個例子是在十月六日九龍區的遊行，一名的士司機在深水埗區駕車衝上行人路撞倒一名女子，被遊行群眾拖出車外毆打。其後警察控告一人暴動及傷人等罪，而沒有對的士司機作任何檢控。

15 kjeldsens，〈〈勇武和理非大和解〉終極行動守則上線了〉，LIHKG時事台，二〇一九年八月十五日。

16 「裝修」指大肆破壞，「裝飾」指噴上或貼上標語等，「懲罰」是努力光顧的意思。「黑」、「藍」、「紅」的界線不一定完全清楚，通常「藍」指政見上支持政府或警察，「紅」指紅色或中國資本，而「黑」則可以是黑社會背景或其他支持政府或中資背景。

清楚的領導架構，因而不同人士覺得勢頭不對，都可以提出討論，在有一定的自由討論和內部民主下，形成某種內部制約能力。這配合了整個運動的「無大台」、「各自努力」、「Be Water」特色，令運動在不同階段可以因應外部政治情況的變化而作出策略調整和檢討。由於沒有人有權「叫停」某一路線或行動，「和理非」和「勇武」互為佐翼的策略便一直持續。「勇武派」覺得一定要有勇武抗爭才可給予政權壓力，以顯示政府的不回應（或部份回應，如在九月四日宣佈撤回法例）並不足以平息民間怨憤，而單純和平的行動政府是不會回應的。

但上述這些規則對前線的約制能力有限。由十月尾開始，暴力再升級，主要體現在幾方面：一、街頭縱火和使用燃燒彈愈趨普遍；二、對港鐵站和公共設施（例如交通燈）的破壞增加和嚴重；三、對商店分店例如美心集團（包括Starbucks和元氣壽司等）、吉野家、中國銀行、優品三六〇、富臨集團、以及特定商場的大肆破壞。四、「私了」的事例增加，以及有些更趨暴力。如果不假設某些破壞或「私了」是「喬裝」所為的話，這階段的暴力升級反映在「無大台」的情況下，有少數行動者愈趨激進，運動內部是沒有辦法制止的，就算有所謂「行動守則」亦無法執行，而在「兄弟爬山」「不割席」的大前提下，意見不同的人亦不會公開譴責他們認為過度的暴力行為。

這階段的暴力升級，至少會有幾項影響：一、「和理非」支持者開始很難參與行動，因為風險太高以及違反他們的個人原則；二、行動開始踰越了某些道德界線，例如放火燒人或用噴墨噴人、大肆破壞只是政治立場不容的商號、破壞公共設施為大量市民造成不便等，可能會流失部份人的支持，亦令部份「和理非」難以在輿論上支持有關行動，最多只能夠做到不切割而已。三、縱火和擲燃燒彈給予警方以更大暴力打壓的理由，而相關控罪可牽涉的刑罰亦高很多，例如示威現場滿街燃燒彈，在現場的人以「暴動」入罪的機會便大大提高。四、示威者暴力破壞的鏡頭往往在支持政府的媒體或社交媒體圈子中廣傳，亦成為內地媒體的主要素材，加深了支持政府陣營覺得示威者是「暴徒」的印象。

5.7 為什麼沒有切割？

在整個運動中的一個關鍵，就是支持「和理非」抗爭的群眾，會不會因為「勇武」的暴力手段而與之劃清界線，甚至譴責暴力或反對有關行動（俗稱「切割」或「割席」），以及不再參與運動。政權應該亦估計如果暴力升級，至少部份「和理非」會離棄前線暴力行為，而會有較多溫和、中間或保守的人轉為支持政府。觀乎多個月來運動可以動員的人數，以及區議會選舉的結果，「切割」的人數應該非常少。

5.7.1 原則層面的討論

沒有切割，是有多個層次的原因，首要的應該是道德層次。一直以來，有不少民主派支持者會覺得「用暴力就是不對」，即抗爭手段如果會傷及人或造成財物破壞，道德上都是不對的。但好幾個月下來，警察使用的暴力遠超過示威者卻沒有人受到制裁，針對示威者「暴力」的道德譴責就變得相對無力。[17]在不少抗爭者犧牲、被打、被捕後，以及有人自殺甚至懷疑被殺後，運動帶上了一重悲情的色彩，當很多人已為運動付出代價（很多是前線「勇武」者），尤其是很多被打被捕的都是年輕人，不少「和理非」覺得自己不能付出相同代價，但因同情而有歉疚之心，道德上覺得不可以切割。

第二，早期示威者所用的暴力有較強針對性，被襲的主要是代表國家權力的象徵，例如警察和警署，中期以後是港鐵站、交通燈、路標，以及在路上塗鴉等，除了具爭議的「私了」個案外，大致沒有平民因而受傷，也沒有搶掠盜竊。相對警察使用的暴力會傷及不少普通市民，示威者使用的暴力縱使在九月後升級，一般平民很少受暴力傷害，因此並沒有令很多人轉為支持政府的立場。

第三，多年來，民主派和暴力「切割」的一個重要考慮是選舉利益，害怕部份較溫和的民主派支持者或中間選民會不贊同暴力手段，而在選舉中改投其他黨派。但由於無論是街頭動員或者民意調查的數據都反映很多人仍然支持運動，民意沒有逆轉，故此民主派政黨一直抱著不切割的態度。民主派政黨縱使自己不參與暴力抗爭，但立場大致不變，不會譴責前線暴力。

上述因素令「和理非」與溫和民主派的支持者及領袖不願與勇武抗爭者「切割」，於是有「核彈都唔割」的說法。但引導「切割」以導致運動分化及削弱，一直是政權策略的重點之一。林鄭月娥在十月五日的記者會（即宣佈引用緊急法翌日），嚴厲譴責十月四日晚上示威者的暴力之餘，亦呼籲和平示威者與「暴徒」切割。十一月街頭暴力愈趨激烈，政府開始在電視播放「與暴力割席」的廣告。同期不少團體在報章刊登反對暴力的全版廣告，建制派一直指摘民主派不肯和暴力割席是包庇暴力，指他們要為街頭暴力和各種破壞負責，親中報章也將反對派稱為「縱暴派」。這是一種指向選舉的雙軌策略：一個可能性是泛民或和理非支持者與暴力／勇武切割，則運動的支持基礎會削弱而走向分裂，否則政府和建制派會把民主派與街頭暴力綑綁在一起，而民主派要為此付出選舉代價，但觀乎好幾個月來民意調查的數據和十一月區議會選舉的結果，這些操作完全失敗。

17 針對這個辯論，最好的例子是十月時資深大律師駱應淦對大律師公會副主席蔡維邦的回應。駱應淦指他本人反對暴力，但問題的根源在政府，以及警察不斷提升鎮壓武力，但沒有任何約束，政府和警察播下了暴力的種子。駱的英文原文見：Lawrence Lok. “Condemning Protest Violence in Hong Kong Won’t Solve the Problem – Not When Police Are Part of the Problem.” *South China Morning Post*, 17 October 2019.

5.7.2 民意調查的故事

我們可以從運動期間民調數字的變化（包括中文大學新傳學院和香港民意研究所的調查），了解市民對「暴力」的態度，以及民意因應抗爭和警察所用暴力的改變。

表二反映出，同意「香港的抗議活動，一定要堅持和平非暴力原則」的人，由六月的八十三%，到九月變為六十九．四%，十月變為六十六．八%，說明了普通人亦開始有更多人接受暴力抗爭，而九月至十月的暴力升級後，反而更多人接受暴力抗爭。雖然到了九月和十月，有約四成的被訪者同意「示威者使用過份武力」，同時卻有約七成認為「警察使用過份武力」。最重要的是，在九月和十月暴力升級的趨勢下，九月時有五十．五%認為特區政府要為暴力升級負最大責任（至十月時是五十三%），其次是警方（十八．五%／十八．一%）、中央政府（十七．八%／十九．三%），而九月時只有十二．七%認為示威者要負最大責任，到十月時這比例進一步下降至九．六%（見表二至表五）。

如果普通市民對示威者的暴力升級不滿，我們應該看到大力「止暴制亂」的特區政府以及警察的民望和信任會上升，但現實是剛好相反。表六顯示，在九月五日到十一日的一週，調查反映有四十八%表示他們對警方的信任是「零分」，平均信任分只有十分中的二．八九分，給低於五分（即不信任）的佔大約六十九%，到了十月的相同民調，給〇分的比率升至五十一．五%，不信任的佔七十一．七%。從五月到十月的五輪調查，警方的平均信任分由五．六〇先

表二｜對堅持和平原則的意見變化

問題：你同唔同意，喺香港參與抗議活動，一定要堅持和平非暴力原則呢？係非常同意、頗同意、一般、頗唔同意、定係（還是）非常唔同意？（百分比）

	6/17–6/20	8/7–8/13	9/5–9/11	10/8–10/14
非常同意	65.0	52.3	47.8	45.7
頗同意	17.9	19.3	21.6	21.1
一般	10.4	17.7	18.3	19.2
頗唔同意	4.1	6.5	7.2	9.0
非常唔同意	2.1	3.1	3.4	4.5
無意見／拒絕回答	0.6	1.0	1.7	0.5
總和	100.0	100.0	100.0	100.0

資料來源：綜合中文大學新傳學院民調

表三｜是否同意「示威者使用過份武力」

	8/7–8/13	9/5–9/11	10/8–10/14
非常同意	22.1	21.2	22.0
頗同意	17.4	18.2	19.4
一般	29.4	26.6	28.7
頗唔同意	14.7	16.1	13.8
非常唔同意	15.0	15.4	15.5
無意見／拒絕回答	1.4	2.5	0.6
總和	100.0	100.0	100.0

資料來源：綜合中文大學新傳學院民調

表四｜是否同意「警察使用過份武力」

	8/7–8/13	9/5–9/11	10/8–10/14
非常同意	51.4	57.1	53.7
頗同意	16.3	14.6	15.3
一般	8.3	7.3	9.5
頗唔同意	7.7	5.9	5.7
非常唔同意	15.1	14.7	14.9
無意見／拒絕回答	1.2	0.4	0.9
總和	100.0	100.0	100.0

資料來源：綜合中文大學新傳學院民調

表五｜誰應為武力升級負責

問題：警察同示威者雙方使用嘅武力都有升級趨勢，
你認為邊個需要為現時嘅暴力衝突負最大責任呢？係中央政府、特區政府、香港警方、建制派議員、泛民主派議員、示威者，定係外國勢力？
〔可選多項〕（以樣本數目為基數的百分比）

	9/5–11/9（第四輪）	10/8–10/14（第五輪）
中央政府	17.8	19.3
特區政府	50.5	52.5
香港警方	18.5	18.1
建制派議員	4.9	5.4
泛民主派議員	9.8	8.4
示威者	12.7	9.6
外國勢力	11.6	9.4
無意見／拒絕回答	2.5	5.7

有效樣本：623（第四輪）；751（第五輪）

註：由於受訪者可以說出多於一個答案，故答案百分比總和超過100%。

表六｜對警方信任程度

	5/23–5/6	6/17–6/20	8/7–8/13	9/5–9/11	10/8–10/14
0分（完全唔信任）	6.5	22.5	42.7	48.3	51.5
1分	2.3	3.6	5.5	5.7	5.5
2分	4.3	6.6	7.8	7.1	5.6
3分	8.5	9.6	6.0	5.0	4.9
4分	4.8	4.3	3.6	2.8	4.2
5分（一般）	25.2	18.8	9.8	6.5	7.5
6分	10.5	3.3	2.3	1.3	3.2
7分	11.1	7.7	4.9	2.7	2.0
8分	12.0	7.8	5.3	7.1	4.2
9分	3.8	2.6	2.7	2.6	1.4
10分（完全信任）	10.3	12.4	9.0	10.2	9.3
唔知道／拒絕回答	0.8	0.8	0.5	0.7	0.5
總和	100.0	100.0	100.0	100.0	100.0
平均分#	5.60	4.44	3.08	2.89	2.60

部份被訪者答「唔知道／拒絕回答」，此等答案不列入平均分的計算範圍。

資料來源：綜合中文大學新傳學院民調

後降至三・〇八（八月中）及二・八九（九月）及二・六〇（十月），而給警察〇分的亦從五月的六・五％，到八月是四十二・七％，九月是四十八％，至十月時是五十一・五％。特區政府的信任度亦從五月的四・一六分，跌至九月的二・八七分，九月有四十一・七％給信任〇分。認為林鄭月娥應該引咎辭職的，到九月高達六十五％，十月已經是七十三・三％。

這些民調數字反映從民意角度，特區政府的策略完全無效以至有嚴重反效果。由六月到十月，示威者的暴力升級，但很多人認為主要是特區政府及警方的責任（加起來接近七成），而很少人覺得是示威者或泛民議員的責任（加起來約兩成）。雖然有近半的人覺得示威者用了過度武力，但更多人（超過七成）覺得警察使用過度武力，怪責示威者的相對上會較少。特區政府和警察都沒有因為八月後的暴力升級而得到較多的民意支持，反而陷入信任危機之中（超過一半人表示他們的信任度是〇）。

5.7.3 和勇界線的模糊

沒有「切割」的另一原因，是大約由八月開始，「和理非」和「勇武」的界線開始模糊。這條界線本來就不清晰，因為某些和平非暴力的手法亦可能不合法（因而可能被拘捕以及被暴力對待），或者可能因為妨礙社會的正常運作（例如堵路或阻礙地鐵等正常運作），而引起衝突導致暴力。

從七月尾警方改變策略「止暴制亂」開始（見第六章〈政權策略篇〉），不少在街頭（甚至在行人路）沒有暴力行為的人士亦可能被警察以暴力對待（例如八一一被打盲眼的救護員），而警方大規模地在街頭及民居附近發催淚彈，無論是暴力示威者、和平示威者、不是示威者（包括路人、區內居民及樓上住戶）都同樣會受影響或威脅，發展到現場的記者、救護員、社工、議員都會受到警察襲擊甚至拘捕。隨著警察用的武力愈來愈無差別，「和理非」抗爭者除非完全不在抗爭現場出現，否則亦不能保證自己人身安全或不被捕，於是「和理非」和「勇武」的策略界線愈見模糊。

另一個因素是警方開始經常進入社區。當警察拘捕或毆打一些沒有示威裝備、沒有武器在身，只在社區出現的「街坊」之際，會與居民衝突，甚至會被居民包圍、辱罵以至發言驅逐。這種社區的磨擦有幾個效果：一、部份市民會覺得很擾民、很混亂及很危險，因而盡量避免到有示威現場的地方；二、令本來沒有明顯政治傾向的市民憎惡警察，認為警察入侵私人空間及濫權；三、令更多普通市民變成抗爭者，所謂「和理非變勇武」——不少街坊會加入圍堵及責罵警察，因為覺得警察已經威脅其社區的安寧及安全（亦見第十一章〈香港人身份的運動〉及第十二章〈警察暴力與基本權利〉）。

八月二十四日觀塘遊行和八月二十五日荃葵青遊行是一個轉捩點。警察在不反對通知書仍然有效、而遊行人士仍在合法遊行路線時便提早作出驅散，甚至在二十五日出動水炮車，在現場的「和理非」即便沒有衝擊意圖，亦有被打、聞催淚彈以及被捕的危險，而由於警察其後的策略改為在街頭作大量截查和拘捕，於是除非「和理非」完全絕跡於抗爭現場，否則難以保證不會被暴力對待或者被捕。

九月七日的事件類似：當日由中環遮打花園到美國領事館的遊行獲不反對通知書，但警方以有人破壞中環地鐵站為理由，要求遊行提早結束，令本來合法的遊行變成非法。但由於港鐵迅速封站，令本來只希望參與合法遊行的「和理非」也可能因無法離開現場，而被迫在中環至銅鑼灣一帶「非法集結」，很多人在街頭被截停、扣留、搜查以至逮捕。九月二十一日的「光復屯門公園」遊行，縱使有不反對通知書從三時至五時，但在三時零四分警方已經出示黃旗，表示這是非法集結，結果亦是以暴力衝突收場。

另一個令界線模糊的原因是自七月底開始，警方往往會反對遊行申請。七月二十七日的元朗遊行不獲警方批准，很多人因七二一的憤怒而照樣出現元朗街頭，下午警方以武力驅散。其後由八月至十月，警方經常反對遊行申請，不少「和理非」因照樣參加遊行，而同樣承受被控「非法集結」及被暴力對待的風險。

在什麼是合法什麼是非法沒有明顯準則和界線下，當然可能有部份「和理非」會減少參加集會和遊行，但並不代表他們覺得運動不值得支持而加以「切割」，反之在合法安全的環境下（例如投票）會盡量表達其不滿。有時候警方發反對通知書仍然不能阻嚇群眾，例如九月十五日的港島遊行明明警方反對，但仍然有數以十萬人參加。到了九月後期，抗爭者和民陣大概都覺得遊行有沒有不反對通知書，和是否會被控和被打沒有很大關係，關鍵可能只是參與人數，於是索性不申請，自行宣佈發起遊行，自行佔領道路遊行，變成了指定動作。「和理非」要麼待在家，否則便要「公民抗命」了。到了十月四日立《反蒙面法》後，接連兩、三個月，大量參加有申請或沒申請的遊行者都會蒙面，已經變成「和理非」大規模公民抗命的局面。

政權「止暴制亂」策略的假設，是「核心暴力份子」只有固定數量，只要盡力抓捕，就可以將「勇武」份子抓光，但由於警暴和政府的不回應訴求令民憤有增無減，出現「和理非變勇武」的現象，導致更多人以公民抗命手法抗爭（雖然不一定使用暴力）。例如十一月十一～十五日接連五日出現中環上班族在午飯時間堵路抗爭（所謂「和你lunch」），不少身穿西裝或高跟鞋的男女蒙面設路障，然後被警方以催淚彈驅散後，回到辦公室上班。其後一、兩個月，不少分區一直有隨機發動的「和你lunch」在午飯時間在馬路上遊行抗議。當民憤和暴力激化，部份「和理非」亦激進化，所謂「切割」的政治操作便難以收效。

到了二〇二〇年一月，政權有新的針對「和理非」的策略出現。這由二〇一九年十二月二十七日，警察員佐級協會主席林志偉向會員發信開始，信中批評「和理非」的行徑「滅絕人性，冷血程度不下於施暴狂徒，配不上和平、理性等歌頌人類美德的詞語，是赤裸裸的幫兇」。[18]其後在元旦遊行、一月五日的上水「反水貨遊行」和一月十九日的「天下制裁中共」集會，都出現本來獲批的遊行集會，被警方強行提早解散，然後作大規模的圍捕，令不少沒有防護裝備，本來只準備參與合法遊行集會的「和理非」，甚至只是路人也被捕或被打。這應該是新的阻嚇「和理非」參與遊行集會的手段，但由於之後很快新冠肺炎便爆發，這項策略轉變對運動的影響難以測知。

5·8 小結

二〇一九年的反抗運動為香港帶來的一項重要質變，一定是香港人對「勇武」或暴力抗爭的接受程度大大提高。主要原因有二：一、政府一直對各種強烈清晰的「和理非」民意表達置若罔聞，令不少人覺得除了用更激進的手段外別無他法，又或者他們可以同情及理解行動往激進方向發展；二、警察所用的不受制約的暴力，一直都比示威者來得高以及無差別（indiscriminate），令市民相對上可以接受示威武力升級。

對「勇武抗爭」的肯定，也體現在各種抗爭符號和文宣當中。自六月中香港的抗爭影像傳遍全球，很快在國際媒體或網絡上代表香港抗爭者的符號就是帶著頭盔、護鏡、防毒面罩、穿

18〈員佐級協會發信　轟「和理非」是「赤裸裸幫凶」　配不上歌頌美德詞語〉，《立場新聞》二〇一九年十二月二十七日。

黑衣，以雨傘作防衛工具的示威者。八月底抗爭者製作了代表二〇一九年抗爭精神的「新民主女神像」，其造型就是帶頭盔防毒面罩拿雨傘的抗爭者。在不少國際傳媒報導香港抗爭者的影像中，前線勇武示威者全副黑衣及蒙面，以各種裝備抵擋催淚彈和子彈，在八月後已經取代百萬人遊行，成為香港抗爭者的象徵。在運動的各種文宣（包括連儂牆以及給外國的文字或圖像）中，勇武「衝衝子」的造型所引起的聯想，就是香港人對抗政權暴力的勇氣。相信若干年後，人們記起二〇一九年的反抗運動時，這個全身防護裝備的抗爭者形象，仍然會是主要的回憶。

CHAPTER
6
政權策略篇

如果和二〇一四年佔領運動比較，政權當年的策略比較簡單也比較貫徹，習近平很早就定下「不流血、不讓步」的總策略，主要作法是消耗戰，[1]政府對運動訴求不作回應但少有主動鎮壓，要令運動疲憊以至出現分裂，最後無疾而終。

二〇一九年反抗運動的特殊性是沒有清楚架構及領導，劇目繁多而不斷轉換，沒有固定策略和地點，也沒有長期的計劃。與之對應的，政權的策略和訊息在運動期間則轉換過不止一次，對運動的定調亦改變不止一次，也會出現矛盾的策略和訊息。本章會用一個互動的角度，因應運動中不同時段的政權策略和訊息的轉變，以及運動的行動和策略作分析。這裡的假設是抗爭者和政權的策略，以至其他行動者（包括外國政府和國際輿論反應）的行為，是互相影響的（interactive），會因應形勢的改變而調節策略，彼此可能都沒有貫徹的藍圖或者大計劃，令整

1 Samson Yuen and Edmund Cheng. 2017. "Neither Repression nor Concession? A Regime's Attrition against Mass Protests." *Political Studies* 65, 3: 611–630.

個運動的歷程變幻多端。

本章會分三個主要的層面分析政權的策略操作。第一個層面有關民意，政府一直希望令支持運動的民意減退，以協助建制派在其後選舉的選情（見本章第二節）。第二個層面是用警方大力打壓以「止暴制亂」，結果令暴力和民怨不斷升級（見本章第四節）。第三個層面是製造心理上的威脅，以對參與抗爭者造成各種心理壓力，令參與抗爭的人數減少（見本章第五節）。從好幾個月內反抗運動的演變和二〇一九年區議會選舉的結果來看，政權應對的策略無疑並不成功。

6.1 香港還是中國？

6.1.1 誰的意思？

要分析政權的策略，一個難題是在修例風波的不同時期，究竟特區政府／林鄭月娥有多大的自主性？究竟各階段的決策和應對的策略，是由北京還是香港作出？在這個問題上，幾個月內有不同的訊息和報導。中央傳媒及駐港機構在《逃犯條例》爭議早期並沒有高調參與，至五月中才較高調地介入，為港府穩定建制派議員的支持。在整個運動中，建制陣營輿論動員或反動員的行動，比起二〇一三～一四年反佔中時可算是大為遜色。反佔中運動時，大量親中團體頻密地作聯署、街站、登廣告、集會反對佔中，但二〇一九年主要只有兩次撐警集會[2]和少量登報廣告，不見親中政團和群眾組織有系統有規模的街頭動員，令人懷疑中央有多重視這次修例。

二〇一九年十二月二十一日，路透社引述匿名中方官員報導，修訂《逃犯條例》是由中共中央紀律委員會（中紀委）推動。事緣二〇一七年起中紀委大力打貪，二〇一七年一月二十七日，「明天系」集團首腦肖建華在香港四季酒店被人帶走不知所踪，有指是被大陸特工綁架回內地。路透社的報導指中紀委不滿沒有合法途徑將內地犯事而居港者引渡回內地，推動特區政府考慮，結果特區政府把握陳同佳案的機會，推出修訂《逃犯條例》以解決有關問題。[3]如果報導屬實，則特區政府推出《逃犯條例》是為了迎合中央政府的政治目的。中央政府和特區政府的公開立場，則一直表示《逃犯條例》是由特區政府主動提出的。

到了爆發百萬人大遊行和六一二的暴力鎮壓，北京決定讓步，由韓正下令林鄭月娥暫緩修例。其後應該特區政府在處理手法上仍有一定的自主性，傳聞當時北京的立場是：爛攤子是林鄭月娥搞出來的，她要自己收拾。[4]但後來群眾運動愈演愈烈，特區政府的主動性變得愈來愈

2 六月三十日和八月三日。

3 David Lague, James Pomfret and Greg Torode. "Special Report: How Murder, Kidnappings and Miscalculation Set Off Hong Kong's Revolt." *Reuters*, 20 December 2019.

低。

路透社曾先後發表兩個林鄭月娥與商界閉門會議的錄音。八月三十日發表的錄音中，林鄭月娥指北京不容許對「五大訴求」讓步，因為這等同向暴力讓步。九月二日發表的錄音中，林鄭月娥自言不可以辭職，因為事情已提升到主權和國家安全的層次，故此只能由中央決定，但北京沒有定下解決問題的死線（例如十月一日國慶並不是死線）。兩個錄音都指向中央主導所有決定，不對「五大訴求」讓步是中央的意思，但到了九月四日，林鄭月娥又在沒有預示下宣佈撤回條例，反映北京並非不能對「五大訴求」讓步。

在整個運動過程中，中共的不同單位和內地媒體，往往透露不同的訊息和風向，有時互相矛盾。一個可能性是中國發生派系政治鬥爭，不同政治力量出現拉扯而導致出現矛盾的訊息和方向，也可能中共根本沒有貫徹始終的策略，而是在過程中受形勢和事態（包括國際形勢）影響，以致不同時段會有不同策略。

6.1.2 嚴控對內地影響

香港的反抗運動，最初只是反抗一條本地法例，沒有觸動中國政府的根本利益（和雨傘運動爭取普選不同）。而中國政府的一項主要憂慮，是香港的抗爭訊息和手法會影響內地，令內地抗爭學習香港，挑戰其政權穩定。

對策主要是兩項：第一是新聞和訊息控制。在七月之前，內地民眾知道有關香港反修例的新聞非常少，六月的兩次百萬人大遊行都沒有報導，訊息在內地受到強力屏蔽。[5]除了新聞和網絡控制令國內人民只看到官方版本和經過濾的訊息外，出入境的控制也加強了，例如八月底後，港客入內地會被查檢電話，有示威相片或訊息的會被查禁、被要求刪圖，被盤問甚至被短期拘禁，而從內地到香港的旅行團及其他採訪交流，亦大大減少。很多內地人有香港很混亂的印象，亦會主動減少來港。

第二類策略主要是負面標籤香港的運動，包括這是「港獨」的運動、受外國勢力擺佈策動的「顏色革命」，以及聚焦香港示威者的暴力行為。把香港的民主運動編派為外國勢力操縱，一直都是官方口徑，而年輕人運動自雨傘運動後已被劃上「港獨」標籤。七月一日示威者衝擊立法會，七月二十一日塗污中聯辦國徽，都輕易被內地官媒描繪為反中國和衝擊國家主權的行動。這項策略承接了國內民族主義宣傳的大勢，容易為內地民眾接受。

七月後內地的報導多了聚焦運動的暴力破壞行動，示威者都是「暴徒」，香港警察被描繪為「平暴」的英雄。葵涌警署警長劉澤基因在七月三十日面對示威時擎長槍指嚇市民，在香港被點名及受網民批評攻擊，但在內地傳媒則被大力吹捧，中央電視台給他專訪，他的微博帳號

4〈報道：中央不准辭職　要林鄭收拾爛攤子〉，《am730》二〇一九年七月十五日。

5 林安步、符雨欣、李瑞洋、張美悅，〈大陸媒體如何報道香港反修例運動？〉，《端傳媒》二〇一九年七月二十五日。

亦很快有數十萬粉絲，一時間推動了不少香港警察也開了微博帳號，可以在內地網民間得到在香港得不到的認同。劉澤基並在十月一日獲邀到北京出席國慶典禮。

八月十三日《環球時報》記者付國豪在機場被打的影片，在國內瘋傳，令人覺得香港人仇視內地人以及野蠻，短期內令中港矛盾升溫。八月後，內地人對香港運動的普遍印象是「港獨」、「暴徒」、「香港很亂」，支持香港運動的人都可能變成「支持港獨」。這個印象同時傳播到海外華人社群，不少中國留學生都簡單地把香港的運動視為港獨運動，因而會在外國聲援香港的運動中與香港學生發生衝突。

在好幾個月的運動中，內地民眾一般對香港的運動印象甚差。雨傘運動期間內地有人因在網上聲援香港人爭取民主而被判重刑，但在二〇一九年的運動中內地的聲援很少。從這角度看，政權的宣傳策略是成功的，內地民眾不會覺得自己要仿效香港的運動，同時中港的鴻溝加深了，間接推動了香港抗爭者更強的反中情緒。

6.2 民意層面

6.2.1 沒有來臨的逆轉

六一六的二百萬人上街以後，林鄭月娥在六月十八日的記者會上道歉，並且說會和各界對話，但沒有回應其他訴求。之後一、兩週，政府高層有和不同背景的人士會面，但立場沒有改變，主要官員幾乎都沒有公開露面。民間由於訴求完全不獲回應，情緒不斷升溫。政權這階段的策略是靜待示威者出錯，如果因行動升級而作出暴力衝擊行為，民意就可能逆轉。一個重要的背景是二〇一九年十一月的區議會選舉和二〇二〇年的立法會選舉。反送中令部份本來屬於中間、溫和甚至偏保守的選民變為反對政府，打擊了建制派的選情。最能夠說明建制派擔憂選情的情緒，應該是傳聞中工聯會立法會議員麥美娟六月底在禮賓府的某次閉門會議中，以粗言穢語辱罵林鄭月娥，大意是「工聯會的人落區替政府解釋修例時，被人罵個狗血淋頭，不知可以怎樣面對將來的選舉。」[6]

七月一日衝擊立法會雖然招來中央政府和林鄭月娥強硬的譴責，但民意沒有逆轉（見第五章〈和理非與勇武的螺旋〉）。之後三星期（七月二日至二十日）進入了一個循環軌跡。一方面是遍地開花，抗爭行動蔓延到各區，從區區連儂牆、到分區的大型遊行和其後的堵路和街頭衝突，[7]運動慢慢升溫向暴力衝突進發，而每一次衝突，都有一個輿論爭奪的過程：民主派和支持運動者譴責警方過份使用暴力或處理不當，而警方及政府則會譴責示威者破壞社會秩序和襲

6 這是「淨化版」，麥美娟沒有否認有關報導的內容。見〈傳麥美娟禮賓府爆粗罵林鄭〉，《東方日報》二〇一九年六月二十日。

7 包括七月六日屯門、七月七日九龍、七月十三日上水、七月十四日沙田的遊行。

擊警員。

這期間有兩個關於政府策略的說法，在網上廣為流傳。其一是說政府希望示威者打死警察，民情便會逆轉，源於一個自稱公務員的人叩應網台的評論。另一個是在七月十九日，網上流傳一篇自稱是一群政務官綜合政府內部會議的討論，列出政府在七月二十一日民陣遊行前的五大部署，包括：一、不會讓步，將要求各高級官員多出來講政策以霸佔新聞版面；二、以網絡「水軍」打輿論戰，抹黑泛民以影響選情；三、七月二十一日將圍封各主要建築物，以減少警察和示威者衝突機會；四、安排「不明人士」在遊行途中發起口角，將衝突轉移為勇武和「愛國」人士的衝突，然後由警察出面調停，令市民醒覺警察執法的重要性；五、「強力部門」的地區工作部會見地區人士組織和建制派，用地區人士令地區遊行無法進行。

必須指出的是：第一個說法只是個人意見及推測，第二個貼文亦難以求證是否真的政府內部有此「策略共識」，說不上有什麼真憑實據。但這兩訊息在網絡上被廣傳，反映了不少運動支持者有潛在恐懼會「出事」，例如暴力升級打死警察可以令民意逆轉。七月二十一日發生的事，和那個自稱政務官陳述的政府策略有不謀而合的地方，例如白衣人在元朗大肆打人，但沒有警察執法，然後警方翌日的解釋是有很多警察要在上環西環一帶維持秩序。報導指七月初元朗十八鄉鄉事委員會就職典禮上，中聯辦新界工作部長李薊貽上台呼籲元朗村民不要讓「暴徒」入來元朗搞事，一定要趕他們走，令人覺得七二一事件是鄉民被中聯辦動員的結果。[8]七二一當晚大量白衣人在元朗市及西鐵站無差別打人，市民在直播中看到暴力場面，看到警方指揮官和某些白衣人言談甚歡，「警黑合作」的印象從此難以洗脫，根本地動搖了市民對警察的信任。到七月二十二日凌晨林鄭月娥的記者會譴責示威者衝擊中聯辦和毀壞國徽時，反而被記者連番質問為什麼元朗事件發生幾小時政府毫無反應，為什麼不譴責元朗暴力，為什麼死物比人命安全更重要等，從爭取民意的角度和道德層面而言，政府都已慘敗。

6·2·2 沒有成功的轉移視線：鬥地主

九月初政府有另一策略轉換，一度希望把公眾注意力轉到十月發表的施政報告上。特區政府早在六月底便說要把焦點回到施政報告上，但是無論反對派議員、傳媒和民間都不加理會。內媒在八月底開始一系列有關香港運動的分析，指香港的「深層次矛盾」（例如樓價問題）是年輕人不滿的根源。[9]這也很符合內地分析香港問題的一貫脈絡：他們一方面不願意承認香港人熱愛自由和民主，非常不滿中央的控制、香港的自由和自治毀損，以及對「一國兩制」的實踐失望等，另一方面也傾向用物質誘因（而非理想或政治價值）解釋社會行動和行為。他們拒絕承認港人的大規模抗爭是為了自由民主或政治理想，而選擇將之還原為物質層面的問題。

8 周辰陽，〈影／路透：元朗事件前　中聯辦籲村民擊退示威者〉，《聯合影音網》二〇一九年七月二十七日。

9 胡錫進，〈香港人蝸居是極端資本主義的禍〉，《環球時報》二〇一九年九月五日。

九月十六日，民建聯在《東方日報》刊登頭版廣告，支持用《土地收回條例》解決香港房屋問題，其後有大約一星期，本地傳媒收到的訊息是政府將會在十月的施政報告中在房屋政策上「落重藥」，向地產商「開刀」和用多項措施增加土地供應以及協助市民置業，來挽救民望、轉移視線及消解民怨，也有報導個別地產商會捐出土地建屋，來紓緩土地不足的問題。民主派將此視為事先張揚的選舉工程，令民建聯等親政府政黨可以「成功爭取」房屋政策改變而在選舉前加分。

但這個策略轉換，到九月底已差不多銷聲匿跡。九月尾至十月初的三個集會遊行[10]都帶來嚴重衝突（見本章第四節），官方的基調也都是強烈譴責極端暴力，在十月四日引用《緊急法》立《反蒙面法》後，輿論焦點已不能重回施政報告之上。如果九月初政權曾有打算令民間注意力轉到施政報告、民生或房屋問題上的話，這個策略至少是沒有貫徹，或很快就重新回到「止暴制亂」路線上。

十月十六日林鄭月娥到立法會宣讀施政報告，之前可能不少人期待會有激烈抗議堵塞立法會入口以至堵路等，但意外的是幾乎完全沒有人到門前抗議，結果她順利地從正門進入立法會。這其實反映了她的悲哀：抗爭者已完全不把她和她的施政報告當一回事，連被抗議的價值也沒有了。議事廳內民主派議員的抗爭迫使林鄭月娥不能如常宣讀施政報告，要以預先拍好的錄像來發表。[11]施政報告的發表對輿論可說是「水不揚波」，傳媒的討論和關注相對於過往少了許多，房屋政策不見有大突破，其他政策範圍也少見新措施，整體上對轉移輿論焦點完全不起作用。

香港民意研究所的民調反映，施政報告對挽救特區政府的民望可說是毫無幫助，反過來可以說是林鄭月娥極低的民望令市民對施政報告有極低的評價。調查反映滿意施政報告的只有十七％，不滿意的達六十五％，施政報告的平均評分為二十九．七（一百分為基準）。施政報告前的特首平均評分為二十二．三分，發表後是二十二．七分。[12]

二〇一九年八月和二〇二〇年一月，特區政府曾經兩度「派錢」，先後派出一百五十四億和一百億港元的紓困措施，主要受益者是中小企業、老年及基層市民，而針對年輕人的措施則幾乎沒有。以之後的民調判斷，這兩次「派錢」對特區政府的民望都起不到任何挽救作用。市民的焦點都在政治訴求和警暴上，針對經濟或民生問題投放資源是失焦之舉。

10 九二八、九二九和十月一日。

11 抗議的議員用投影機將「五大訴求　缺一不可」投影到林鄭月娥宣讀報告的背景牆上，以及不斷用小型擴音器播出警察暴力的錄音，立法會主席被迫中止會議。

12 香港民意研究所新聞公報，〈民研計劃發放施政報告首輪跟進調查結果〉，二〇一九年十月二十二日。

6.3 雙軌矛盾策略時期

由七月中到九月底，政權針對抗爭運動的取態時有變化，包括內地和特區政府有時同時發出「利和」（主和）及「促戰」兩方面矛盾的行為和訊息，一邊強調「對話」，一邊暴力打壓，令人很難理解政權的真正策略是什麼。外國政府的介入和香港運動情勢的變化，應該有影響中國政府對運動的定性和回應，而不同的訊息令人覺得中共高層就如何對付香港的運動，在此時期可能有路線上的分歧或鬥爭。

6.3.1 打壓定調的升溫

七月二十一日元朗事件令警方的形象急轉直下，但接著的並不是警權的收斂，反而在其後的三星期，內地官方對香港運動定性愈來愈嚴重，按週升級，一段時間內殺氣騰騰，給人的感覺是為香港警察加強打壓示威背書，有要走向強力鎮壓，甚至出動解放軍鎮壓的趨勢。這裡幾個比較重要的時間點／事件是：

一、七月二十九日，國務院新聞辦公室發言人楊光及徐露穎開記者會，譴責一連串暴力事件，表明堅決支持林鄭月娥，支持依法懲治違法份子，支持香港警察平亂等。

二、八月五日，林鄭月娥在記者會上說，由於運動喊出了「光復香港、時代革命」的口號，性質已經改變為港獨，所以政府不能讓步，翌日國務院新聞辦公室的記者會幾乎採取一樣的基調。

三、八月七日，張曉明和王光亞在深圳接見約五百名香港的人大、政協、建制派政治人物等，傳達中央指示，指首要責任為「止暴制亂」，並要「挺特首、挺警隊」，「要對香港民意有客觀分析，了解什麼是主流民意」，「積極行動，發揮正氣力量」，並且做好青年學生工作。[13]

四、八月十二日，港澳辦記者會說香港的運動已經出現了「恐怖主義的苗頭」。

6.3.2 內地風向的短暫改變

八月十三日，機場示威者圍毆《環球時報》記者付國豪，一時在內地網絡上瘋傳，反香港情緒高漲，但內地的輿論風向在一兩日內迅速改變，很多之前用的嚴厲指控例如「恐怖主義」或甚至「港獨」都暫時消失。有關付國豪的帖子迅速減少，而其後國務院港澳辦只開過一次記者會，甚至是為「恐怖主義」的說法降溫。內地官方定性沒有持續升級，沒有在港獨、顏色革命、外國勢力、恐怖主義等主題上再大肆發揮，主題大致回到「止暴制亂」是首要任務的訊息上。

13《大公報》二〇一九年八月八日。

八月中這個取態上的轉折，按各方報導有不同的可能性。第一是八月十一日的大規模警暴和八月十二～十三日圍堵機場後，美國及其他西方國家都高調表示關注香港情況，而川普首次公開把香港問題和中美貿易談判掛鉤，希望中國「人道處理」香港問題（見第七章〈國際篇〉），這種取態對中國用更強武力鎮壓香港運動應有一定約制力。

八月初，中共高層召開北戴河會議，據悉香港問題是重要議題之一。有報導稱中共高層出現嚴重分歧，已退休的元老如溫家寶、胡錦濤、朱鎔基等認為香港問題不能硬來，反對強力鎮壓，於是如何處理香港的運動，形成一「懸而未決」的狀態。[14]

網傳習近平在北戴河會議期間提出「三不要」：「不要將香港內部矛盾蔓延成香港與內地的矛盾」，「不要將香港內部矛盾升級為香港與中央的矛盾」，「不要將香港的內部矛盾升級為國際矛盾」。[15]這消息沒有官方傳媒轉載，卻與其後幾星期的事態發展吻合，即內地傳媒針對整體香港人的負面訊息大為減少，主調是針對「少數暴徒」，以及「止暴制亂」，並且強調「止暴制亂」是香港的主流民意。

期間特區政府的姿態亦短暫出現「和風」。在八月十八日的「完全和理非」一百七十萬人遊行後，林鄭月娥曾說過要加強對話，因為八一八的遊行締造了一個和諧的氣氛，但之後林鄭月娥提出的讓步和對話姿態都非常低度且進度緩慢，例如說要對話，但只在八月二十四日閉門接見了數十名溫和建制派和社會領袖，而八二四的觀塘遊行和八二五的荃葵青遊行，警方都用相當高度的暴力打擊逮捕，加上八月三十日拘捕民主派的周庭、區諾軒和譚文豪等，以至八三一太子站的警察衝進太子站打人，都看不到有緩和局面以營造對話氣氛的跡象。

6．4 止暴制亂，愈止愈亂

由七月尾開始，唯一沒有變的政權基調是「止暴制亂」。自七月底定調後，警方使用的武力一直升級，似乎完全沒有制約，但並沒有令街頭暴力止息，反而進入了一個惡性的暴力循環。

6．4．1 八月的暴力軌跡

警方由七月底起明顯改變策略：首先是以社會安全的理由反對遊行的申請，令照樣遊行的人變成「非法集結」，可以檢控和拘捕。警方往往主動出擊，驅散、追打及逮捕群眾，並且武力升級，發射大量催淚彈（因而被民間及傳媒譏為「催淚彈放題」[16]）以及用橡膠彈、布袋彈及警棍攻擊。大量催淚彈在住宅區、商業區及遊客區施放，而受影響或被捕者並不限於暴力衝

14〈傳北戴河會議弩張劍拔　溫家寶撂下一句話〉，香港《大紀元時報》二〇一九年八月十六日。
15 呂月，〈習近平又來了「三個不要」〉，香港《蘋果日報》二〇一九年八月二十一日。
16 編按：「放題」是日文，意指「無限量供應」，原本是用在「吃到飽」（食べ放題）、「喝到飽」（飲み放題）。

擊者或甚至示威者，目標是造成震懾作用，令「和理非」的支持者卻步，以及令普通人覺得香港很亂希望恢復秩序，或者因為出外不安全而絕足於示威區域，令警方更易拘捕勇武示威者。前警務處副處長劉業成破格在退休後回巢，八月十三日被聘為副處長，應該是主理此一「平暴」策略。

大規模逮捕由七月二十八日開始，當日警方在上環街頭拘捕多人，三日後將其中四十四人控以暴動罪。八月五日全港大罷工，多區集會演變成暴力衝突，警方發射大量催淚彈及進行大規模拘捕，背後的假設是如果抓捕足夠的「核心暴力份子」（初期北京研判約一千人），[17] 運動就會消散瓦解。

這階段不少警察的行動都受到傳媒、人權組織及各界批評（見第十二章〈警察暴力與基本權利〉），卻似乎得到政府無條件的支持，每次衝突後都只見政府譴責示威者暴力，而從沒見政府官員會對警察的行動有任何負面批評，無疑無助緩和政治氣氛，也令反對陣營覺得政府沒有對話的誠意。

6.4.2 九月的雙軌矛盾時期

九月是個「雙軌矛盾時期」。九月四日林鄭月娥正式撤回修例說要對話，並在九月十五日成立了「對話辦公室」，九月十八日有約區議員對話，但因為民主派區議員杯葛而只有九十八名區議員出席，以及在九月二十五日有第一場（也是最後一場）社區對話。這場社區對話只用抽籤方法抽了一百五十名市民出席，大部份發言的市民均嚴詞批評林鄭月娥及政府，當晚對話場地外有人抗議及圍堵，但沒有遭警察以暴力對待，而林鄭月娥亦等到凌晨抗議人群都散去才離開會場。

另外在民間的抗爭行動方面，這時期有不少「和理非」主導的行動，但街頭衝突和暴力事件沒有停止，也是一種「雙軌」發展。例如九月開學後中學發起的罷課和校門外手拖（拉）手組「人鏈」本來是和平而合法的，但有學生被警察截查及以暴力對待（例如追趕及飛撲在地等），有學生受傷。集會及抗爭延伸至各區商場以及港鐵站，令警察重複地進入社區（見第十二章〈警察暴力與基本權利〉），例如九月七日在沙田及大埔港鐵站、九月二十二日在新城市廣場、圓方商場及南昌站等的衝突、毆打及逮捕，都在普通市民心中造成恐慌。

各種街頭抗爭開始趨向暴力。在太子站八三一事件後，接連一兩個星期都有人在太子站外集會，往往發展成在旺角堵路、大量施放催淚彈、驅散及逮捕。週末的集會遊行不少以大型衝突及逮捕告終，例如九月八日到美國領事館的遊行被警察提早結束，數小時內警方封掉中環至銅鑼灣的地鐵進行圍捕及大放催淚彈。九月十五日數十萬人違反了警方反對通知書在港島遊

17 管淑平，〈別想港獨　港澳辦再嗆「香港動亂必介入」〉，《自由時報》二〇一九年八月八日。

行，金鐘出現水炮車大戰燃燒彈。九月二十一日的七二一兩個月紀念，屯門和元朗都出現堵路而與警方衝突。

官方取態差不多沒有改變，給人一種「徒具姿態」而沒有具體讓步的感覺。民主派議員如許智峯在九月十五日被指阻差辦公被捕，鄺俊宇在九月二十四日被三名男子毆打受傷。這些事件都令不少市民覺得氣氛並沒有緩和，或政府真的想對話。

針對中國的仇恨在九月開始升級，在十月一日的中國國慶七十週年前一週，抗爭文宣的焦點是「賀佢老母」（賀他媽的），用意是要中國政府在這重要日子丟臉難看。九月二十八日民陣在添馬公園舉辦紀念雨傘運動五週年集會，本獲警方發不反對通知書，但集會開始便已有人在金鐘堵路，警方提早要求集會完結，演變成在金鐘以催淚彈驅散，超過十萬原本想參與「和理非」集會的人惶恐疏散。九月二十九日的「全球反極權遊行」沒有申請，但仍有數以萬計的市民參與港島的遊行。警方中午已經在銅鑼灣作逮捕和截查，並放催淚彈驅散人群，立法會議員朱凱迪嘗試理論時被胡椒噴霧直噴面部，金鐘有速龍部隊埋伏然後衝出來痛打示威者及作逮捕，當日警方並用水炮車射向記者，兩名外籍記者被槍傷，包括一名印尼記者一目失明。全日逮捕一百四十六人，其中包括救援的醫生和調停的社工，目標明顯是阻嚇港人在十月一日出來示威。

民陣的十月一日「沒有國慶，只有國殤」遊行申請被警方反對後，民主派元老如李卓人、何俊仁等接手發起遊行。當日港島區的遊行仍然有超過十萬人參加並大致和平結束，同日其他六個地區（屯門、黃大仙、灣仔、荃灣、深水埗、沙田）各有集會，但很早（大約下午二時）便遭警察驅散逮捕。各地爆發大量街頭衝突，包括油麻地、屯門、黃大仙和荃灣，下午有警察在油麻地開了兩槍，一名警察在荃灣街頭與示威者打鬥時，以真槍射中一名中學生胸部致重傷。

6.4.3 不緊急的緊急法

九月二十八日至十月一日的暴力事件，把社會的衝突氣氛推向高峰。十月四日，林鄭月娥在沒有諮詢也沒有很多的輿論醞釀下，突然宣佈引用一九二二年的《緊急條例》，訂立《反蒙面法》，禁止在公眾集會中蒙面。如果在公眾地方蒙面，警察有權要求除下，違法最高刑罰為罰款二萬五千元或監禁一年。林鄭月娥的解釋為由於不少「暴徒」都是蒙面，以為因此可以逃避刑責，所以需要這樣做。法例將於十月五日零時生效。

以法律角度看，《反蒙面法》對真正勇武派的阻嚇力不大，因為他們做的事本就犯法而相關刑罰重很多，多加一條罪不會令他們不蒙面或不出來抗爭，但對不少「和理非」以及害怕在遊行中暴露身份者（例如公務員、或者害怕被秋後算帳者），可能會因此減少出席遊行。到了十月初，不少遊行由於沒有不反對通知書，或者自行佔領街道遊行已經成為常態，參與遊行本身已可被控「非法集結」，參加者早已在公民抗命，多加一條罪的阻嚇力並不大。但民主派擔憂這會開了壞先例，容許特首繞過立法會自行擴張權力，而《反蒙面法》只是「前菜」，將來還可以用緊急法名義查禁傳媒、凍結資產等。尤其是林鄭月娥在記者會中，說引用緊急法並不代表香港已進入緊急狀態，換言之特首可以在公共秩序還未差到要進入緊急狀態之際，引用緊急法大肆擴張特首的權力。

政府在十月四日星期五下午三時作出有關宣佈後，各區隨即都有自發的上街遊行抗議，包括中環不少上班族佔領德輔道中，這反映了經過多月抗爭，各層面各區的市民都有自發性，不需要「大台」號召出來抗爭，對公民抗命亦有相當的心理準備。抗爭的口號亦由「香港人加油！」變為「香港人，反抗！」當晚爆發大量暴力破壞，包括搗毀部份地鐵站和不少商號如美心集團、中國銀行、優品三六〇等。港鐵晚上宣佈全線封閉。

十月五日星期六是奇怪的。港鐵前一晚便宣佈當日會全線關閉，很多大商場也全日關門，不少人到超市搶購糧食及日用品，全港最大的百佳超市則全線不營業。本來前一晚有網上宣傳各區的遊行集會，但到當日早上突然變了「全民休息日　全民文宣日」，雖然各區仍有小規模自發遊行，但大致和平地完成。政府可能本來期望十月五日的暴力抗爭會升級，會造成大規模的破壞或衝突，這樣就可以把全市癱瘓的責任推到示威者身上，結果因抗爭者的「臨時變陣」而落空。十月六日港九兩區的大遊行，總人數不及之前最多人的遊行，但仍有數以十萬計的人參與公民抗命，幾乎全部蒙面地佔領街道多個小時。

政府援引《緊急條例》立《反蒙面法》，一早便備受法律界和民主派的質疑。公佈當日，前學聯副秘書長岑敖暉和市民郭卓堅便入禀（訴請）法院，認為法例侵犯基本法內規定的言論自由和集會自由，要求法院頒佈臨時禁制令，但被高院拒絕。十月六日，二十四名民主派立法會議員入禀法院司法覆核《反蒙面法》，主要指其繞過立法會立法是違反《基本法》中立法權屬於特區立法會的規定。十一月十八日，高等法院裁定政府做法違憲，指政府對「危害公眾安全」的定義極廣，賦予特首太多權力，令立法會權力被削弱，不符合基本法的規定，因此裁定政府的做法違憲，律政司及警隊應停止執行。[18]

高院的判決招來中央強烈反應：人大法工委發言人臧鐵偉在裁決翌日批評，香港法律是否符合基本法，只能由人大常委決定，法工委認為緊急法符合基本法，高院的決定削弱特區政府管治權。[19]同日國務院新聞辦公室發言人楊光亦表示該判決有「嚴重負面影響」。這些言論旋即受香港法律界強力反駁：大律師公會發聲明指法工委的言論「法律上錯誤」，因為基本法第一百五十八條列明法院有權裁定法例是否符合基本法，而香港法院亦曾多次裁定法律是否合憲。特區政府就裁決上訴，二〇二〇年四月，上訴庭裁定政府部份勝訴，即政府引用緊急條例立蒙面法為合憲，但禁止在合法集會遊行中蒙面的規定則屬違憲。[20]

18〈民主派司法覆核《禁蒙面法》成功　高院裁定《緊急法》違憲〉，《立場新聞》二〇一九年十一月十八日。

19〈人大法工委稱高院裁《禁蒙面法》違憲嚴重削弱特首管治權〉，《眾新聞》二〇一九年十一月十九日。

《反蒙面法》頒佈以來並沒有令示威者減少蒙面，到二〇二〇年一月新冠肺炎爆發，全城戴口罩，基本上該法例已沒用。放在二〇一九年十月的時間脈絡看，《反蒙面法》是可以預料的「火上加油」之舉，承接九二九和十月一日的警暴，只有令民情更加升溫，把社會推向暴力的高峰。

6.4.4 暴力高峰：由反蒙面法到攻打大學

由十月初至十一月中的暴力高峰期，堅守「和理非」者仍然發起不少集會活動，例如醫護界集會（十月二十六日）、各區商場人鏈、宗教祈禱集會、商場摺紙鶴及其他小規模行動等，其中部份仍然會被警察驅散。從政治層面看，這時期有部份因素指向暫緩暴力抗爭。美國眾議院在十月十六日通過《香港人權及民主法案》，法案交參議院，不少有份參與遊說的香港政界中人或民間團體都指出街頭暴力無助遊說法案通過（見第七章〈國際篇〉）。另一因素是區議會選舉在十月四日開始提名。民主派主流希望選舉可如常進行，不希望政府用街頭暴力作為取消或延後選舉的藉口（見本章第七節）。

街頭抗爭沒有因為《反蒙面法》而止息，包括午飯時間多區出現的「和你lunch」抗爭，群眾在鬧市行車路上遊行，有時會被警察驅散。十月十三日的「十八區遍地開花」帶來大量拘捕，十月十四日有十三萬人集會支持美國通過人權及民主法案，十月二十日有三十五萬人參與九龍區遊行等，都反映抗爭者沒有因警察暴力升級而退縮。這階段各種暴力事件帶來的悲情，警方武力帶來的憤慨，蓋過了上述的政治因素，推高了街頭暴力。

九月二十二日，十五歲少女陳彥霖的全裸屍體出現在油塘海面，至十月十一日遺體被火化，警方列為自殺。很多人懷疑曾參與遊行又是游泳健將的陳彥霖是「被自殺」，觸發連串抗爭，各種自發的街頭祭壇和悼念活動，往往引來和警方的衝突。其後陳彥霖一直被視為抗爭受害者，其頭像成為抗爭象徵之一。

這時期警察所用的武力有增無減，比較突出的事例包括：

一、十月二十日水炮車以藍色水劑射向尖沙咀清真寺門外的記者和立法會議員譚文豪，令清真寺「染藍」；

二、十月三十日警方進入屯門兆軒苑搜捕，在大廈大堂命令數十名住客跪地搜身大半小時；

三、十月三十一日萬聖節，中環蘭桂坊的慶祝活動因警方封路及大放催淚彈而取消；

四、十一月二日，百餘名民主派區議會候選人在維園舉行選舉集會，被警方射催淚彈入維園而解散，接著演變成在港島東區的游擊戰以及警方圍捕，數名候選人被打被捕。

20〈政府部份得直　緊急法合憲　林鄭禁合法集會蒙面則違憲〉，香港《蘋果日報》二〇二〇年四月九日。

不少這些事件越過了很多香港人本來想像的界線，例如應該有很多人沒想過水炮車會攻擊清真寺、催淚彈會直接打進公園、萬聖節慶祝也會被催淚彈驅散等。這階段警察和示威者的武力持續升級，而雙方都沒有制約的力量。

此外，不少民主派人士在街頭受暴力襲擊，包括民陣召集人岑子杰在十月十六日被三人襲擊重傷，十一月三日民主動力召集人、民主黨區議員趙家賢被襲擊者咬掉左耳。抗爭者面對愈多的傷亡被捕，累積了更多的憤慨和悲情，對於運動沒有推進沒有成果感到一種無奈，於是把希望寄託在新一波的「大三罷」上，引來十一月中大規模的武力對決。

本書並不準備在此詳述警方在十一月十一～十二日圍攻中文大學，以及十一月十七日起圍堵理工大學的過程，只集中分析來龍去脈、雙方策略和對運動的影響。中大和理大會被警方圍堵以至攻打，主要因為其地理位置。示威者可以從中大的二號橋上丟雜物到吐露港公路和東鐵火車路軌上，以癱瘓新界東區的主要交通管道，而理大的位置則可以用來堵塞紅磡過海隧道。警方為了打通交通幹道，不惜使用大量武力攻打大學，釀成國際事件。反觀像香港大學、浸會大學和城市大學，該週內都有人堵塞附近道路，但都快速被解決而影響有限，沒有造成嚴重的暴力衝突。

中大和理大兩役有本質上的不同。中大校園面積極大且在山上，易守難攻也較容易建立物資支援，校友和師生有較強烈的歸屬感，十一月十二日警方打催淚彈進大學和大學山頭起火的照片，迅即引起極大迴響而有無數校友和市民嘗試到中大聲援，或者在其他地區發起行動以圖分散警方人手和注意力。但警方當晚退出二號橋後，中大內出現「是否應長期留守」的爭論（見第四章〈無大台 不割席 Be Water〉），結果抗爭者一兩天後幾乎全面撤出中大，校內被捕人數不多。不少勇武抗爭者在離開中大後到了理大。警方在十一月十七日攻打理大整日後，到了黃昏圍堵理大所有出口，所有人不能進出，並宣佈所有在理大的人都會被視為參與暴動加以處理。這項策略收到「圍點打援」[21]的效果：十一月十八日不少人應網上號召從南九龍不同方向行往理大企圖拯救「手足」或分散警方注意力，希望「圍魏救趙」而令理大內的人有逃脫的機會，結果在油麻地及其他地點被警察強力打擊，造成多人受傷及被捕。[22]

這個星期內警方兩次進攻大學，對整個運動是重要的一個轉折點，帶來幾大影響：

一、警方嘗試攻入大學而以大量武力打擊及圍堵，[23]學生誓死抵抗而受傷的畫面傳遍全球，尤其是理大被圍可能斷糧斷水等，被國際傳媒視為人道危機，引起國際關注及譴責，

21「圍點打援」指圍著一個敵人據點（例如城鎮），目的是誘使敵軍援兵來拯救，然後截擊援軍，主要目的在「打援」而不在原先的圍點。

22 根據警方數字，十一月十七～十八日在理大附近，以及十八日後離開理大者，共有一千三百七十七人被捕，另有三百一十八名在十八歲以下的被登記姓名而未有被捕，到了二〇二〇年一月，其中有二百七十三人被控，二百六十八人被控暴動罪。

很多西方國家的即時聯想是六四式的鎮壓。這直接令美國參議院加速通過《香港人權及民主法案》(見第七章〈國際篇〉)。

二、圍攻中大和理大的一週是多月運動以來,香港社會秩序動盪最厲害的一段時間。交通幹道和設施的破壞以及街頭暴力,令社區不安全,令很多人的正常生活和上班都受影響,中小學亦停課三天(十一月十四~十六日)。這可能使政府和建制派以為民情會因此逆轉,即使區議會選舉如期在十一月二十四日舉行亦不會大敗。現實是攻打中大理大可能令政府進一步失分,以及刺激更多市民出來投票,而令建制派輸得更多。[24]

三、勇武派在理大一役後受到一定重創:包括被捕、被打傷、長期圍堵下的心理創傷;他們也開始明白策略上的侷限:陣地戰或正面與警方武力對抗,在武力和資源懸殊下並不是好的戰略,只會招來大量被捕及受傷。這是勇武抗爭其後減少的原因之一。

6.5「白色恐怖」、心戰與喬裝

止暴制亂的策略,不止於警方的強力打擊,還包括心理上的操作,製造恐懼感令市民不敢加入街頭抗爭,以及打擊重要有影響力的力量例如教育界等。這裡將會分四個方向縷述。

6·5·1 白色恐怖

在六月的兩次百萬人遊行中，很多參加者都沒有戴口罩，其中一個原因是他們覺得自己光明正大、參與和平合法的遊行來表達意見，不需要蒙面來掩飾身份，也很可能不覺得參與了遊行會有什麼後果。

這種氣氛到了七、八月後開始改變。八月五日的罷工及其後對主要交通設施（包括機場、紅隧和港鐵等）的干擾，令政權感到威脅。八月五日的罷工估計航空界有三千人參與，包括民航處空管人員、航空公司空中服務員及地勤等，令一百七十個航班取消，其中大多是國泰與香港航空的班機，而這兩家航空公司的工會正是推動罷工的主力，其中國泰當日約有一千五百名員工沒有上班。八月九日，中國民航局向國泰發出「重大航空安全風險警示」，要求「有過激行為的機組人員」停飛中國航線，並交出所有飛中國的機組員身份。[25]其後國泰工會受壓要交

23 根據警方數字，中大一役共用二千三百三十發催淚彈、一千七百七十發橡膠彈、四百三十四發布袋彈、一百五十九發海綿彈，共四千六百九十三發彈藥。理大一役共用三千二百九十三發催淚彈、三千一百八十八發橡膠彈、六百六十七發布袋彈、四百九十九發海綿彈，共發七千六百四十七發彈藥。兩役所發的總彈藥，超越七個月內總彈藥的四成。

24 李鴻彥，〈區選大數據解封　警察最後一刻「助攻」泛民〉，《眾新聞》二〇一九年十二月十三日。

25 林可欣，二〇二〇，〈刪帖、退群，那些被查手機的國泰員工〉，收錄於《二〇一九香港風暴》，台北：春山，頁一七一～一八三。

出參與罷工的名單，不然可能面對嚴重紀律處分。八月十三日，國泰公開在微博聲明「堅決支持特區政府和香港警察止暴制亂」。八月十六日，國泰行政總裁何杲（Rupert Hogg）辭職，自稱要「對公司最近所面對的事件負責」，而最特別的是這新聞是由中國中央電視台最先報導。[26]八月二十三日，國泰港龍工會主席施安娜被解僱，僱主並沒有給理由；另一名國泰機師因曾在七月底駕機降落香港時在廣播中叫「香港人加油」亦被辭退。[27]有香港航空的員工因在臉書上傳譴責警暴的公開信而被辭退。[28]到八月底至少有十多名航空界員工被辭退，包括兩名機管局的職工。

公務員在二〇一九年的反抗運動中有史無前例的高調參與。運動一開始便有不少不同部門的公務員自拍部門證件（遮掉姓名），加上標語後放上網來表示支持運動。八月二日公務員在中環發起聲援集會，有四萬人參加，是史無前例的公務員參與政治運動的數字。隨著七月後警方逮捕大幅增加，有不同部門的公務員被捕，包括消防員、入境處及其他文職人員等。十一月二日，《人民日報》發表評論員文章，批評香港公務員參與違法示威，「為黑色恐怖張目，給街頭暴力搖旗」。十一月十五日，公務員事務局局長羅智光向全體公務員發信，強調政府對公務員違法「零容忍」，公務員一旦接受研訊（審訊）則會被停職。根據政府二〇二〇年一月的數字，至二〇一九年底有四十一名公務員因參與「非法公眾活動」被捕，其中三十一人已被停職，[29]到了二〇二〇年三月時，有四十三人被捕而四十一人被停職，[30]民主派議員質疑此舉是違反普通法「無罪推定」的原則，旨在製造白色恐怖，阻嚇公務員參與抗爭。[31]另外有一百三十多名消防員，被指「網上發表不當言論」而遭紀律調查，逾半指控不成立，其餘大部份遭到勸喻。[32]

另一方面，政權亦鼓勵告密舉報，對參與抗爭者施壓。前特首梁振英成立「八〇三懸紅基金」，八月尾在《大公報》、《文匯報》、《星島日報》登廣告，成立「舉報熱線」，呼籲市民舉報各種衝擊的罪行，懸紅（懸賞）二十萬至一百萬不等，並聲明「檢控就俾錢」（即無須定罪）。九月十日，警方宣佈設立十條「報料熱線」（爆料熱線），鼓勵市民以Whatsapp舉報罪行，但數日後即被Whatsapp母公司刪除，原因是這違反Whatsapp只應用作私人通訊的政策，警方被迫中止熱線，大約一個月後重開以WeChat、Line等工具作舉報熱線。

這些動作令一般人參與抗爭的壓力及可能要付出的代價大增。國泰和港航的經驗都反映不

26〈國泰航空：CEO在香港「反送中」風暴中「引咎辭職」〉，《BBC News中文》二〇一九年八月十六日。

27〈叫香港人加油　國泰機師被辭職〉，香港《蘋果日報》二〇一九年八月二十日。

28〈港航員工fb反送中遭解僱〉，香港《蘋果日報》二〇一九年八月十四日。

29〈羅智光：截至去年底三十一名公務員涉非法公眾活動被停職〉，《香港電台新聞》二〇二〇年一月十日。

30 翟睿敏，〈六月至今四十三名公務員涉非法公眾活動被捕　四十二人已停職〉，《香港01》二〇二〇年四月一日。

31〈被捕公務員未審已被即時停職　民主派批羅智光製白色恐怖〉，香港《蘋果日報》二〇一九年十一月十五日。

32〈一百三十多名消防處人員　被指網上發表不當言論遭紀律調查　逾半指控不成立〉，《眾新聞》二〇二〇年四月十六日。

須犯法或罷工，只是和平表達意見亦可能會丟掉工作。其後的新聞報導並不見有大量因政治言論而被辭退的例子，但亦有歌手、電台節目主持及其他行業的人因政治表態或參與抗爭而失掉工作，足以造成某種心理威嚇或寒蟬效應。一個例子是不少人此前可能在網上或臉書上無顧忌地發表批評政府或警察、以至聲援運動的言論，但到了八、九月後掀起「改網名」及清洗之前網上言論／相片的風潮，以免被人追究或被不同立場的同事「篤灰」（告密）而影響工作或帶來麻煩，換言之不少人已經減少公開在網上聲援運動的言論了。

可以想像，當來自僱主的壓力增加，某些身份例如公務員、教師或在公營機構任職者，都可能對公開聲援或參加行動有所顧忌，而這些群組本來是「和理非」的重要來源，如此一來就變相壓抑了運動的聲勢和抗爭的人數。另一方面，公眾場所或示威現場經常「埋伏」休班或便衣的警察，可以隨時拿出武器來鎮壓及逮捕，逮捕後縱使未必入罪亦可能影響工作，對很多人造成心理壓力。

6.5.2 都是教育的錯

由於二〇一九年的運動抗爭者很多都是年輕人，而中學生的比例更是相當高，政權很容易把責任歸咎於教育。七月三日，前特首及政協副主席董建華與傳媒高層閉門放風會時，直指通識教育科是年輕人「出問題」的主因，形容通識教育科是失敗。[33]

對香港人來說，這說法毫不意外，因為自從二〇一一～一二年黃之鋒等中學生領導反國民教育運動後，不少親建制政治人物就認為年輕一代的政治化，是因為新高中學制中引入了通識教育科作必修科，立法會議員梁美芬等認為通識科「教壞細路」（教壞小孩），一直建議取消或轉為選修科。八月底，中學和大學生團體號召罷課，內地媒體開始多了對香港教育界和通識教育科的批評。政協常委陳馮富珍在政協常委會議上批評香港學生愈來愈激進，根源在學校，是愛國教育的失敗。[34]

九月十四日，《人民日報》發表題為〈香港通識教育　是時候檢視了〉的文章，指香港的通識科存在偏見、泛政治化。[35]十月一日，香港一名就讀何傳耀中學的學生在街頭圍堵警察時被警察槍擊，後來校方發表聲明指不會開除受傷學生，被新華社在十月六日發表文章批評，指摘校方不與暴力「割席」。十月九日，新華社及《環球時報》分別有文章批評教協及「黃絲」[36]教師，認為他們「煽風點火」「蠱惑人心」，批評香港的政治困局源於教育的失敗。

33〈董建華：通識教育完全失敗致青年出問題　任內錯誤〉，《眾新聞》二〇一九年七月三日。
34〈陳馮富珍：青年激進根源在教育　要從師範生入手培養愛國新血〉，《明報新聞網》二〇一九年八月二十八日。
35〈香港通識教育　是時候檢視了〉，《人民日報》客戶端二〇一九年九月十三日。
36 編按：自二〇一四年反送中運動用黃絲帶作為支持運動的標誌後，「黃絲」成為支持民主群眾的通稱，相反地，支持政府警察的則被稱為「藍絲」。

這種內媒的批評，在香港並未帶來太大的迴響，可能因為香港人早已習慣政府把年輕人抗爭歸咎於教育。有學者引述實證研究，反映通識科有助學生多方面思考，反而不會變得激進。[37]對教育界更直接的壓力來自教育局。十二月教育局稱接獲一百二十三宗與是次運動有關的「教師專業操守」投訴，牽涉仇恨言論、挑釁言論、教材問題及涉嫌違法等，有七十四宗大致完成調查，已就十三宗採取行動，包括發出警告信、譴責信等。[38]教育局同時披露有八十名教師或教學助理在運動中被捕，局方已去函學校要求嚴重違法的教師停職，如果學校「處理不善」局方可能介入。教協批評教師往往是私下言論被匿名投訴，而根據教育局指引（指導手冊），匿名投訴不應受理，且部份教師是調查後才獲通知結果，連申辯的機會也沒有，這樣並不公平。[39]教育局長楊潤雄十二月底接受內媒《上觀新聞》訪問時表示，教育局知道學校、校長的態度和立場可能「有問題」，如果校長「不能勝任」，可以取消他的校長資格。[40]

教協在二〇二〇年一月三日發起集會，抗議教育局的「白色恐怖」，有二萬人參加。由於資助[41]及官立學校佔了香港中小學的大多數，教育局因而可直接向校長、校董會或辦學團體等施加壓力。教師在社交媒體發表反政府政見、或者教材被視為有問題都會被處分，一旦被捕就會被停職，以警方七月後大規模在街頭拘捕而言，連沒有犯法行為都可能被捕而丟掉工作，如此對教師參與運動的心理造成很大壓力。

6.5.3 喬裝的多重功能

八月十一日發生多重街頭暴力事件，在銅鑼灣的逮捕中，電視傳媒拍到有「示威者」在鼓動其他人衝擊後，回頭把衝擊的示威者抓住，被在場傳媒追問他是否警察時不作正面回應。翌日警方在例行記者會中承認有警察會「喬裝成不同身份」以方便查案。其後在示威現場，不止一次有媒體拍到疑似或確認是警察的人假扮示威者。一般相信一直有警察混入示威現場群眾之間，或加入前線行動的各類telegram群組以得悉行動資訊。從九月十日警方公佈將派伸縮警棍、十月十四日公佈將派胡椒噴霧給便衣警員後，經常會有沒穿制服人士[42]在現場（特別是在商場或社區環境），突然現身協助逮捕。

37 趙永佳，〈青年問題真的那麼難懂嗎〉，《明報新聞網》二〇一九年七月十日。
38〈八十教師被捕、一百二十三宗投訴　楊潤雄：涉嚴重違法被捕教師須停職〉，《眾新聞》二〇一九年十二月二十一日。
39〈多名教師遭匿名投訴後裁專業失當　教協：教局原指引不處理匿名投訴現圖噤聲〉，《明報新聞網》二〇二〇年一月二日。
40 吳頔、宰飛，〈專訪特區教育局局長楊潤雄：香港人也是中國人，將嚴懲「問題教師」〉，《上觀新聞》二〇一九年十二月二十八日。
41 編按：資助學校（aided school）是有辦學團體但大部份經費來自政府資助的學校。
42 這些人有時穿黑衣或便服混在群眾之中，突然出手逮捕或毆打群眾，縱使協助逮捕或拿出警棍時也往往沒有出示委任證，難以確認真正身份，亦有時被警察以胡椒噴霧等誤傷。

當不少人都相信有警察會「喬裝」為示威群眾，伺機逮捕時，對運動有幾種影響：

一、警察的公信力和道德備受質疑：公眾和傳媒質疑臥底的警察在現場誘使其他人犯法，和他們自己有沒有作違法行為，當中的法律責任誰屬；另質疑警方為什麼要用類似欺騙偽裝的方式執行任務。

二、「人鬼難分」對抗爭者無疑有相當的心理威脅，也引起一定的互相猜疑，影響了運動中的互信。前線抗爭者變得更步步為營，對不熟悉的人更有戒心而不敢一同行動；當群眾相信抗爭現場會有不少便衣、喬裝或休班警時，就會影響其參與意願及現場行為。

三、有人懷疑不少暴力衝擊及破壞行為，其實是臥底警察所為，以「嫁禍」示威者及影響運動的形象和進程。

四、應否「捉鬼」成為分化運動的課題。勇武派一般認為不應「捉鬼」，因為如果強調很多衝擊破壞是臥底所為，等同變相否定勇武路線或與暴力行為「割席」。在「不割席」的大原則下，破壞或暴力行為是否警察所為並不重要；如果「捉錯鬼」，反而會令抗爭者陷於危險以及影響士氣。亦有人質疑，如果是臥底做了無意義不合理的暴力行為（例如放火燒人），要整個運動為其承擔責任並不合理。

6.6 攪炒的邏輯

政權在民意和心戰的操作上，有兩條主軸：一是激烈抗爭可能招來強烈的鎮壓，例如中央會出動解放軍，一是持續的抗爭會影響經濟，而民主派和示威者要為經濟下滑負責。八月初，外媒傳解放軍可能會入城鎮壓，包括川普的推特也提到解放軍移動到中港邊境。[43]內媒播出深圳武警的演習片段、外媒拍到武警調動的相片等，用意都應該是威嚇香港人，如果抗爭不止息或升溫，可能出動軍隊鎮壓。類似的本地心戰包括《蘋果日報》七月十六日報導的政府考慮「分區戒嚴」，以及《星島日報》在八月二十七日報導的政府考慮用「緊急法」，都曾引起一定的討論和憂慮。如果把這些消息都看作威嚇運動的心戰策略，則明顯沒有收到阻嚇效果，其後無論是參與人數或使用暴力，都未見明顯的減少。

九月開始武力升級，對港鐵、商場、基本交通設施如隧道和路牌和交通燈的破壞增加，市況亦因暴力衝擊、交通不便和遊客減少而大受影響。政府一直強調運動對經濟的壞影響，而「暴徒」及「縱暴」的民主派政黨和議員要為此負責，包括「和理非」的大眾應該要和暴力「切割」。

這兩項操作，在二〇一四年的雨傘運動中有相當效應，但在二〇一九年卻無法令運動止

43 外媒不了解香港情況，解放軍根本駐守在香港，不需要從大陸運兵到香港。

息，亦不能扭轉民意，沒有令「和理非」不支持運動。其中一項重要原因，是因為不少抗爭者開始接受所謂「攬炒」（玉石俱焚／同歸於盡）的理論，因而政權用武力威嚇或經濟論述，都不能遏止抗爭。

「攬炒」的理論某程度上源自較早時的「焦土論」，主要是本土派的部份人士提出，主調是參加部份民主而不公平的選舉沒有意義，而少數的泛民議員根本無能推進民主和改革，不如全面放棄選舉，令建制派贏盡議席，或者全面一國一制，進一步加強壓迫，人民就會覺醒起來反抗。這種想法當然在反對派陣營及支持者中是少數，大多仍然覺得有限的自由、法治和選舉是香港反抗專權的重要資產和制度屏障。

到了二〇一九年的反抗運動，不少支持運動的人（尤其勇武派）覺得香港自由、各項制度和原有生活方式已不斷變壞，被中共在各層面深入控制，與其在十年或更短內「玩完」，現在立刻變一國一制也損失不大，不如放手一搏。這種「終極一戰」（Endgame）的想法，是運動有如此多人支持及堅持的原因之一，也解釋了年輕一代的抗爭決心和犧牲精神，因為現況已屬不可接受，而前景更是黯淡，已經沒有退路。

在堅信中國會不斷破壞香港的自由及自治之際，「攬炒」的論述認為如果中國要破壞香港，它本身亦必須付出一定的政治和經濟代價。這本身是一種博奕。[44]運動升級有兩個可能後果：第一個可能性是中國在這階段顧及自身的國際形象及經濟利益，而選擇讓步或者在打壓香港上自我設限，則抗爭運動有可能獲得成果；第二個可能性是中國選擇強力鎮壓，加速走向一國一制，香港的自由城市和金融中心地位不再，或引來西方／美國制裁，中國將蒙受經濟損失。這種經濟損失可能令中國的經濟出現危機，即某些網民所說的「支爆」，而出現經濟危機就會出現政治變革的契機。在這論述下，中國政府選擇強力鎮壓，本身亦需付出相當政治和經濟代價。當然香港經濟和社會也會因此受影響，但反正很多人覺得不對抗中國，香港「玩完」是遲早的事，分別也就不大，不如放手一搏。這背後的邏輯就像部份示威者引述電影《飢餓遊戲》（*Hunger Games*）中的名句：「We Burn, you burn with us.」簡稱「攬炒」。

另一個相關的邏輯，是不少抗爭者認為要北京同意讓步，必須提高抗爭的代價（stake），政府才有可能因為不想經濟損失或付出其他代價而讓步，他們認為多年來「和理非」的抗爭手法到了習近平年代已不能迫使政府讓步了。這個論述其實是由戴耀廷的佔中運動開始，希望以付出經濟代價來迫使中國政府讓步。有關不合作運動的論述，就是行動對香港或甚至中國造成愈大的經濟損失，愈能阻礙或破壞香港正常運作，行動的討價還價能力就愈強（見第十章〈不合作運動篇〉）。讓中國出動解放軍或武警鎮壓，可能會招致西方制裁而經濟受損，代表運動成功提升博奕的代價，正是「攬炒」派覺得合適的策略。

44 鄧鍵一，〈所謂攬炒，其實是一場理性博奕〉，《星期日明報》二〇一九年九月八日。

李立峯等在示威現場曾不止一次問及與「攬炒」有關問題的意見，發覺有很大部份的示威者贊同「在國際社會關注下，香港局勢更壞其實對運動更有利」（七十・七%～七十五%），和「若國際社會制裁，北京損失比香港更多」（八十二・七%～八十五・五%），[45]反映不少抗爭者相信把運動激化而令政權用極端手段，反而可能對運動有利。調查分別是訪問了九月十五日、十月二十日、十二月八日、和二〇二〇年元旦日的遊行群眾，其中應該包括不少「和理非」的群眾，當然可能未必包括部份較溫和的運動支持者。

這個「攬炒」策略在二〇一九年多了不少人認同，應該和整個運動承載的犧牲精神有一定的關係。由二〇一八至二〇一九年的多項法庭判刑，無論旺角騷亂、雨傘運動、新界東北的抗爭者都被判入獄開始，到了七月後警察擴大打擊逮捕，數以千計的年輕人被捕被打受傷、數以百計被告上法庭、無數人被暴力對待，甚至有人喪命，同情運動者覺得當很多人已經為香港付出各種代價，他們在道義上就不能和運動「切割」。當很多年輕人選擇為了香港的前途，賠上多年牢獄之災的代價時，少少的交通不便或經濟利益受損，不會根本地改變多數人對運動的取向。這或多或少解釋了主推國際制裁的組織自名為「攬炒團隊」，因為他們認為國際經濟制裁是少數可以有效阻嚇中國政府的武器，外國經濟制裁當然會影響香港經濟，但仍然不會出現民意逆轉。這是二〇一九年反抗運動帶來的其中一項最重要質變，有更多的人願意付出不同程度的代價來支持抗爭或運動，甚至犧牲個人利益亦在所不計。

到了二〇二〇年，當街頭運動因疫情而難以進行之際，不少人將焦點轉至二〇二〇年九月的立法會選舉上，主要號召是要拿得議會多數或所謂「35+」，其中一項主要論述就是「攬炒」，即如果反對派拿得過半數，就可以透過否決財政預算案等製造憲政危機，迫使中共進一步出手干預（例如取消議員資格或甚至解散立法會），令一國兩制進一步褪色，進而招致西方制裁中國和香港。對此中國政府和特區政府的回應，是以「拒絕攬炒」作為政治號召之一。到了二〇二〇年五月人大為香港立《港區國家安全法》，美國宣佈香港的一國兩制已經終結並且推動各種制裁，「攬炒」的局面於是提早來臨。[46]

6·7 運動與區議會選舉

整場抗爭有一個重要的背景（context），就是兩個選舉（二〇一九年十一月的區議會選舉和二〇二〇年九月的立法會選舉）。特區政府之所以希望以「快刀斬亂麻」在立法會通過備受爭議的修例，除了不讓反對力量有充分時間動員凝聚外，也希望減少建制派在選舉中的損失。現在「事後孔明」看來，選舉利益的考量對政權策略的影響，可能比原先想像為大。

45 李立峯，〈攬炒論的過去、現在與未來〉，《明報新聞網》二〇二〇年五月七日。

46 編按：二〇二〇年七月三十一日，林鄭月娥宣佈因應疫情，立法會選舉將順延一年，於二〇二一年九月五日舉行。

由六月兩次大遊行開始，民意清楚地反對修例，政府和建制派政黨都知道十一月區議會選舉中親政府候選人會失利。其後幾個月的政權策略和操作，都指向希望民意逆轉，希望因為抗爭行動「過界」，而令部份中間、溫和、「淺藍轉黃」立場的人改為支持建制派。到了十月，民意調查反映政府和警察的民望一直下跌，有人懷疑政府會否乾脆取消區選，以免建制派大敗。

九月二十八日，傳媒報導林鄭月娥見建制派議員時稱，如果出現圍堵票站，政府可能取消整個區議會選舉。[47]此後的一、兩個月，直至十一月二十四日區選投票日，取消或延後選舉的陰影一直籠罩著區議會選舉。不同的政治力量在拉扯，嘗試影響選舉是否能夠如期進行的決定。工聯會和部份建制派候選人曾經要求政府押後選舉，理由是他們有些議員辦事處被破壞，有些助選團在街站被圍堵而感覺受威脅，建制派立法會議員何君堯亦曾在街頭拉票時遇襲，因而覺得選舉對他們並不公平。特區政府的公開立場是希望選舉可以如期舉行。有學者公開呼籲政府不應取消或押後區選，否則衝突的局勢更難受控，[48]歐盟（十一月十四日）、美國國會及行政當局中國委員會（Congress-Executive Commission on China, CECC）主席麥高文（James McGovern）（十月二十七日）等都曾公開呼籲區選應如期舉行，否則是剝奪人民權利的民主倒退之舉。到了十一月十八日，政制及內地事務局長聶德權提出三個區議會選舉如期舉行的條件，包括：一、停止暴力衝擊及威嚇；二、隧道及主要幹線不受堵塞；三、停止破壞交通設施，否則票站人員便無法到達票站。[49]

區選能如期進行，相信是受了幾個因素影響：

一、現存法例只容許因安全理由押後區議會選舉，而沒有取消選舉的安排。按法例所有區議員的任期都會在二〇一九年十二月三十一日完結，不舉行選舉，區議會不少的角色功能都會出現真空，政府要花很多工夫重新定義和填補，將帶來相當爭議和施政上的不便，法律上亦可能被挑戰。

二、押後選舉一、兩星期對建制派選情不會有幫助，想取消選舉可能要用香港已進入緊急狀態等理由，但特區政府當時並不願意這樣做，因為這樣會嚴重影響香港的國際形象及經濟狀況。縱使是林鄭月娥引用《緊急狀態條例》立《反蒙面法》時，仍然強調香港並非進入緊急狀態。

三、取消選舉以至民選議會是明顯的剝奪民主權利，西方國家會認為是徹底的步向專制。在美國國會已經通過《香港人權及民主法案》下，這可能會招致西方國家的制裁。

四、建制派或中聯辦最後階段的評估應該是如期進行區選不會大敗，民主派可能有議席進

47〈林鄭：一票站被圍研取消全區區選　建制約晤特首　倡遇非法集會啟動反蒙面法〉，《明報新聞網》二〇一九年九月二十八日。

48 陳欣彤，〈學者籲勿押後選舉　否則局勢爆炸性升級〉，《香港01》二〇一九年十月十四日。

49〈政府列三條件威脅取消　賴示威阻投票　拒訂押後死線〉，香港《蘋果日報》二〇一九年十一月十八日。

帳，但建制派仍然可以保持區議會整體議席過半數，以及不少區議會（共十八區）的議席過半數，這樣的結果可以詮釋為香港市民支持政府「止暴制亂」。特別是在「黎明行動」造成嚴重交通不便後，他們評估民意已有逆轉，有一定把握不會慘敗。[50]

五、選舉投票是讓市民和平地表達政治意見的渠道，如果取消可能進一步激化矛盾，「止暴制亂」會更困難，局面會更難平息。

民主派和抗爭者的主流意見是希望選舉如期進行，把是次區選定義為一次民意是支持運動還是警暴的公投。如果民主派大勝，就可以清楚顯示民意仍然支持運動，以及透過選舉懲罰支持修例的建制派。民主派獲得更多區議會的席位，也可以增進抗爭的資源（例如用議員津貼聘請「手足」當助理）。如果區議會議席整體過半數，還可以奪下二〇二〇年立法會選舉的區議會間選議席，同時拿下二〇二二年特首選舉的選舉委員會中由區議會選出的一百一十七席，[51]直接對下一階段的政治帶來改變。抗爭陣營中當然也有「選舉無用論」者，認為區議會沒有實權，特區政府隨時可以取消當選議員的資格，當很多抗爭者在前線被捕被打之際，用反抗運動來作選舉宣傳是「吃人血饅頭」，因而反對積極參與選舉。

區議會選舉結果變成了選民對政府、警暴和運動的公投（起碼大多國際傳媒都這樣理解）。史無前例的二百九十四萬人出來投票，以破紀錄的七十一．二%投票率清楚表達民意。民主派本來只佔約四分之一的區議會議席，結果狂勝四百五十二民選議席中的三百八十九席（八十六％），一舉奪下十八區中十七區的過半議席。[52]不少多年來民主派認為沒有機會的區份，包括鄉郊、離島或所謂「深紅」區域，都被攻陷。不少參選區議會的建制派立法會議員，包括何君堯、周浩鼎、麥美娟等都被擊敗，相當影響建制派政黨在立法會選舉的部署。

區議會選舉民主派大勝，對其後運動的發展方向有一定影響，主要體現在幾方面：

一、這是非常清晰的民意表達，反映了在多個月的「止暴制亂」及暴力衝突後，民意仍然非常支持運動，也反映了政府的策略在民意和選舉層面是完全失敗，對反抗運動是一個很大的鼓舞。

二、這清晰的民意表達，加快了美國總統川普簽署《香港人權及民主法案》。該法案在十一月二十一日已經由兩院通過，放在川普桌面約一星期，令人猜測川普的態度。香港民意一面倒地支持運動，令川普的顧忌減少而在十一月二十八日簽署法案生效。

50 梁珍，〈習近平震驚林鄭誤判選情〉，香港《大紀元時報》二〇一九年十二月三日。

51 編按：香港立法會有七十個議席，三十五個直選，三十五個由功能界別選出，後者包括區議會（第一）界別，由民選區議員互選出一席；民主派只要拿得過半數區議會議席就可拿下。香港特首由一千二百名來自三十八個界別的選舉委員會投票選出，其中區議員共選出一百一十七名委員，民主派只要在港九區議會和新界都拿得過半數區議會議席，就可以全數囊括這一百一十七席。

52 唯一沒有奪得過半議席的離島區議會，其實民主派也是贏得過半民選議席的（十席中的七席），但因為有八個當然議席（代表離島區八個鄉事委員會），使得建制派還是維持過半。

三、區議會選舉後，街頭暴力明顯減少（包括警方那邊與抗爭者這邊）。對抗爭者而言，選舉勝利明顯有「出了一口氣」的感覺：多個月的抗爭除了迫得政府撤回草案外，沒有真正的政治收穫，但區議會選舉卻一舉把大量的建制派議員掃地出門。對政府而言，選舉反映了之前的公共秩序破壞和暴力升級並沒有扭轉民意。選舉後社會秩序迅速恢復：包括紅磡隧道在選舉兩日後便恢復通車，而港鐵也不再提早關站。

四、區議會成了新的抗爭場所：當選的民主派候選人大都明白如此大勝，是選民表態支持反抗運動和表達對政府的不滿，多於對他們個人政績或工作的肯定，他們明白當選後必須以區議員身份推動或延續反抗運動，才算是回應了選民的要求。不少區議員當選後第一件事，便是到理大外集會聲援仍然被困在內的「手足」。新一屆區議會成立後，由於民主派囊括了十七區的過半數和正副主席，可以充分利用區議會延續抗爭，包括在開會時為抗爭死傷者默哀、通過動議譴責警暴、成立專責小組調查及跟進警暴事件等。政府在二〇二〇年一月後面對新的民主派所控制的區議會時採取「不合作運動」的策略，民政專員和相關官員會在議員動議遺憾譴責政府或警暴時或討論政治議題時拉隊離場。到了新冠肺炎爆發，更曾一度對區議會會議不作行政支援，以及削減對區議會的撥款。

6．8 從四中全會到國安法

二〇一九年十月中共召開四中全會，十月三十一日發表公報強調要「健全中央按照憲法和基本法對特別行政區行使全面管治權的制度。完善中央對特別行政區行政長官和主要官員的任免制度和機制、全國人大常委會對基本法的解釋制度，依法行使憲法和基本法賦予中央的各項權力。建立健全特別行政區維護國家安全的法律制度和執行機制，支持特別行政區強化執法力量。」公報並且特別強調維護國家安全，加強對香港及澳門社會特別是公職人員和青少年的憲法和基本法教育、國情教育、中國歷史和中華文化教育等。

四中全會基本上是定下了繼續加強「全面管治」的路線，以及繼續支持特區政府和警察強力「止暴制亂」，可被視為十一月進攻中大和理大的一個背景。四中全會把香港問題提升到國家安全的層次。根據副總理韓正在二〇二〇年五月對港區政協所言，中共在四中全會後就開始考慮為香港立國家安全法，而中聯辦主任駱惠寧在二〇二〇年四月便表示香港是「國家安全的短板」，需要堵塞相關漏洞。[53]

在香港方面，區議會選舉後街頭暴力明顯減少。政權的策略主要為切斷前線抗爭者的供應

53〈駱惠寧：盡快在國安法制下功夫　稱「突出短板」成致命隱患　陳文敏：現例已夠毋須二十三條〉，《明報新聞網》二〇二〇年四月十六日。

鍊，包括：一、凍結「星火同盟」[54]的戶口；二、開始針對「和理非」。十二月十九日，警方以懷疑「洗黑錢」為由拘捕「星火同盟」四人，宣佈在其物業中搜到現金十三萬及超市現金券等，並即凍結其戶口的七千萬現金。「星火同盟」一直是支援被捕及抗爭人士的主要籌款戶口，包括為被捕者提供法律支援。警方並沒有提出確切的證據證明金錢是來自非法途徑，只說該空殼公司有大量現金，而購買的保險產品受益人亦是公司負責人。用「懷疑洗黑錢」的罪名拘控，容許警方即時凍結「星火同盟」的戶口，客觀的效果是即時切斷對抗爭者或被捕者的一個現金支援渠道，雖然不少協助抗爭者的律師表示縱使沒錢亦會繼續協助。

踏入二〇二〇年，街頭暴力減少之際，警方的注意力似乎轉向「和理非」。不少商場的抗爭者以及一些貼「連儂牆」的行動者被拘捕，有時一些沒有穿制服的人士也會在商場協助逮捕並以武器驅散聚集群眾。輿論上，員佐級協會主席林志偉在十二月二十七日向會員發公開信，指「和理非」的行徑「滅絕人性、冷血程度不下於施暴狂徒，配不上和平、理性等歌頌人性美德的詞語，是赤裸裸的幫凶」。[55]二〇二〇年元旦日的民陣遊行本來一直和平進行，但中途有人破壞灣仔區的中國銀行（有人指是警方「喬裝」所為），引起街頭追逐，警方施放催淚彈後，要求民陣宣佈遊行結束及解散。入夜後警方出動水炮車等作驅散，並在銅鑼灣拘捕近四百人，縱使很多人都沒有著示威裝束，在行人路上亦不見有任何暴力行為。

二〇二〇年一月新冠肺炎爆發後，街頭行動大幅減少，香港人的注意力亦轉到抗疫上。港府三月開始推出「限聚令」，禁止四人以上公眾聚集（後來放寬至八人），違者每人定額罰款二千元。限聚令給予警察理由禁止人群聚集、不批准任何公眾集會。其間不少民主派的遊行集會、商場的抗爭行動（例如唱歌）都可能被警察發罰單。和元旦遊行一樣，警方的策略有時是作大規模圍捕，例如在五月二十七日，網上有人號召到立法會抗議《國歌法》二讀，中午及下午都有人群聚集，警方大舉圍捕近四百人，有些只是吃午飯的上班族或者放學的中學生，但仍有不少人被控以「非法集結」。像這種難以預測的大規模圍捕，對「和理非」產生了一定的阻嚇作用。

6·9 小結

總結七個月的策略博奕，自六月的百萬人遊行迫得特區政府暫緩修例後，政權策略操作主要有三個層面：一、希望民意因運動愈趨激烈而逆轉，可以令運動瓦解以及挽救建制派的選情；二、以放任警察作大規模逮捕及打壓造成震慄效果，配合心戰及輿論戰，目的是抓盡勇武抗爭者及阻嚇「和理非」支持運動；三、以各種心戰及針對某些行業的從業人員施壓，特別是

54 編按：二〇一六年旺角騷動後成立的非營利組織，目的是支援因參與社會運動而被捕的人士。
55〈員佐級協會發信　轟「和理非」是「赤裸裸幫凶」　配不上歌頌美德詞語〉，《立場新聞》二〇一九年十二月二十七日。

戰略性的產業或行業，包括公務員、航空業、教師等，令其參與抗爭的成本增加而卻步。

「止暴制亂」的策略不成功，到了九~十月已經頗為明顯。這主要體現在兩方面：其一是根據民意調查政府和警察的民意流失非常快，因而不利建制派在區議會選舉的選情；其二是強力的打壓沒有真正阻嚇群眾。無制約的警察暴力，打擊面的不斷擴大，引發愈來愈大的憤慨，反抗政府的人層面愈來愈擴濶，以及「和理非變勇武」（見第十二章〈警察暴力與基本權利〉）。對不少二〇一九年在香港生活的人來說，「止暴制亂」在民意和「制暴」層面的失敗是顯而易見的，整體上政權付出的政治代價則是非常巨大。這至少包括賠上了香港政府和警察的民望和公信力、建制派在區議會選舉慘敗，進而大大削弱北京對香港政局的操控能力、輸掉台灣的選舉、給予美國介入香港事務的跳板，以至令中國和香港的國際形象都大受影響，當然也包括持續的社會不安對經濟造成的負面影響。反過來說，如果政府及早回應五大訴求中的兩三項，減輕警方使用的武力，運動可能會較早降溫而不會進入無可挽救的局面。中共到了四中全會的選擇，卻是繼續強硬路線，以及用人大為香港立國家安全法來「填補漏洞」，視保護政治權力為最重要，結果是提早走上「攬炒」之路。

CHAPTER 7 國際篇

反送中運動從來不是純粹香港一地之事。整個運動本身裝嵌（embedded）在中美的外交鬥爭和貿易戰之中。香港在「一國兩制」下的特殊經濟地位，以及在全球資本主義體系中對中國的經濟價值，是整個事件的一個重要背景，也是對香港抗爭者來說一個重要的資源。在中美關係緊張之秋，強硬打壓香港示威可能招致經濟制裁，以及損害香港自由港和國際金融中心地位，因而損害中國的經濟利益，一直是掣肘北京對港政策的重要因素。

和以往的運動不同，二〇一九年的反抗運動非常重視海外聯繫。固然《逃犯條例》本身觸及很多外商及外國政府利益，令西方國家一開始便相當關注修例並高調表示反對；但不少香港人覺得與中國政府力量懸殊，多年來向中國政府爭取民主沒有成果，只有借助國際力量才能掣肘中國，也是重要原因之一。在整個運動中，西方國家的態度、關注和行動，對中國政府和特區政府產生了相當影響。

九月以後，隨著香港的警暴升級，美國國會復會審議《香港人權及民主法案》，西方國家愈加關注香港狀況。另一方面，香港抗爭者的海外遊說也逐漸重新定義運動，不再是守衛一城的自由之戰，而是香港代表了自由世界，在中國銳實力的最前沿，抗衡專制統治的擴張。如此一來，香港二〇一九年的反抗運動被放進了全球民主鬥爭的脈絡中，大大地提升了這次抗爭的歷史和世界地位。從身份政治的角度，這個重新定義令香港人對這場運動和自己的身份更加自豪。國際的關注和國際戰線的需要，反過來影響了香港運動的策略路線（例如令「勇武」在十月後一度降溫），在在反映了二〇一九年的反抗運動和過往運動的相異之處：國際因素比以往的各次運動都更重要。國際因素的介入，最終亦令中共用強硬手段應對，如二〇二〇年五月時人大通過為香港進行「國家安全立法」，目的之一便是禁止國際介入香港事務。

7.1 外交脈絡及背景

香港問題的一個重要背景，就是「一國兩制」本來就是面向國際的。在八十年代香港前途問題出現之際，中國政府希望收回香港主權，但同時維持香港的經濟價值和地位不變，於是想出「一國兩制」方案，一大目標就是保持香港自由港和國際金融中心地位，令西方投資者會繼續在香港投資，香港可以成為中國與全球資本主義接軌的窗口。保留香港自由城市和法治保障的形象非常重要，否則國際投資者把資金他投，會影響中國的經濟利益。隨著中國經濟快速增長及對外開放，一般論述是香港對中國經濟的重要性大不如前。但二〇一九年的運動反映了，中國仍然非常在意保持香港自由城市的形象和地位以及「一國兩制」的國際形象，這件事因此成為北京對港政策的主要約制。

回歸後二十多年，香港的狀況並不算引起很多國際關注。香港民主派多年來在西方國家的遊說，主調是批評中國對香港自治和自由的控制、破壞「一國兩制」與高度自治的承諾，違反中英聯合聲明等。中國政府和官媒的主要立場則是指摘民主派詆譭香港和中國政府及一國兩制、勾結外國勢力干預中國內政、企圖改變中國的政治制度，而面對西方國家的批評時，往往會強調香港事務是中國內政，外國不得「說三道四」等，亦會強調一國兩制運作良好，香港的自由和法治受基本法保障等。

二〇一四年的雨傘運動令更多西方國家重新關注香港的人權、法治、自由和民主狀況。美國到了川普時代大大改變對華態度。到了二〇一八年，有接連的美國政府和國會報告談及香港，指出香港的自由和自治倒退，違犯基本法內的規定及承諾，以及北京控制日深，並且牽涉到香港的獨特關稅地位。[1]美國開始調整各項針對中國的政策，例如以國家安全為由改變經濟

1 例如可見CECC的報告“VI. Developments in Hong Kong and Macau,” in Congressional-Executive Commission on China 2019 Annual Report, 8 January 2020，和美國國務院就香港政策法的報告：U.S. Department of State, Bureau of East Asian and Pacific Affairs, “2019 Hong Kong Policy Act Report,” 21 March 2019.

措施（例如針對華為）。如果香港因為《逃犯條例》而被視為自由法治受損，或者因暴力鎮壓示威而出現嚴重違反人權事件，可能會招致美國的經濟制裁，影響香港特殊的貿易地位，不僅打擊香港的經濟，亦損害中國的經濟利益。這一直是反送中抗爭的一個重要外交脈絡。

二〇一九年的國際外交背景，是中美正處於貿易戰的狀態。美國自二〇一八年開始向中國徵收大量關稅，兩國在一年多的期間內斷斷續續地就關稅和其他議題進行談判，而美國亦在其他問題上更為針對中國。據方志恒指出，歷史上香港一直都處於中美交鋒的前沿，當中美進入新冷戰，美國可能對香港實行制裁，香港的角色就變得更為舉足輕重。[2]

美國對港政策的一個重要法律框架是《香港政策法》（United States-Hong Kong Policy Act）。該法例在一九九二年通過，出發點是保護香港在九七年後的特殊經濟以及獨立關稅地位，法例載明美國可和香港自行訂定各種雙邊經濟協議，批出不同的簽證，一些敏感的科技可以進口香港，條件與中國可以不同，但法例亦列明如果香港的自治地位受損，即等於香港和中國大陸分別不大，美國政府可以改變有關政策。

二〇一四年後，雨傘運動令美國政界開始關注香港民主自由狀況，再加上香港民間的遊說，促使美國國會及行政當局中國委員會（CECC）提出新的《香港人權及民主法案》（Hong Kong Human Rights and Democracy Act），主推者為史密斯（Chris Smith）及魯比奧（Marco Rubio）。法案重申美國支持香港自由民主自治的原則，但要求國務卿定期提交香港狀況報告，包括調查中國政府有否利用香港的自治地位，做出違反國際協議的事情。新法例的主要改變為可以對侵害香港的（包括中國及香港的）人士或官員做出制裁，例如不准其入境或凍結其資產等，以及要求美國領事館為香港的政治犯提供方便的簽證等。此法案在二〇一九年成為香港抗爭者遊說的焦點之一。

7·2 外國政府表態與遊說

自香港政府建議修例開始，不少西方國家政府、國會議員、駐港領事館和商會都高調表示反對，這可是過往非常罕見的。早在四月初，CECC主席、美國眾議院議員麥高文便發表聲明，認為修例會損害香港作為法治社會及商業中心的聲譽。[3]其後英國政府和加拿大政府發表聯合聲明表示憂慮和關注，擔心修例會破壞一國兩制，以及不少在港營商的國民可能會因此誤墮法網。五月二十四日，歐盟駐港澳辦事處代表以及歐盟成員國代表會見林鄭月娥，並且帶同正式外交照會（démarche）抗議修例容許引渡歐盟國民至中國受審，[4]以相當少有的高規格表態

2 方志恒，〈香港在中美新冷戰〉，《香港獨立媒體網》二〇一九年五月二十日。
3《信報》二〇一九年四月五日。
4〈歐盟向港府發外交照會表憂慮　促條例加入人權保障條款〉，《香港經濟日報》二〇一九年五月二十四日。

正式反對香港的政策，這在九七後從未發生。

外商亦相對高調地反對修例。美國商會（AmCham）早在三月底便發聲明表達對修例的憂慮，認為法例容許引渡至法制和司法保障遠遜於香港的地區，將會大大減弱香港對外商的吸引力。[5]商會在五月三十日見過政務司司長張建宗後，表明反對修例，並認為條例有很多爭議和不確定性（uncertainties），不需要匆匆通過，另質疑已有三十名外交官及法官等表明反對修例，為何港府仍要繼續推行。[6]

民主派早在二〇一九年三月到美國遊說反對修例。前政務司司長陳方安生、立法會議員莫乃光和郭榮鏗三月底訪美，在會見律師公會和美國國家安全委員會時，《逃犯條例》已經是重要焦點。[7]到了五月，民主派兵分兩路，前立法會議員李柱銘、李卓人和羅冠聰到華盛頓遊說，其後立法會議員涂謹申和前議員吳靄儀加入，見了國務卿蓬佩奧（Michael Pompeo）、眾議院議長佩洛西（Nancy Pelosi）和民主共和兩黨議員、其他官員以及美國勞工聯合會和產業工會聯合會（AFL－CIO）代表和智庫等。蓬佩奧在會面後發表聲明指修例會危害香港法治，而佩洛西一直對香港問題相當關注，大力支持新的「香港人權及民主法案」。另外陳方安生和郭榮鏗則訪問德國，見過德國國會副議長羅特（Claudia Roth）和總理府外交政策辦公室總監拜格（Thomas Bagger），羅特會後亦表示修例倉卒，如果通過可能會因此取消德國與香港的引渡協議。[8]

英美主流媒體很早就關注修例。《華盛頓郵報》在四月便有評論文章，ＢＢＣ、路透社、《紐約時報》、《金融時報》等西方重量級媒體亦有報導，等到抗爭運動爆發，這些傳媒也有大幅報導。反送中運動的一個「優勢」，是抗爭者的訴求和反對原因相對簡單，外國傳媒很快就用某種西方受眾容易理解和同情的邏輯講明白：修例會令所有香港（一個自由城市）的人，可以被引渡到中國（一個沒有法治和人權保障的專制國家）受審。二〇一九年，中國在西方社會的形象愈來愈壞（例如同期出現不少在新疆打壓維吾爾族的新聞），歐盟等西方國家開始響應美國，改變對中國的態度，反制中國的外交影響力，歐美各國政府和國會議員都更有動力在香港事務上為香港發聲，並且將香港問題列為對華政策議題之一。

面對主要西方國家的反對，林鄭月娥在五月的立法會答問大會的反應是：「他們受誤導」，她並歸咎泛民議員到海外遊說。但香港政府高層明顯沒能有效說服外國政府和商會代表。如上述，張建宗在五月三十日見過美國商會後，並沒有令對方釋除疑慮。六月五日，林鄭月娥會見七十個國家的駐港領事，會議內容沒有傳媒報導，但應該未能有效說服領事們，因為會面後除了親中人士詹劍崙以新畿內亞（新幾內亞）名譽領事的身份公開支持修例外，完全沒有外國領

5 AmCham Hong Kong, "Press release: Fugitive Offenders Ordinance," 29 March 2019.

6 AmCham Hong Kong, "Press release: Proposed Fugitive Offenders Ordinance," 30 May 2019.

7 香港《蘋果日報》二〇一九年三月二十四日。

8《信報》二〇一九年五月十五日。

事公開表達支持。[9]

外國政府和商會的高調發聲，對反送中運動有助長聲勢的作用。這又加深了很多香港人的印象，認為修例影響深遠，特別是可能令外商撤資，損及香港作為國際金融中心的地位，嚴重打擊香港經濟。這個看法把反修例的人擴大至不同階層、行業及層面，而不光是支持自由民主法治價值的傳統民主派支持者。到六月時，反送中運動更有一組文宣，針對修例通過會影響香港國際地位，因而影響經濟、就業甚至旅遊簽證等，嘗試打動保守陣營較重視經濟利益的人士。

7.3 全球化抗爭

二〇一九年反抗運動的一個特點，是這是一個全球化的抗爭，涉及層面之廣和深，在香港抗爭歷史上可說是前所未見。這包括幾個層面：一、世界各地不同城市的聲援活動；二、國際層面的遊說；三、在全球傳媒的發聲等。

7.3.1 全球聲援

能夠造成全球化的抗爭，並不容易，和香港的特殊性有關。香港是國際城市，由於商業、貿易和旅遊的關係，令香港人和很多國家的人都有聯繫。世界上有不少人曾到過香港旅遊、工作或居住，有機會對香港產生感情或者同情。以六月八日～九日的那個週末來說，在歐美和英國就有數十個城市發起聲援運動，參加者加起來竟有兩萬人以上。九月二十九日的全球反極權遊行，共有二十六個國家、六十多個城市遊行集會聲援香港，可說是全球聲援的高峰。

香港人因為九七前的移民潮，在很多西方國家的大城市（特別是美、加、英、澳）本來就有一定的移民人口，修例觸動了他們多年來的憂慮：要是香港的自由和法律保障失去了，那就和中國變得沒有兩樣。這些早年移居西方國家的香港人，再加上留學生，兩者成為世界各大城市聲援運動的支持基礎。

香港人本身有相當的國際經驗、視野和聯繫，既有先進的國際（商業）宣傳和推廣頭腦和經驗，也有不同層面的遊說經驗；香港的公民社會和世界各地的公民社會長期有一定連結；再加上擅用新媒體以及參考世界各地的抗爭手法和經驗，從中獲得靈感和鼓勵，使得今次抗爭可以有效地吸引外國媒體及群眾的興趣和支持。

反送中運動經常從世界各地的抗爭運動獲得靈感及啟示。初期網上討論會援引韓國反朴槿惠和法國黃背心運動的經驗，兩者都是持續數十週的街頭運動才得到成功的例子（韓國和法國亦有人聲援香港運動）。到了八月底，不少社區組織及網民在地區自發放映有關烏克蘭二〇一

9《明報》二〇一九年六月六日。

四年運動（Maidan Revolution）的紀錄片《凜冬烈火》（*Winter On Fire*），該片記述烏克蘭人如何從和平抗爭抵抗政權，到遭遇暴力鎮壓後勇武抗爭而終於成功的經過。九月亦有社區播放南韓在一九八七年抵抗暴政的電影《逆權公民》，主要訊息為面對暴政，不同崗位的人各守本份，不和政權妥協，是南韓爭得民主化的重要因素。

八月二十三日，有人在網上發起「香港之路」（Hong Kong Way）人鏈運動，靈感來自波羅的海三國（立陶宛、拉脫維亞、愛沙尼亞）在一九八九年的八月二十三日（三十年前）手拖手（手拉手）繞波羅的海一圈以爭取獨立的運動。香港的人鏈運動估計有二十一萬人參加，手拖手組成長達六十公里的人鏈，覆蓋三條主要地鐵幹線（港島、觀塘和荃灣）的範圍，相當成功地吸引國際傳媒的注意以及波羅的海三國的報導和呼應。手拖手的「人鏈」成為其後中學罷課以及各區行動中一個常用的和平且低成本的「和理非」行動模式。

7.3.2 國際登報

六月底的「G20賣廣告」行動，雖然效用不大，但其實是一項突破性的行動。六月十六日二百萬人遊行後，政府沒有回應「五大訴求」，運動除了動員七一大遊行外，沒有清楚的行動方向。輿論的一個焦點是六月二十八日大阪G20會議，習近平將和不同西方國家的元首碰頭。這有兩項意義：一般分析中國不會在G20前暴力鎮壓香港，以避免習近平在國際會議中難堪；

有人期望西方國家領袖可以在G20會議中，就香港問題向中國施壓。

在這樣的想像下，六月底有人在網上發起G20施壓行動。行動包括幾方面：發起眾籌（群眾募資）在G20大會期間於不同國際大報登廣告，呼籲市民在六月二十八日到各國駐港領事館請願，同時則有少數人親身飛到大阪的G20會場抗議。其中最特別的是登廣告。籌款群組上網後，在數小時內迅速籌得登廣告所需的六百多萬港元，最後成功在英國、日本、美國、德國、韓國、加拿大、澳洲、法國、義大利、台灣和西班牙的十九份主要報章，以當地語言登全版廣告。

然而根據國際媒體的報導，香港問題並沒有成為G20會議的重要話題之一。這其實並不奇怪：G20本質上是經貿會議，鮮少討論政治議題，畢竟香港問題極少真正提至國際會議的議程，而且當時香港的情況也沒有嚴重到要各大國領袖介入的程度，G20不會因為港人賣幾個廣告就有所改變。但G20施壓行動突破了不少抗爭行動上的想像。首先，之前可能沒有人想過在國際級會議上作抗爭以及在會議期間引發國際傳媒注意，而最令人意外的是網上眾籌在很短時間內便得數百萬元的登報經費，令財政不致成為主要障礙。整個行動並沒有正式商業機構或大型組織作統籌，只是一群網民自發分工，有人負責會計、帳戶及預算、有人聯絡各報社、有人撰寫不同語文的稿件及設計內容、有人是義務律師、有人是公關聯繫、有人監察網上風向及關鍵字等，最後由網上統籌平台把所有工作串在一起，而從眾籌完成到廣告截稿死線只是兩天的事情。[10]當然這批人有相當的專業知識和經驗、社會和文化資本，是能在短期內完成行動的原因。

G20行動雖然沒有明顯效應，但對其後運動有一定的啟示：一、金錢不再是重要的障礙或者心理關口，整個運動後來反覆證明了，只要能引起注意，很快就可以籌得款項展開行動。二、運動有能力在世界各地媒體登報以引起關注，說明了過往沒有認真想像過的行動模式其實都有可能的；三、網民自發的行動根本不需要「大台」，就能夠自行克服很多困難，自行協調做妥大量工作，大大增加其後同類行動的信心。

第二波的登報運動在八月進行。八月十六日晚上，學界代表組織「英美港盟　主權在民」在中環集會，會上呼籲英國確認中國違反《中英聯合聲明》，呼籲美國制裁損害香港自由的官員，並且聲言會繼續進行海外連結。八月十九日，在英、日、美、德、韓、法、義、加、澳、西、台灣、瑞典、丹麥、芬蘭等十七份報章登廣告，要求關注香港所面對的警察暴力鎮壓。

第三波的登報是十月一日，在英、德、加、韓、瑞典、挪威、阿根廷、墨西哥等九個國家。廣告主要訊息是香港站在自由世界抵抗中國專制擴張的前線，如果香港倒下，可能觸發骨牌效應。到了十月一日，國際登報的額外效應已大不如前，因為香港的抗爭已經得到全球關注了。

7.4 外國政府的態度

海外遊說到了七、八月後，成為反抗運動的主要一環，根本地改變了運動觸及的層面和定性，把香港的抗爭置於一個前所未有的國際地位。其中美國扮演的角色最具主導性，英國和其他西方國家的響應相對上沒有那麼重要。

7.4.1 川普的態度

川普在香港問題上的公開言論和發帖的立場飄忽。六月九日的大遊行後，他公開說「這是我畢生僅見的大遊行」（as big a demonstration as I've ever seen），但他一直的公開言論／推特都是說習近平／中國政府會懂得自行處理香港問題。他在G20會議見了習近平，但沒有就香港問題有什麼表示。到了八月一日，當香港的示威浪潮多了暴力衝擊，中央對香港示威語氣愈趨強硬時，川普突然改稱香港的行動為持續長期的暴亂（riots for a long period of time），惹來猜測。

八月十一日的警暴鏡頭，加上八月十二日及十三日的機場抗爭引起了全球關注，想必對西方國家產生了一定的震動，令西方國家政治領袖紛紛就香港問題發聲，亦令運動在國際間更受關注。八月十五日早上，川普在推特說如果中方要和美國達成貿易協議，就要人道地處理香港的示威。翌日更說如果習近平可以直接和示威者對話，問題將很容易解決。八月十八日，香港一百七十萬人和平遊行後，川普的回應是如果中國政府用「天安門式鎮壓」處理香港，貿易協

10 區禮城，〈眾籌全球登報　G20團隊成員：成件事無領袖〉，《香港01》二〇一九年八月十七日。

議就會很難達成。其後一星期，美國政府和國會政黨領袖先後發言支持香港運動，以及促請中國政府「人道地處理」香港問題。

八月十八日後中國官方輿論明顯降溫，國務院在此之前每週一次不斷升溫的記者會也暫不舉行（見第六章〈政權策略篇〉），都有可能是受了國際壓力的影響。八月二十六日，七大工業國在峰會後發表聯合聲明，重申《中英聯合聲明》的存在與重要性，呼籲避免暴力。八月三十日，川普發言再度將貿易談判和香港問題掛鉤。九月五日德國總理默卡爾（梅克爾）訪華，亦有提及香港問題，但用語溫和。

美國國會自九月開始《香港人權及民主法案》的聽證，不少主流政治領袖都表態支持香港爭取自由，但川普的公開取態始終反覆。九月二十四日川普在聯合國大會上的發言，提到北京需遵守《中英聯合聲明》，以及中國如何處理香港，將會影響中國在國際舞台上的角色。[11] 十月四日CNN報導，川普曾在六月十八日和習近平通話，說他會在香港示威的問題上保持沉默（remain silent，但留意這是六月中，其後形勢變化很大），而到了十月五日川普又稱讚香港人「了不起」（群眾示威時展示了美國國旗和川普的頭像）。到了十月十一日，川普又說香港的示威規模已經小了很多，相信衝突會自行解決。

十一月香港暴力衝突升級引發國際關注，但川普則相對保持緘默，反而副總統彭斯採取較為強硬的姿態，包括在十一月十九日重申川普曾說香港問題應以非暴力形式解決，否則難以達成貿易協議。十一月參眾兩院通過了《香港人權及民主法案》後，川普又在十一月二十二日語出驚人，指「如果不是他，數以千計的香港人已經死掉」、「中國可以在十四分鐘內毀掉香港」。中美兩國在二〇二〇年一月簽訂首階段貿易協議，到了一月二十三日，川普在瑞士表示中國的人權和香港的民主狀況，都會被列入第二階段中美貿易談判的議程。香港問題在貿易談判中的具體角色很難預計，但香港問題在中美矛盾之際，額外送了一張牌給美國政府打，則是不爭之事實。

7·4·2 香港人權及民主法案

美國眾議院在二〇一九年九月復會後很快審議《香港人權及民主法案》，令法案及美國的態度一時成為運動焦點。民間組織「Hong Kong Democracy Council」九月十七日在華盛頓成立，主要成員為居美港人，成為首個專職在美國為香港民主自由遊說的組織。九月八日，數萬人在中環集會後遊行到美國領事館，要求美國聲援香港及通過法案。十月十四日，在美國眾議院表決前，十三萬人在中環集會支持美國通過法案。

法案在提交眾議院前「加辣」，增加條文要求美國政府評估港府在行政、立法、司法、維

11 王慧麟，〈美港關係的分水嶺〉，《明報》二〇一九年九月二十六日。

護法治和公民權利方面是否都有足夠自主權（而不是原先籠統的高度自治），可被制裁的範圍擴大至包括酷刑和強迫認罪，屢次違反聯合聲明和基本法的行為等。修訂版同時限定國務院須在法例通過後半年提交報告。這個修訂版無論在制裁手段或制裁範圍，都比之前的版本更為有力。

在眾議院表決前夕，美國參議員克魯茲（Ted Cruz）到港，原定與林鄭月娥的會面被取消。克魯茲批評這是軟弱的表現，而特首辦沒有解釋原因。中國外交部則以極強烈的語言譴責克魯茲「為極端暴力份子搖旗吶喊、撐腰打氣」、「外國干預的黑手與香港禍國亂港份子相互勾結，狼狽為奸」等。[12]翌日另一美國參議員賀利（Josh Hawley）公開指香港已成為警察國家（police state）。

十月十六日，美國眾議院通過《香港人權及民主法案》的修訂版本，同時通過《聲援香港決議》（Stand with Hong Kong Resolution），內容包括認為香港人的人權保障符合美國的利益並有助於維持香港的繁榮，因而香港必須有足夠的自治才可在美國法律上得到有別於中國的特殊待遇。[13]當日同時發表參眾兩院聯合聲明，支持香港人抗爭以維護其應得的民主自由，並且譴責川普和美國政府沒有捍衛民主自由。[14]美國眾議院通過法案後，中國外交部表示強烈憤慨及反對，表明中國必有強烈反制措施。國務院港澳辦、外交部駐港公署、人大外事委員會和特區政府都發表類似聲明譴責。但後來直至川普簽署法案生效，都看不見中國政府有真正的「強烈反制措施」。

美國因素對反抗運動九月後的走向有相當影響。不少抗爭者都認為通過法案，然後可能啟動制裁，是具有阻嚇力的策略。不少美國議員強調非暴力抗爭的重要性，而不少參與遊說美國或其他國家的人都反映非暴力抗爭對遊說支持至關重要，這多少對十月後的暴力行動有短暫降溫的效應。

法案在眾議院通過後稍有拖延，未能即時排上參議院的議事日程，一般相信是兩大因素：一、中國政府的遊說影響了部份參議員（例如農業州議員）的取態，包括參議院共和黨領袖麥康奈（Mitch McConnell）一直和中國政府關係良好；二、行政機關，例如川普，對此法案並不積極，甚至有人認為可能已在與中國的秘密會談中出賣了香港。路透社十一月六日報導川普在十月十一日見中國副總理劉鶴時，承諾如果貿易談判有進展，會對香港問題保持緘默。[15]

十一月中的暴力事件，包括周梓樂逝世（十一月八日）、十一月十一日警察開真槍射傷示威

12〈外交部駐港公署斥睜着眼說瞎話〉，《東方日報》二〇一九年十月十四日。

13 英文原文為：Hong Kong must maintain sufficiently autonomous from the PRC to justify a different treatment than accorded to the PRC under US law.

14 聲明英文原文為：This week, the U.S. House and Senate are standing with the people of Hong Kong in a bipartisan, bicameral way, to say they deserve the democracy they are striving to protect. We must stand with them as they resist an oppressive regime that seeks to eliminate the democratic freedoms that the people of Hong Kong have enjoyed. It is shameful that our President and his administration are not standing up for the forces of freedom.

者，以及十一月十二日進攻中文大學，都為法案提供了新的推動力。參議員魯比奧等成功在十一月十四日爭取參議院以「熱線」（hotline）方式表決法案，即在固定限期內如果沒有議員反對則自動通過。到了十一月十七日警方圍堵理工大學引發國際關注，美參議院十一月二十日在無人反對下通過修訂後的《香港人權及民主法案》和《保護香港法案》。後者主要目的為禁售催淚彈、橡膠子彈等鎮暴武器予香港。中方一日內有六個不同聲明反擊（包括外交部、外交部駐港公署、人大外事委、政協外事委、中聯辦、港澳辦等），但美國眾議院迅速地在一日後幾乎無人反對下通過參議院版本的修訂法案，反映十一月中的警暴事件加速推動了法案的通過。眾議院議長佩洛西在簽署法案時，亦特別提及攻打理工大學令不同黨派決定加快行動通過法案。

《香港人權及民主法案》和《保護香港法案》在總統川普桌上放了幾天，最終川普在十一月二十八日簽署法案，一般相信催化劑是十一月二十四日香港區議會選舉的破紀錄投票率和民主派的大勝，令美國政府相信運動仍深受香港民意支持。[16] 美國國務院在二〇二〇年三月公佈有關中國（包括香港）的人權狀況報告，明確指出香港出現嚴重的警察暴力、任意逮捕、侵害和平集會和結社的權利、以及限制政治參與。[17]

在二〇二〇年五月人大通過為香港立國家安全法後，美國國務卿蓬佩奧即向國會提交報告，指這代表一國兩制已經終結，香港不再是高度自治，因而建議根據《香港人權及民主法案》取消香港的特殊待遇。二〇二〇年五月二十九日，川普在白宮記者會宣佈香港已是「一國一制」，因而將取消香港的特殊地位並啟動制裁。

7．4．3 英國和其他

相對美國，英國政府在運動中的角色可說相對不重要。在二〇一九年之前，不少中方的發言人曾經公開說「中英聯合聲明是歷史文件」，意指英國已經交還香港主權，無權干涉九七後的香港內政。中方基本上對英國政府是一種輕視的態度。《中英聯合聲明》本身是中英簽訂的國際條約，中國有義務按照《聯合聲明》附件一的《基本方針政策》來管治九七後的香港，而按理英國政府亦有義務確保聯合聲明確切執行，例如「一國兩制」、「高度自治」等原則在九七後予以實行，以及香港的各項自由和司法獨立都得到保障。

雖然如此，反抗運動期間，英國政府卻內外交困，因為脫歐問題帶來的政治和內閣不穩定，令其完全無暇理會香港事宜。香港抗爭者的遊說亦相對不看重英國。九月十五日和十月二十三日，都有人發起集會到英國在港領事館，主要訴求是英國政府應給BNO護照持有者居留權

15〈參院闖關障礙重重　傳特朗普向劉鶴承諾不談香港〉，香港《蘋果日報》二〇一九年十一月六日。
16〈外媒揭香港區選結果　促成特朗普簽署法案〉，《香港經濟日報》二〇一九年十一月二十八日。
17 U.S. Department of State, Bureau of Democracy, Human Rights, and Labor, "2019 Country Reports on Human Rights Practices: China (Includes Hong Kong, Macau, and Tibet) - Hong Kong," 11 March 2020.

（而不是英國制裁中國），但響應的人不多（只得數百），和九月八日遊行至美國領事館，及十月十四日達十三萬人集會支持美國通過人權及民主法案，相差甚遠。至十二月有人發起在英國領事館外靜坐，參與人數也不多但變成長期在外靜坐。到了二〇二〇年一月十一日，英國領事館甚至報警讓警察進入領館範圍拘捕一名塗鴉的少女。

英國外相藍韜文（Dominic Rabb）在九月三十日的保守黨年會上表示，英國可能會在脫歐後考慮通過英國版的馬格尼茨基法案（Magnitsky Act），制裁侵害人權的人士，他並表明《聯合聲明》仍然有效，以及英國關注港人人權受損等，[18]但英國其實沒有具體行動，亦沒表明制裁的對象和內容，因此「力度」上和美國相關法案差很遠。十月二日，英國五十五名國會議員聯署譴責中國政府違反聯合聲明。十月二十四日，英國上議院辯論香港情況，通過口頭動議，促請英國政府給予BNO持有人第二國籍。當然，上議院的動議對英國政府亦沒有約束力，只是一種輿論聲援。十一月六日，英國國會上下議院不同黨派議員成立「跨黨派國會香港小組」（All-Party Parliamentary Group on Hong Kong），以關注香港人權狀況和促進香港的民主發展。[19]十一月十四日，英國會議員提出將在脫歐後提人權法案，制裁侵犯香港人權的官員，但未見具體內容。到了十一月十七~十八日理工大學衝突，英國政府發表相對溫和的聲明，只是呼籲克制而沒有具體行動。到了二〇二〇年三月，跨黨派國會小組開展調查香港警察暴力，並呼籲香港各界提供資料。總體來說，英國政界對香港的聲援通常侷限於部份國會議員，至於政府一直沒有具體的行動來支持香港運動。

到了二〇二〇年五月人大通過港區國安法，英國外相藍韜文聯同澳洲、紐西蘭、美國和加拿大外長發表聲明，表示深切關注（deep concern），認為做法有違中英聯合聲明的保證。有七名前外相聯名致信首相約翰遜（強生），認為做法明顯違反聯合聲明，要求英國政府帶領其他西方國家反對，但英國政府最具體的回應，只是表示會改變對BNO護照的安排，令近三百萬符合資格的港人可以更方便到英國工作及居留。

比較積極關注和聲援香港運動的英國組織是香港監察（Hong Kong Watch）。此組織由保守黨人權委員會主席羅傑斯（Benedict Rogers）在二〇一七年十二月成立，之後一直關注及評論香港的法治和自由狀況。由二〇一九年五月開始，香港監察十多次發表聲明聲援香港運動，包括譴責警暴、譴責各項違反人權事件，在各國報章評論香港情況並批評中國及香港政府作為，並在十一月發起一批國際學者聯署譴責警察攻打中文大學，獲數百人響應。

歐盟和其他西方國家亦在被遊說之列，十月十四日李卓人和梁家傑等赴歐洲遊說歐洲議會代表、智庫及人權組織，希望歐盟能夠訂立類似美國的制裁法例，以及希望歐盟停止向香港出售各種武器。歐盟在十一月十三日發表回應，指區議會選舉如常進行是香港人的民主權利和自

18〈英外相：脫歐後推馬格尼茨基法英國版　制裁侵犯人權者〉，《香港經濟日報》二〇一九年九月三十日。

19〈英國會成立跨黨派關注香港小組　關注香港人權被侵犯並促進民主發展〉，《立場新聞》二〇一九年十一月六日。

由得到保障的重要象徵。在十一月十七～十八日理工大學衝突後，歐盟發表的聲明亦只是譴責不人道對待醫護，並沒有具體行動。到了二〇二〇年五月人大通過港區國安法，歐盟亦只是表示關注，明言不會因此制裁中國及香港。

李卓人等十月十七日到法國，接觸當地工會及工黨，呼籲當地工人拒絕維修香港的水炮車。十月十八日法國國民議會就香港問題召開聽證會，有十多名議員出席，可算是史前無例。[20]但法國總統馬克龍（馬克洪）十一月四日至六日訪問中國時，並沒有提及香港問題。

在美國通過《香港人權及民主法案》後，其他西方國家亦開始考慮類似的行動。荷蘭國會首先在十一月通過議案，要求荷蘭政府在二〇二〇年年初制訂荷蘭版的馬格尼茨基法案，其後意大利國會在十二月四日通過決議案，要求香港政府調查香港警察濫暴，以及釋放示威者。澳洲國會亦在十二月開始就制裁違反香港人權的法案進行諮詢。但二〇二〇年二月後新冠肺炎疫情席捲歐美，香港問題的關注就大為減少了。

7·5 當香港變成西柏林

香港抗爭陣營所作的國際遊說，非常有效地掌握了當下國際政治的主要矛盾，把香港問題放在全球政治的圖譜上，大大提升了香港抗爭的重要性，亦把運動帶領到一個新的方向。相較之下，香港政府在國際輿論上則完全落於下風。

歌手何韻詩七月九日在聯合國人權理事會（UNHRC）的發言，提出人權理事會應該把中國驅逐出理事會，她直接點出最主要的矛盾：中國正在侵害世界或西方社會視為核心價值的人權和自由等精神，這和西方社會的主流政治價值有所衝突。黃之鋒在九月十二日訪問柏林，爭取德國及西方國家支持香港，他將香港比喻為「新柏林」，站在對抗共產政權和專制統治的前線。一星期後，黃之鋒、何韻詩、「中國人權」執行主任譚競嫦、學界代表張崑陽等到美國出席國會有關《香港人權及民主法案》的聽證會，批評香港自由倒退、連月警暴、漸變一國一制，呼籲美國維護香港人權自由，以及盡快通過法案。十一月十二日，美參議員賀利呼籲參議院通過《香港人權及民主法案》時，說「有時在歷史的進程中，一個城市的命運可以定義整個世代的挑戰。五十年前是柏林，今天這城市是香港。」[21]

抗爭者遊說的話語，切合西方的主流核心價值，亦符合西方國家當下的現實政治需要。近年來西方民主國家逐漸注意到中國為首的不少專制國家（包括俄羅斯），在國際上擴張政治影響力，用各種方法散播反民主反自由的價值，並利用西方國家本身的自由民主環境（例如言論自由及商業自由），嘗試影響西方國家的民主體系運作，以及全球的民主發展，[22]因而開始覺

20 楊眉，〈法國國民議會召開香港問題聽證會〉，《法廣》二〇一九年十月十八日。

21 "Senator Hawley Delivers Floor Speech in Support of Hong Kong," Senator Josh Hawley, 23 October 2019.

得有需要在各方面加以抗衡。

香港運動的論述自九月開始改變。香港的抗爭運動轉變為全球抵抗中國專制政體擴張的橋頭堡，因此香港的抗爭並不是單純為了自保香港一城的自由，而是代表全世界的文明社會抵抗極權擴張。以此角度看，西方社會就有道德責任聲援及協助香港。這種論述，蔡英文在二〇二〇年競選總統時及當選後亦有採用，同樣是把台灣定位為區域內守衛民主自由、抵抗中國專制力量擴張的重要堡壘。

這個國際化的角度令運動被重新定義，進一步面向國際。抗爭現場多了出現英文的口號「Fight for Freedom, Stand with Hong Kong」，以及面向外國的訴求口號「Free Hong Kong」。九月八日到美國領事館的遊行，有不少人手持及揮舞美國國旗，因為他們知道這樣可以吸引美國傳媒拍攝以及在美國的電視上出現，其後美國國旗在示威遊行現場出現的次數亦有所增加。九月二十九日，本來由台灣發起聲援香港的「全球反極權」遊行，變成全球二十四個國家六十多個城市的「反極權」遊行，當日由銅鑼灣至中環的遊行隊伍中，有數十人分持不同國家的國旗前進，象徵這是和世界上各個不同國家站在一起的運動。抗爭者亦更自覺地要爭取西方國家支持，及以西方制裁作為籌碼之一，八、九月開始有人呼籲多開英文推特帳號作國際宣傳，因為推特在西方社會中較廣泛使用（但香港較少人用）。後來圍攻理大之役，不少支持者使用推特轉發大量片段以向國際求援。

十一月二日，香港有人發起「求援國際　堅守自治」的維園集會，主旨是呼籲各國對香港爭取自由的運動施以援手，但由於警察反對集會，於是改為由一百多名區議會候選人發起在維園集會。[23]集會開始約一小時即遭警察以武力驅散，接著警察在港島灣仔銅鑼灣一帶以水炮射擊及包抄圍捕，多人被捕，但同日世界上卻有十七個國家共四十八個城市集會聲援香港。

反之，香港政府和中國政府的國際輿論工作，顯得相當地被動和無力。中國政府對各國聲援香港言論的反應，通常都是說香港問題是中國內政，其他各國不得干涉。到了CECC通過人權及民主法案，中國外交部發言人耿爽在九月二十六日的回應是：「該案罔顧事實，顛倒黑白，公然為香港激進勢力和暴力份子張目，粗暴干涉中國內政，中國對此表示強烈憤慨和堅決反對。」[24]相對香港人的普世價值訴求，這種黨八股式的回應對西方輿論大概不會有效。

特區政府方面，大量的警暴鏡頭每週傳送到外國，已經在國際輿論上置其於不利地位。何超瓊和伍淑清[25]曾經在九月到聯合國人權理事會發言，指摘示威者是暴徒，一小撮人不代表香

22 見Larry Diamond, Marc Plattner, and Christopher Walker. 2016. *Authoritarianism goes Global: the Challenge to Democracy*. Baltimore: Johns Hopkins University Press.

23 根據香港法例，選舉中的候選人有權發起不超過五十人的集會，而不須申請。

24 白羽，〈外交部發言人就美國國會參衆兩院外委會通過「香港人權與民主法案」答記者問〉，新華社，二〇一九年九月二十六日。

港七百多萬人意見等。林鄭月娥原定九月到美國的採訪取消，又沒有主要官員針對《香港人權及民主法案》到美國遊說，外訪的官員（如商務及經濟發展局長邱騰華等）都只是官式地強調香港的法治自由不變，一國兩制運作良好，經濟競爭力很好等話語，欠缺說服力和針對性。官方發言和其後海外的報章廣告都是官樣文章，單調、缺乏設計意念和吸引力，相對於民間多樣且高質素的網上宣傳短片和廣告，官方在宣傳效應上完全落於下風，反映了與時代脫節的守舊政府，完全沒法與民間智慧抗衡。到了九月底，香港抗爭者已經在國際輿論戰中大獲全勝。[26]

7·6 蝴蝶效應：NBA、暴雪及其他

香港的抗爭在不同層面觸發政治影響和關注，有些並非由香港抗爭者刻意發動，其中最突出的例子是NBA事件。

十月四日，NBA球隊侯斯頓（休士頓）火箭的總經理莫利（Daryl Morey）在推特上發表了簡短的留言「Stand with Hong Kong」聲援香港，引來火箭班主（老闆）發言指火箭並非政治組織，莫利即刪除留言。莫利支持香港的留言被中國網民大肆攻擊，而中國籃總亦宣佈即時中止和侯斯頓火箭的合作關係，其後兩日NBA球隊在中國的表演賽轉播亦被取消。十月七日，莫利和NBA賽會均發表聲明無意得罪任何人，但仍招來內媒包括《人民日報》的批評，認為

這並非真誠道歉。

中國的態度卻惹來美國政壇迅速和強烈的反應：議員如克魯茲、楊安澤（Andrew Yang）、卡斯楚（Julian Castro）等均公開表示美國人的言論自由應受保護，不應因商業利益而犧牲原則。NBA總裁施華（Adam Silver）亦發言支持莫利應有言論自由，後來更透露中國曾施壓要求裁掉莫利，而他的答覆是這不可能發生，甚至連處罰莫利都是不可能的。[27]中國國內其後自行降溫，就事件的評論迅速減少，也沒有進一步的施壓或杯葛行為。

這事件引來非常大的迴響，令很多可能不知香港發生什麼事或原本不在意的美國或全世界的籃球迷，一下子注意到香港的運動。對於熟悉近年中國政治發展或輿論策略的人來說，這類事情可說是司空見慣。不少藝人、商號或名人如果被內地官方或網民認為發表了「政治不正確」的話語，都可能招致官方封殺或網民狙擊和杯葛，嚴重影響其商業利益。不少人為顧及中國市場，會在政治話題上噤若寒蟬或支持官方立場。NBA在中國有數以億計的球迷，每年的電視轉播、商品銷售和市場推廣（例如球星做商品代言人）的收益極為龐大，特別是火箭隊由於當

25 何超瓊為澳門賭王何鴻燊長女，香港信德集團總經理。伍淑清為香港美心集團創辦人伍沾德的女兒，第十二屆全國政協委員。兩人以香港各界婦女聯合協進會代表身份，出席聯合國人權理事會發言。

26 Chris Horton, "Hong Kong's Protesters Are Outfoxing Beijing Worldwide," *The Atlantic*, 29 September 2019.

27〈NBA主席：中國政府要求開除莫利　這不可能發生〉，《明報新聞網》二〇一九年十月十八日。

年有中國球星姚明，一直是最受中國國內歡迎的ＮＢＡ球隊。ＮＢＡ事件令不少美國人覺得中國的專制擴張已經威脅到美國國民和商業機構的言論自由，而言論自由是美國最核心的價值，正合美國政壇當下要抵抗中國的霸凌和專制擴張的主流，於是反彈強烈，不少政界人物和名人（包括部份ＮＢＡ球星）質疑是否應為生意利益放棄言論自由，從而為香港的運動帶來更大的支持和同情。

ＮＢＡ事件令美國民間對香港的支持增加。有人發起在ＮＢＡ球賽現場派發及穿上有「Stand with Hong Kong　光復香港　時代革命」字樣的T恤。十月十八日紐約籃網主場對多倫多速龍（暴龍）的賽事、常規賽開鑼戰快艇對湖人，以及在較多香港人聚居的主場球隊的賽事（例如多倫多速龍和金州勇士），都有數百名支持者穿起T恤聲援香港。最特別的是：整個與ＮＢＡ有關的事件完全不是由香港抗爭者發起，卻因為中國政治運作的邏輯得到一個極有力的「助攻」。

同類的例子發生在電競商「暴雪」（Blizzard）身上。九月，國際電競比賽「爐石戰記」的階段比賽冠軍「聰哥」在獲勝後受訪時，帶上香港抗爭者裝備（防毒濾嘴和護目鏡），並高呼「光復香港，時代革命」，結果被遊戲母公司判罰沒收獎金及禁賽十二個月，引來不少電競選手不滿，並聲言杯葛暴雪。暴雪其後退讓為只罰「聰哥」停賽半年及發還獎金。十一月四日，暴雪總裁公開就事件道歉，但沒有取消處罰。

7·7 小結

總體上，二〇一九年的反抗運動把遊說西方政府（主要是美國）施壓為主要策略之一，一個重要的背景是抗爭者覺得單憑香港的力量難以影響中國政府，而抗爭者（甚至整個反對派）跟中國政府，也沒有任何的溝通或談判管道。當民眾覺得中國政府和特區政府都不會聽人民聲音，似乎唯一能令北京有所避忌、不敢強力鎮壓以至可能考慮讓步的方法，就只有借助國際社會的壓力，特別是美國的力量。

香港民意研究所在二〇一九年十一月的調查反映，約六十四%被訪者支持美國以《人權及民主法案》制裁警務署長，「以表明佢（他）要為所有違規濫用暴力嘅（的）警員負責」，反對的約二十九%。[28] 這反映呼籲外國制裁有主流民意支持，亦反映了香港人對多月來警察暴力的憤慨。

這是香港抗爭運動策略上一個很大的改變。香港的民主運動多年來對是否遊說西方大國以政治手段支持香港民主自由，一直有路線上的分歧。部份政治領袖例如李柱銘或陳方安生一直致力到英美遊說，但不少民主派有所保留，一方面是覺得運動應該立足於香港，另一方面是害

28 香港民意研究所，《「公民社會贊助計劃」調查報告（三）》，二〇一九年十一月二十二日。

怕這會招來中國政府「引入外國勢力」、「漢奸」等指控，損害與中國政府關係，適得其反地令中國政府更加抗拒，反而不利對話或爭取民主改革。在二〇一九年反抗運動中，這方面的論述和策略完全改變，「求援國際」以及全球化抗爭被視為運動的一個重要部份，而國際社會的關注、同情及制約，被視為運動的最重要資源，原因之一應該是很多人覺得單靠香港人的資源沒可能成功，以及認定了北京要持續地打壓香港的自由、民主和自治，沒有什麼對話空間，只能用盡不同方法反抗。反抗運動亦因此積累了更多國際聯繫及組織資源，打開了一個新的政治局面。這配合了西方政界和國際社會對中國的態度和策略改變，成為二〇一九年運動帶來的最重要改變之一。

西方國家特別是美國的可能制裁，對中國政府的對港政策應有一定影響。中國政府一方面要顧全一國兩制和香港作為自由城市的形象，不會動用解放軍以六四式的鎮壓解決問題，而只能倚賴香港警隊處理。在不願作出政治讓步以回應訴求的情況下，持續多月的警暴令民怨更深、政府和警察形象更負面，而驅使西方國家有更大壓力以具體措施回應香港的運動。西方可能會制裁此一因素，應該也影響了有關區議會選舉的決定。在十一月間，不少西方國家都呼籲港府應讓區議會選舉如常進行，讓港人可以和平地表達意見。如果以二〇一六～一八年的標準，很多民主派在二〇一九年的區議會候選人（例如不少本土派候選人）都可能已被取消資格，但結果只有黃之鋒一人被禁止參選，相信港府已是顧慮了西方的壓力。當然，一個黃之鋒被禁參選，在西方傳媒和政界來說，已經是政府操控選舉的確證，同樣引起很多批評。

另一方面，美國直接介入以及把香港事務與貿易戰等掛鉤，還有香港政界直接遊說美國及其他國家制裁中國，必定令北京不滿，亦應該是推使中共在二〇二〇年五月為香港立國家安全法的重要原因之一。港區國安法特別針對分裂國家、顛覆國家政權、組織恐怖活動、勾結外國或者境外勢力危害國家安全四個範圍，其中「外國或者境外勢力干預」為基本法二十三條原文所無，用意應是禁止香港政界遊說西方以及與「台獨」勢力聯繫。[29]

人大通過國安法後，美國宣佈根據《香港人權及民主法案》撤銷香港的特殊待遇，並啟動制裁。香港的人權、自治和民主發展，因二〇一九年的反抗運動，變成中美外交角力上的一個主要項目，亦因此牽動不同國家與中國的關係。

29 在中共官方一貫用語中，「境外」通常就是指台灣。

CHAPTER 8 台灣篇

香港政府修訂《逃犯條例》，宣稱目的是為了把一名涉嫌在台灣殺人者（陳同佳）引渡到台灣。《逃犯條例》引起的反抗運動，結果對台灣政治以至二〇二〇年台灣的總統大選有相當的影響，影響了兩岸關係以及台灣在區域和國際上的自我定位和格局。這可以說是「蝴蝶效應」的最佳說明。

8·1 一國兩制和兩岸關係

香港問題一直在兩岸關係中有一定角色，因為「一國兩制」的構思在八〇年代初期提出時，本來就是用來統一台灣的，只不過香港主權問題先提上前台，所以「一國兩制」變成處理香港及其後澳門的方案。[1]自八〇年代開始的一個論述是，中國政府希望「一國兩制」在香港成功的誘因之一，就是可以用這個方程式吸引台灣接受統一。

台灣從八〇年代開始民主化，一九九六年開放總統直選，二〇〇〇年出現政黨輪替，隨著本土意識日漸高漲，一國兩制的方程式對台灣的吸引力便逐漸減退。雖然如此，自一九九六年台灣總統直選開始，所謂的「中國因素」，即統獨問題加上對中共的態度，就一直是台灣政壇最大的政治裂隙（political cleavage）以及選舉中最重要的議題。

自從二〇〇〇年台灣出現政黨輪替後，兩岸的政治經濟關係便和大選有著緊密的關係。中國政府明顯對國民黨友善得多，而視民進黨為台獨份子不作交流甚至孤立打擊。於是當民進黨執政時（二〇〇〇年～二〇〇八年的陳水扁，二〇一六年～現在的蔡英文），兩岸的政治以至經濟關係便會轉差；反之國民黨馬英九執政的八年（二〇〇八年～二〇一六年），馬政府著力建立與大陸的經濟關係，兩岸的各種交流變得頻繁，兩岸貿易和陸客到台旅遊大增，台商也從大陸獲得更多的經濟機會。國民黨因而會在選舉時打經濟牌，因為不少人相信如果和中國較友好的國民黨執政，就會有助台灣經濟，而民進黨執政就會喪失大陸的機會而導致台灣經濟受損。由於對中關係成為台灣選舉的重要議題，近十多年來，中共一直加強對台灣的各種滲透，包括收購台灣媒體，統戰台商、政治精英、基層民代以至軍方，增加在台灣民間的影響力，以圖幫助「親中」的候選人勝出。[2]

二〇一九年一月二日，中國國家主席習近平發表紀念《告台灣同胞書》四十週年的講話，強調「台灣是中國的一部份」、「祖國必須統一」，呼籲在堅持「九二共識」、反對台獨的共同基礎上，兩岸的不同政黨進行「民主協商」，並提出「和平統一，一國兩制」是統一最佳方案。[3]

這個做法是出人意外的。一直以來，台灣人對香港「一國兩制」的實行情況便評價不佳，甚至比香港人的評價更負面，覺得香港人在一國兩制下沒有民主和自由。二〇一四年的雨傘運動令台灣人更關注及同情香港，也對香港在中共治下的自由民主前景更感到不樂觀。到了二〇一九年，中國政府仍然以為用「一國兩制」可以吸引台灣人接受兩岸統一，真的是讓人很難理解。

「九二共識」所謂「一個中國，各自表述」，一直是兩岸關係中一個可操作、帶點模糊性和彈性的地帶。這項論述不違反中共和國民黨共同的「一個中國」和兩岸應統一的原則，又可以接受台灣/國民黨自稱「中華民國」。但習近平的《告台灣同胞書》卻變相將「九二共識」等同「一國兩制」，令這本來可操作的模糊空間消失。

民進黨政府對習近平講話的反應非常迅速。蔡英文在一月二日下午便公開表明不接受一國兩制作為兩岸統一的方案，也不接受九二共識，因為這代表「一個中國」、「一國兩制」，而台

1 見黃文放，二〇〇一，《中國對香港恢復行使主權的決策歷程與執行》，香港：浸會大學林思齊東西學術交流研究所。

2 見吳介民、蔡宏政、鄭祖邦編，二〇一七，《吊燈裡的巨蟒：中國因素作用力與反作用力》，新北市：左岸文化；曾韋禎，二〇一九，《全面滲透：中國正在遙控台灣》，台北：紅螞蟻。

3《告台灣同胞書》四十周年習近平講話全文〉，《明報新聞網》二〇一九年一月二日。

灣主流民意並不接受。習近平的講話讓國民黨陷於被動地位。國民黨只能回應堅持九二共識的內涵是「一中各表」，而一國兩制目前不為台灣民眾所接受。習近平的講話提升了中國因素在二〇二〇年總統選舉的重要性，也令香港的實況更受台灣人關注。

8·2 港台命運共同體

香港和台灣其實有很多相似之處，而多年來民間的交流和旅遊亦非常頻繁。兩地都是華人社會，都曾是殖民地，都有從威權走向民主的歷程。兩地的民主化過程其實都在八〇年代開始，但香港的民主化在「沒有獨立的非殖化」[4]和「一國兩制」下進展緩慢，而台灣早在一九九六年便已推行總統直選，在二〇〇〇年出現政黨輪替。香港的政界自九〇年代開始便到台灣觀選交流。不少支持民主的香港人，對台灣人熱情投入政治運動和選舉，以及台灣能成為自由民主體制而逐漸鞏固，一直有種羨慕。到了近十年，香港民主發展停滯不前甚至出現自由倒退，更令年輕一代羨慕台灣可以直選總統以及立法機關。

近數年來，台灣和香港是「命運共同體」的論述逐漸形成。中國的經濟影響力、統戰和各層面的社會滲透，令台灣人（特別是綠營人士）開始關注香港的經驗，即中國如何透過發揮政經影響力以控制香港，令香港的自由和自治受損，以及中國是否會以同樣策略影響及控制台灣。香港二〇一四年的雨傘運動和爭取特首直選失敗，二〇一五年底的銅鑼灣書店事件等，都引起台灣相當的關注，害怕中國在台灣的影響力擴張，最終會吃掉台灣。社運團體亦開始關注中國對台灣的各種影響。近年台灣幾個重要注目的社會運動，包括反媒體巨獸運動、反服貿（太陽花）運動、反課綱微調運動等，主調都是反對中國影響力在台灣擴張。

二〇一四年，台灣和香港先後爆發「太陽花學運」和「雨傘運動」，兩運動都由學生主導。台灣的太陽花學運並非預先計劃，但運動前兩地的學生運動團體一直有互訪交流；香港的「佔中運動」則是在二〇一三年初已經開始討論，也曾經參考過台灣的非暴力抗爭經驗。「佔中」的公民抗命和以佔領作抗爭的概念某程度上啟迪了台灣太陽花運動，而太陽花運動反過來又鼓勵了香港的年輕人在九月佔領街頭。[5]兩佔領運動期間，兩地學生多次互相聲援，而口號、抗爭手段和劇目也互相借用（包括香港常見的標語「自己香港自己救」，就脫胎於太陽花的「自己國家自己救」）。香港抗爭者之所以會在七月一日闖入立法會，也是受了台灣太陽花運動佔領立法院的經驗所影響。

二〇一四年太陽花運動中，「今日香港，明日台灣」是常見的口號，亦有香港本土派人士

4 Siu-kai, Lau. 1990. *Decolonization without Independence and the Poverty of Political Leaders in Hong Kong*. Hong Kong: Hong Kong Institute of Asia-Pacific Studies, Chinese University of Hong Kong.

5 何明修，二〇一九，《為什麼要佔領街頭：從太陽花、雨傘、到反送中運動》，新北市：左岸文化。

在台灣報章以此為題刊登廣告。[6]大前提是兩地都面臨中國的專制勢力擴張，而台灣的觀感是香港在中國的政經力量控制下，已經沒有自由和自治，中共也不會讓香港有真正的民主和自治。比較偏向綠營的意見認為，如果不抵抗中國各種影響力的入侵，台灣就會像香港一樣被慢慢控制而失掉自由。

「今日香港，明日台灣」的論述和口號在二〇一六年的台灣總統大選亦有出現，進而發展成台灣和香港是「命運共同體」的論述。對台灣的綠營支持者以及香港的民主派和本土派支持者來說，兩地都面臨了中共以政經力量控制滲透的威脅。兩地（尤其年輕人）都發展了新的本土意識，為了自行決定土地的命運而要抵抗中共，目的是為了捍衛自己的生活方式和自由、民主、自治這樣的普世價值。香港的本土派和台灣的綠營都因鼓吹「獨立」或「自決」等價值而被中共視為大敵，成為打壓的對象。在這個意義上，台灣和香港的年輕人有著一種同情、同仇敵愾以至脣亡齒寒的感覺，有強烈的應該互相支援的意識。這慢慢發展成兩地是「命運共同體」的論述和情緒。

8．3 台灣對香港運動的聲援和協助

反送中運動在未有百萬人上街之前，已經廣受台灣媒體的注視：「送中」無疑觸及很多人

對中共的恐懼，以及令很多台灣人覺得在「送中」條例通過後，香港人的自由和法治都會不受保障。加上保安局長李家超說過境的旅客亦可能被引渡到中國，於是每年數以十萬計因工作或旅遊到香港或過境香港的台灣人也有可能被「送中」，[7]台灣媒體很快便想到之前的「李明哲事件」，並指出在引渡修訂條例通過後，「人人都是李明哲」。香港的反送中運動，因此一早便得到台灣民眾的關注和支持。

自六月九日香港百萬人上街，以及六月十二日警方以強力驅散立法會外群眾後，民進黨政府迅速地作出回應，表示支持香港人爭取民主自由，以及事件反映了「一國兩制」在香港的實施是失敗的，對台灣來說絕不可以接受。六月十二日，蔡英文在面書（臉書）發佈「全世界信仰民主自由的人，今日都會選擇和香港人在一起」，「守住台灣，撐住香港」，把香港和台灣的命運連結起來論述。當日行政院長蘇貞昌主動談及港警暴力，指警察圍毆已倒地無力抵抗的示威者，這種暴力就是沒有民主保障的結果。

其後數個月，隨著香港的警暴鏡頭傳遍全球，在台灣引發更大的同情和關注。不少次嚴重警察暴力事件發生後，總統蔡英文都會發表聲明，譴責香港政府和港警以暴力對待市民，以及支持香港人繼續爭取民主自由。相信這亦令更多香港支持抗爭的人，感覺與民進黨政府同仇敵

6 這口號應該在二〇一四年之前已經有人提出，但真的廣泛流傳應是二〇一四年太陽花學運期間。

7 以二〇一八年數字作參考，每年台灣有超過七十萬人訪港（過夜逗留），而過境的則超過一百萬。

慷。相反地國民黨對支持香港運動的態度則一直曖昧，亦令他們在台灣選戰中落於下風。

香港一直有不少人居於台灣，近年到台灣升學的年輕人亦有所增加。居台的港人首先在五月成立了「在台香港學生及畢業生逃犯條例關注組」，發起聯署聲援，到七月二十九日改名為「香港邊城青年」，籌集抗爭裝備送往香港，在不同地區設立及管理「連儂牆」、舉辦聲援香港的活動，以及到行政部門陳情等。到了十一月區議會選舉，更發起募捐以資助一些在台香港學生回港投票。

台灣民間也以不同途徑對香港運動聲援。開頭主要集中在校園設立「連儂牆」，讓聲援者表達意見，以及大學院校的聲援行動，通常參加行動者不超過數百人。七、八月暑假間聲援活動暫緩，但在九月開學後聲援活動增多，並且遍及台灣不同地區。最多人參加的行動是九月二十九日先由台灣發起的「全球反極權」遊行，全球有二十四個國家六十多個城市響應，而台灣有十萬人參與。十一月十七日，台北的「撐香港，要自由」音樂會有兩萬人出席。

台灣對香港的支援不限於輿論上，也有物資上的支援。自七、八月街頭衝突加劇開始，香港抗爭者需要更多的防具（包括安全帽、防毒面具、面罩等）以及救援物資（例如藥物、生理鹽水、急救物資等）。有一段時間香港相關物資缺乏，部份物資不能從大陸進口，而網上訂購有一定風險，台灣就變成一個可以補給物資的中轉站：這包括台灣民間有人捐贈物資給香港，台灣有工廠可以製作相關物資，在台港人可以在台灣搜購物資送到香港，甚至有港人專程到台灣購買物資拿回香港。台灣一些教會成為支援物資中轉站，而居台港人或港生也會協助購買及運送這些物資到香港。[8]

自七月一日衝擊立法會後，陸續有香港抗爭者逃亡至台灣，據報至二〇二〇年一月已達二百人，後來增至近三百人。一項具體困難是：台灣沒有正式的《難民法》，因而缺乏真正的甄別和庇護機制可供流亡港人申請長期以政治難民身份在台灣居留。過往民進黨和國民黨執政期間，都曾提出過《難民法》草案，但最敏感困難的問題是如何處理大陸來的難民申請者，於是多個草案都懸而未決。[9]《港澳條例》第十八條列明，「對於因政治因素而安全及自由受緊急危害的香港或澳門居民，得提供必要之援助」，但亦沒有列明可以提供政治庇護或給予居留身份，以及具體援助的內容和程序是怎樣。民進黨政府於是在沒有既定政策或法定安排下，提出「人道救援，個案協助」的彈性處理方式。流亡的香港抗爭者因此不能申請長久居留，只能申請短期居留，然後不斷續簽，但由於簽證關係按理不能工作，於是生活開支、居住、心理狀況以及其他都需要協助。台灣有民間團體提供各種協助：例如心理輔導、經濟支援、安排住宿、入學及其他生活所需，亦有義務律師組成「香港抗爭者支援工作台灣義務律師團」，為這些流亡港人提供法律協助，並進一步與政府部門溝通。[10]

8〈支援逃亡抗爭者　收集前線物資　台灣牧師黃春生：天國無林鄭份〉，《立場新聞》二〇二〇年一月六日。
9 林楷軒，〈《難民法》草案怎麼「撐香港」？我國獨特的難民庇護體制〉，《鳴人堂》二〇一九年九月十一日。

十二月三日，香港的大專學界國際事務代表團到台灣遊說，並與政黨時代力量召開記者會，呼籲蔡英文政府盡快將《難民法》列為立法院優先法案，以令流亡港人可以得到救援。與會的浸會大學學生會會長方仲賢批評「民進黨只想用香港人的鮮血，換台灣人的選票。」[11]事件引來一定爭議，包括不少香港的人批評方仲賢不應不明情況便批評民進黨，變相在協助國民黨選情。

在十一月香港衝突的高峰期，即中大和理大被攻打的一週，台灣大學提出專案歡迎香港學生到台大就讀短期課程，很快就有超過五百名香港不同大學的學生報名。[12]接著其他大學如清華大學、交通大學等亦表示願意接收香港學生。在二〇二〇年四月，得香港律師黃國桐協助，餐廳「保護傘」在台北開張，供流亡港人自力更生。

到了二〇二〇年五月，人大通過港區國安法，蔡英文即發聲明表示行政院會提出港人人道救援方案，處理港人入台灣安置、就業等。[13]到了六月十八日，陸委會宣佈會在七月一日成立專屬的「台港服務交流辦公室」，協助赴台尋庇港人在台投資、創業、就業與就學等。[14]

8·4 陳同佳案的操作

引渡條例和反送中運動都源於陳同佳案。第二章已經陳述了自港府提出修例以來，民進黨政府都不認同港府以《逃犯條例》來處理陳同佳案，認為這會損害香港的一國兩制和法治，特別是不會接受條例中將台灣列為「中國其他地區」。台灣政府並且表明了曾三次就陳同佳案要求與香港政府會商，但港府沒有回應，這對港府的公信力亦造成影響。

陳同佳在香港雖然不能被控殺人罪，卻被判洗黑錢入獄二十九個月，刑期於二〇一九年十月二十三日屆滿。特區政府以陳同佳會在十月刑滿出獄，來解釋修例需要在暑假前完成，以免陳同佳變成自由人。陳同佳在出獄前透過聖公會主教管浩鳴表示，願意在管主教的陪同下到台灣自首，前提是不會被判死刑。十月十七日，台灣法務部呼籲香港繼續扣押陳同佳，指出據了解香港警方掌握了不少陳同佳在香港時計劃謀殺的證據，因而並非不可以在香港處理陳案。十月十八日，港府表示警務處已去信台灣內政部表達陳同佳自首的意願，表示特區政府會提供協助。台灣士林檢察署則表示由於陳同佳已在通緝名單，不符合自首的條件，故此他如果入境則

10 陳星穎、Shu Huang、Jim Huang，二〇二〇，〈失根的在台「旅行者」：他們為香港而戰，卻回不了香港〉，收錄於李雪莉編，《烈火黑潮：城市戰地裏的香港人》，新北市：左岸文化，頁三〇二～三二一。

11 李富茂，〈方仲賢批「民進黨用港人血騙選票」 台陸委會表示遺憾〉，《香港01》二〇一九年十二月十日。

12 田孟心，〈台大專案協助近六百在港學生就學，不問背景全收容〉，《天下雜誌 Web only》二〇一九年十一月二十一日。

13 〈蔡英文：短期內推人道救援方案　決心助港人居留台灣〉，《立場新聞》二〇二〇年五月二十七日。

14 陸委會，〈「香港人道援助關懷行動專案」對外說明資料〉，二〇二〇年六月十八日。

會被逮捕。陸委會發表聲明，堅持只有在香港政府將其掌握的有關陳同佳犯罪的全部資訊交給台灣，才會讓陳同佳入境。十月二十二日，陸委會表示將派檢警到香港押送陳同佳回台灣受審，但特區政府翌日的聲明表示這無疑是台灣跨境執法，不能接受，而台灣人員亦被拒入境。

對很多香港人來說，經歷多月的激烈社會衝突後，到了十月陳同佳案如何了結也許已毫不重要，亦不再會影響他們對政府的印象和評價。特區政府高層可能以為政府著力解決陳案，可以令公眾覺得特區政府重視公義，積極將犯罪者繩之以法，但香港人到了十月對此案的關注已不大。就陳同佳是否自首、如何自首、如何結案，在台灣和港府搞了一輪你來我往以後，對香港的運動和民情其實已經起不了任何影響。

8.5 反抗運動與台灣總統選舉

蔡英文在二〇一六年初當選台灣總統。由於經濟表現不佳，以及部份政策例如年金改革等備受爭議，民望下滑。到了二〇一八年十一月的地方選舉，民進黨大敗，輸掉部份縣市的首長位置，包括連續執政二十年的南部重鎮高雄市，國民黨則由本來的六席縣市長變為十五席。綠營普遍認為中國有相當程度介入這次選舉，特別是網軍和親中媒體大力推動，令高雄市長候選人韓國瑜人氣急升，以十五萬票差距擊敗民進黨候選人陳其邁。韓國瑜那種庶民式民粹式的選舉風格，主打民進黨施政不力，又喊出直接的口號「高雄發大財」，令他快速變成政治明星。國民黨亦在二〇一九年提名韓為二〇二〇年總統候選人。

二〇一八年底的地方選舉，聚焦在蔡英文執政缺乏成績以及經濟不振的議題上，所以懲罰民進黨。但習近平在二〇一九年初就《告台灣同胞書》四十週年的發言，令民進黨政府可以把總統選舉的議題轉到政治、兩岸關係和「一國兩制是否適合台灣」的問題上。自反送中的群眾運動在二〇一九年六月爆發，大量抗爭和警暴鏡頭震驚了台灣人。民進黨抓緊機會把總統選舉議題集中在對中國關係上，輕易地把二〇二〇年總統選舉定義為守護台灣的民主自由之戰，完全蓋過了經濟和內政議題，令國民黨處於劣勢。

香港的警暴場面勾起台灣人對威權時代的白色恐怖和警察暴力的回憶，形成了民進黨選戰的主要論述，即台灣現在的自由民主是人民經過多年犧牲鬥爭得來（而以前的獨裁者就是國民黨，民進黨的始創者則是爭取民主的主要人物），必須盡力守護，否則很容易倒退到香港現在的情況。蔡英文選戰的主調是中國的控制和滲透會日漸侵蝕台灣的民主自由，如果選民選出「親中」的國民黨，中國影響會長驅直進，甚至以「一國兩制」嘗試統一台灣，但香港政府對自由的打壓和抗爭者所受的暴力已表明了「一國兩制」只意味著自由和民主的喪失。這項策略被國民黨及部份媒體批評為操作「亡國感」，但無疑香港的反抗運動在多個月內所面對的「恐怖情況」，令更多的台灣人可以認同這種危機感。

國民黨和韓國瑜對香港反送中運動的立場一直都是曖昧以至冷淡的。韓國瑜在三月二十二日訪港時獲港府高規格接待，晚上會見中聯辦主任王志民並熱烈握手，此舉備受台灣傳媒批評，成為他「親中」的標記。六月九日香港第一次百萬人上街，韓國瑜的第一個反應是「不知道，不了解」。其後韓和國民黨高層（例如朱立倫）的主調都是一國兩制不適合台灣，因為台灣人民不接受。在反送中幾個月的激烈抗爭期間，國民黨和韓國瑜都鮮少就香港的運動主動表態，當被問及時也只表達比較空泛的立場，並不如民進黨和蔡英文般嚴詞批評中共並且明言支持香港抗爭。國民黨的立委不分區名單把被視為「親中」的葉毓蘭和吳斯懷等放在名單前列，亦強化了國民黨親中的形象，選戰期間被民進黨集中攻擊，無疑對其選情不利。

表一｜蔡英文相對韓國瑜的民調走勢

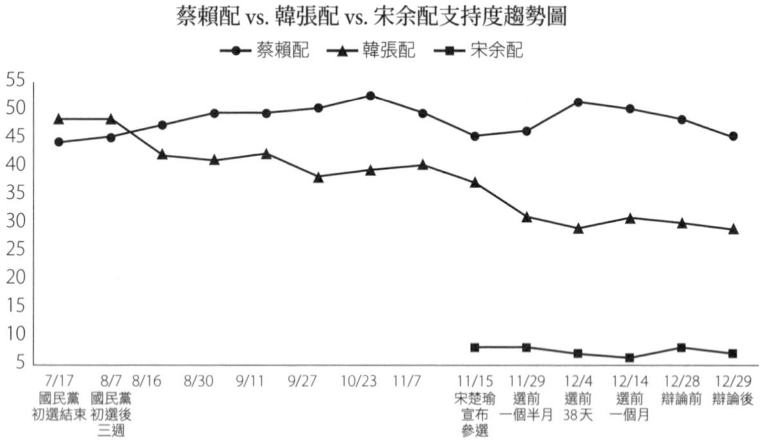

資料來源：TVBS調查

表一反映了二〇一九年間蔡英文相對韓國瑜的民意支持度走勢。在二〇一九年初，剛當選高雄市長的韓國瑜聲望如日中天，但其後慢慢被蔡英文拉開距離。

在二〇一九年下半年的台灣選戰過程中，民進黨的選戰規劃經常引用香港的狀況來證明一國兩制並不可行，把選舉定義為「抗中」之戰。這可以從選戰期間經常出現有關香港的訊息／符號看出來。

一、「香港和台灣，相差就只一張選票」：香港和台灣很多方面都相似，主要的分別是台灣是民主政體，人民可以一人一票選出總統、立法院和地方政府，因而政府會回應民意，不會殘害人民和削弱人民的自由，台灣選民需要珍惜用這張選票來避免台灣變成香港現在的情況。

二、「香港年輕人用生命和鮮血，來示範一國兩制並不可行」：不少來自香港的抗爭者、居台港人、專誠赴台的港人，都會重複「一國兩制不可信」、「共產黨不可信」的訊息，他們的訪問或照片都會在網上被傳播，成為文宣的素材。

三、雖然周梓樂和陳彥霖的死因真相在香港沒有定案，很多懷疑是他殺的浮屍案和墮樓案亦然，但「如果你不想你的女兒變成浮屍」，以至香港年輕人「被自殺」等訊息，都經常在二〇二〇年的台灣選戰文宣中出現。

四、「今日香港，明日台灣」的訊息，或者香港人呼籲台灣人小心投票、回家投票、「投好票」的訊息，經常在選戰新聞或網路上廣傳。

蔡英文最後一週發佈一支題為《大聲說話》的競選宣傳短片，很有效地總結了民進黨選戰的主軸訊息，也反映香港在整個選戰中的重要性。[15] 主旨是台灣平常的寧靜生活和民主自由，並不是想當然的，因為「就在幾百公里外，數不清的青年，每天被逮捕、被關押、被淩虐、被失踪」。對很多熟悉香港二〇一九年反抗運動的人來說，這短片內很多的鏡頭都可以有一個香港反抗運動的平行聯想意象。片中明言「原來九二共識就是一國兩制，原來一國兩制就是獨裁專制」，於是台灣應該要「大聲說話」，並不單純是要捍衛台灣的生活方式和民主自由，而是「要和全世界站在一起」。這選舉訊息事實上是重新定義了民進黨在台灣繼續執政的意義，因為民進黨可以和民主世界團結携手（也包括和香港群眾），抵抗專制的擴張。

另一方面，韓國瑜的競選方針主要是避開政治和兩岸議題，繼續他選高雄市長時主打經濟牌的路線。他的主要口號非常直接：「台灣安全，人民有錢」。相對於蔡英文主打捍衛自由民主接近西方普世價值的路線，這基本上是相當保守主義的「安定繁榮」政綱：和中國打好關係，台灣就會安全不受武力威脅，台灣經濟就會得到中國的幫忙和商機而變好。二〇二〇年的台灣總統選舉於是變成：緊守自由民主價值而拒絕中國，與親近中國以換取較佳經濟發展，這兩種方針的對決。

不少香港人對台灣人作出投票呼籲，明言或不明言（有些只是呼籲他們回家投票或者「投好這一票」）希望他們支持蔡英文和民進黨。這包括居於台灣的香港人，香港人網上的呼籲，投票日前到台灣觀選的大量香港人，以及名人如何韻詩、杜汶澤、學運領袖和新當選區議員選前在網上發佈的短片等。主調和上述的「今日香港，明日台灣」類似，但更接近的是「懇求」台灣人不要相信共產黨，因為香港的經驗已經證明了共產黨不會尊重民主自由，現在的承諾將來會反悔，而二〇二〇年選舉對台灣非常重要，必須要投給民進黨「頂住」共產黨，因為「我們就只能這樣示範一次了。」選前在不少民進黨的造勢活動和集會中，都可以見到香港人的身影，以及「光復香港，時代革命」的旗幟。場中有人偶爾會叫喊「光復香港，時代革命」、「五大訴求、缺一不可」的口號，通常都會得到在場台灣人的正面回應（例如「香港加油」），同類情況不會在國民黨和韓國瑜的競選活動中出現。

香港的區議會選舉民主派大勝，對綠營是一大鼓勵，令他們相信大量香港人其實是抱持著「反中」的立場，年輕人踴躍投票，發出捍衛香港自由的政治訊息，反映只要選民大幅出來投票表態，就可以戰勝中共的資源優勢，踢走「親中」的候選人，這對刺激台灣年輕人的投票率應該有正面作用。

選舉結果在七十五%的高投票率下，蔡英文得破紀錄的八百一十七萬票，以二百六十五萬

15 https://www.youtube.com/watch?v=jqtpKLSukwk

票之多擊敗韓國瑜，民進黨亦奪下立法院過半數的六十一席得以繼續執政，完全扭轉了十四個月前民進黨在地方選舉中的劣勢。在投票前夕蔡英文的造勢晚會和開票當晚的祝捷晚會上，主持人都不止一次地對在場的香港人致意和打氣。蔡英文在選舉前夕的造勢晚會上說「香港的年輕人用生命和鮮血示範了一國兩制並不可行」，在勝選當晚的演詞中說：「相信全世界的民主國家、香港朋友，都會為台灣的集體決定感到高興。」蔡英文在當選後翌日，再在面書發文向香港人致意，包括說「全世界都會看到，台灣人守住了這座民主堡壘。香港的朋友，你們看到了嗎？」

林宗弘等在選前的一項調查反映，台灣被訪者中支持香港運動的達六十八%，[16]其中表示「很支持」香港運動的人中有八十七%支持蔡英文，「支持」的也有六十%支持蔡。反之表示「不支持」的有五十七%會投給韓國瑜，只有二十八%會投給蔡英文，在「很不支持」香港運動者中，更有六十六%會投韓國瑜而二十六%投蔡英文。台灣人對香港運動的態度，無疑和投票取向高度相關。

簡單地說，香港的反送中運動扭轉了台灣二〇二〇年大選的形勢。蔡英文和民進黨的勝選，相當程度上是得力於香港的反抗運動。香港因素在台灣選舉中，從來沒有扮演這麼重要的角色，而選舉的過程和結果，更加深了兩地群眾（特別是年輕人）大家是「命運共同體」的感覺。

8·6 小結

對筆者來說，台灣的事態發展有兩個難以理解的意外。第一是前述的在二〇一九年初，習近平仍然會以「一國兩制」高調地號召台灣統一，無視「一國兩制」的實踐在香港、台灣、以至國際上都已經廣受批評的事實。第二是中共本來部署良久的策略已經達「收成期」，在經濟封鎖和各種影響滲透下，藉著民進黨施政聲望不佳和經濟困局，可以在二〇二〇年幫助國民黨重奪政權。但香港的局勢發展卻把這盤棋完全搞垮。到七、八月間，形勢已經頗為明顯的是，如果香港的抗爭持續，而警察繼續用武力鎮壓，蔡英文便可贏得選舉，但北京卻拒絕改轅易轍，一直強力支持「止暴制亂」，暴力愈升級令「一國兩制」的形象愈差至無可挽救，令蔡英文當選之餘，之後再要以一國兩制統一台灣就更為困難，也置國民黨於極不利的境地。

蔡英文的勝選改變了區域內的格局。在勝選後的國際記者會上，蔡英文強調會和美國歐盟等在民主價值、治理、人權等問題上合作；台灣作為印度太平洋地區的重要一員，會是「促進自由開放的印太地區的可靠合作夥伴」。[17]在勝選宣言中，她也強調守住了台灣這個「民主的堡

16 林宗弘、陳志柔，〈蔡英文的八百一十七萬票，亡國感、年輕人、菁英藍幫了多少〉，《端傳媒》二〇二〇年一月十五日。

17 崔慈悌，〈蔡英文勝選國際記者會問答全文〉，《中時電子報》二〇二〇年一月十一日。

壘」。當選翌日，蔡英文立即接見美國在台協會（AIT）處長酈英傑（William Brent Christensen）。這令人想到民進黨政府會借助美國的支持，在亞洲區內更為活躍，在抵抗中國的專制擴張上扮演更積極的角色。香港反送中運動為國際和區域內政治環境所帶來的轉變，某程度上亦影響了台灣的國際政治定位和走向。

CHAPTER 9 傳媒篇

新聞媒體和各種民間媒體在反送中運動中扮演非常重要的角色。這反映了香港作為自由專制政體（liberal autocracy），仍然容許相當的新聞自由（包括自由採訪和報導），以及香港作為國際都會，全球的傳媒都會關注香港發展，大量的國際傳媒在六月前已經開始報導反送中運動，並有充分的自由採訪以及直擊各項大型群眾運動。香港的抗爭畫面和訊息以及警察的暴力鏡頭以極速傳播到全球各地，特區政府沒有能力壓制，因而在全球的輿論戰上處於下風，是反抗運動可以得到國際同情的重要因素。

傳媒可以自由地記錄及報導運動過程非常重要，讓很多人透過傳媒了解運動現場情況，是反抗運動的支持可以歷久不衰以及得到國際同情的主要因素，香港的新聞自由因此成為反抗運動重要的保護傘。政權雖然多年來努力控制香港的傳媒，香港的新聞自由評級近年來亦持續下降，但新的媒體趨勢令香港民眾和國際社會仍然可以從媒體中充分得知香港的實況。大致上，政權就媒體的操作在二〇一九年是失敗的，在爭取民意方面完全落於下風。香港媒體的運作邏輯帶來了一個「平行時空」，不同立場的人因為用不同的媒體而對運動有不同的認知，但由於大量自由傳播的直播和影像資訊，以及民間擅用新媒體和社交媒體，使得政府和支持政府的媒體兩者的公信力反而迅速流失。

9・1 香港傳媒的政治經濟學

以一九九七年後香港的傳媒發展脈絡來說，香港傳媒在二〇一九年會被視為捍衛自由或保護抗爭者的保護傘，甚至被警察視為偏幫抗爭者，是令人意外的。近十年有關香港新聞自由的討論，通常都是新聞自由受威脅、自我審查嚴重，傳媒整體的公信力日漸低落，生存亦愈見困難等。

港英年代，殖民政府容許左翼（親共產黨）及右翼（親國民黨）傳媒同時存在，而政治評論（尤其針對中國和台灣政局）相對自由，因此香港被認為是亞洲新聞自由最佳的地方之一。然而自過渡期開始，不少人開始擔憂香港在九七後能否享有新聞自由，因為中國仍是信奉列寧式新聞觀的政體，有些研究香港傳媒的學者便指出在過渡期已出現了「新聞範式轉移」。[1]

嚴格而言，回歸後二十多年，香港沒有出現新聞工作者因採訪報導而被殺、被控或被囚禁的情況，也沒有以法律箝制出版或新聞自由（例如查封傳媒機構）。但近十年，香港的新聞自由在國際機構評級每況愈下，不少公眾和新聞工作者都指出自我審查的情況嚴重，公眾對香港新聞機構的信心亦日漸下降。從宏觀的角度看，香港自由專制政體的性質令政權不會明目張膽地用法律或暴力手段控制或壓制傳媒，因為北京仍然希望讓西方社會覺得香港是一個自由城市。政權主要透過各種不明顯的政治經濟操作來控制香港傳媒，令香港的傳媒生態急劇變化。

香港傳媒大部份都是市場導向的私營企業，收入主要靠商業廣告，而收視率／銷量是吸引廣告的主要關鍵。當香港經濟和資本家愈來愈倚賴中國，中國資本在香港亦愈來愈重要，媒體如果在政治上採取批判政府的立場，很容易便喪失親政權的商界所挹注的廣告收入。立場鮮明支持民主的《蘋果日報》及其母公司壹傳媒集團，九七後初期盈利極豐，但由於親中財團、中資和主要地產商都不會投放廣告，加上各種新媒體的競爭，自二〇一五～一六年度已出現虧損，只得被迫裁員及將部份刊物停辦，集團影響力比先前下降。

與全球的傳統媒體一樣，近十多年香港傳媒受新媒體（包括免費報紙、網媒和網上娛樂等）的挑戰，競爭壓力愈來愈大，市場佔有率愈來愈萎縮。當傳媒機構開始虧本，中資或親中資本可以乘機入主，令所謂「紅底」的資本影響力漸增。根據香港記者協會的二〇一七年年報，反

1 Joseph Chan and Chin-chuan Lee. 1989. "Shifting Journalistic Paradigms: Editorial Stance and Political Transition in Hong Kong." *The China Quarterly* 117: 97-117; Joseph Chan and Chin-chuan Lee. 1991. *Mass Media and Political Transition: The Hong Kong Press in China's Orbit*. New York and London: The Guilford Press.

映中資已擁有三十五%的香港媒體。[2]縱使媒體由香港資金擁有，香港商人也大多政見保守，不敢在政治上觸怒中央，以免自己的媒體及其他生意受到懲罰。

在這背景下，愈來愈多傳媒在政治上採取保守或「中立」的立場。不少較尖銳批評政府的節目主持人如李慧玲或吳志森等就難以在主流傳媒立足。至二〇一九年不少資深媒體人只能厠身網路媒體，或自創新媒體例如《眾新聞》、傳真社（Factwire）、Hong Kong Free Press等。在主流傳媒中，「自我審查」成為新常態，區家麟仔細地描述了自我審查如何已變成「結構性」，深入新聞機構的規範、文化認知和操控系統之中。[3]香港記者協會每年的調查反映出，愈來愈多的新聞工作者覺得業內的自我審查比前一年更為嚴重，到了二〇一七年的調查，已有七十六%的從業員覺得業內普遍存在自我審查。[4]香港的國際新聞自由評級，由二〇〇五年的全球第三十九名，持續下跌至二〇一八年的第七十名，至二〇一九年跌至第八十名。

香港的傳媒沒有全面成為政府喉舌，主要是因為兩種力量的制約：一是媒體工作者的專業精神，一是自由市場的競爭環境。香港的傳媒工作者，自八十年代後大都受訓於香港的大學或大專的新聞專科，受的是西方傳媒的新聞理論訓練，視報導真相、揭露社會黑暗、監察政府等為新聞傳媒的天職。傳媒機構或者新聞工作者如果歪曲事實、自我審查、只替政府宣傳，很容易在行內失卻聲望。香港社會崇尚新聞自由和言論自由，因而新聞機構如果被視為偏頗、做假或是作政府的喉舌，其聲望及公信力會滑落。香港的傳媒大致仍是自由的商業市場，廣告收益是媒體的主要收入來源，而廣告收入又倚賴銷路及收視率。被視為偏頗而沒有公信力的傳媒，讀者／觀眾會減少，影響廣告收入和利潤，在傳媒和輿論市場中的影響力亦會因而下降。正因如此，少數民主派傳媒，例如《蘋果日報》）或者較少自我審查的傳媒（例如港台或新興網媒），便起著關鍵性的作用，因為當不利政府的新聞消息仍可在市面流傳，其他傳媒如果經常選擇視而不見，就會影響其市場競爭力以及行內聲望，香港的新聞自由因而未至全面惡化。

9·2 反抗運動中的傳媒

從上述的發展趨勢來說，新聞媒體在二〇一九年反抗運動中的角色是有點「逆勢而行」的。大量的傳媒（包括香港媒體和國際媒體）長期在抗爭前線，以直播等報導方式將大規模遊行和警察暴力的畫面迅速送到全球，直接影響國際輿論。縱使身處險地，面對暴力和拘捕的危險，但香港新聞工作者的勇敢表現，對政府和警方起了很大的監察作用，他們屢屢在官方和警方記者會上提出質疑，以至代民發聲和抗議警察暴力與謊言，亦令政府在輿論上處於劣勢。

2 香港記者協會，《香港言論自由年報（二〇一七年）：一國圍城》，二〇一七年七月。
3 區家麟，二〇一七，《二十道陰影下的自由：香港新聞審查日常》，香港：中文大學出版社。
4 香港大學民意研究計劃，《新聞自由指數調查，二〇一七》，二〇一八年四月。

促成這項變化的一個重要原因，是直播媒體的流行和主導。自六月九日開始，很多香港人都是透過網上直播即時目睹事情發展的經過，特別是多月內的街頭衝突，牽動了香港人的心靈。主要的直播媒體包括立場新聞、蘋果日報網站、香港電台、有線電視、NOW TV，以及很多較小眾的直播媒體。學生媒體和不同的現場參與者亦利用手機或面書作直播，令更多人看到現場的狀況，並儲起錄像作紀錄或供日後分享之用。直播的特點是沒有受過刪剪，對公眾而言，其真實性和「現場感」的震撼性更強，更容易牽動受眾的情緒。直播錄像相對於新聞機構的新聞處理，把自我審查的可能性大大降低。網上的分享令更多人可以免費看到直播或轉播片段，社交媒體的轉發令普通市民（包括不能負擔收費電視者）也可以看到。這令消息來源大大地多元化，主流傳統媒體所佔的重要性亦大大地降低。

中大傳播與民意調查中心的民調反映，現場直播是公眾覺得有關運動的最重要資訊來源，而其中民主派／本土派的支持者比自稱建制派及中間派者更會覺得現場直播是重要的資料來源（見表一）。

表一｜不同渠道作為運動資訊的來源

（0分為完全不重要，10分為非常重要，數字為平均分。）

	所有人	民主派／本土派	建制派	中間派
傳統媒體	6.85	6.66	7.16	7.00
媒體現場直播	8.12	8.66	7.04	7.58
社交媒體	6.01	6.96	4.24	5.10

資料來源：李立峯，〈媒體直播——民意對警民衝突的判斷〉，《明報新聞網》2019年8月22日。

現場錄像的主導大大削弱了政權操控消息流傳和模塑市民認知事件的能力。縱使主流傳媒的新聞處理偏向有利政權，但到了事件發生一段時間後，這些經處理或自我審查的新聞「出街」（投放）時，不少公眾已經對事件有既定的看法，他們可能已經反覆看過事件的不同畫面錄影甚至有關評論，於是反過來質疑主流傳媒的處理為什麼沒有某些畫面，進而質疑其公信力。這令上述已經「歸邊」（選邊站）的主流傳媒對民意的影響力大為減低。

大量的現場媒體（包括國際傳媒）直擊衝突場面，對警方使用武力應該有一定的制約作用。雖然在多個月內，現場錄影和直播中出現的警暴場面之多，很難令人相信警察已經「有所約制」。在運動的早期（大約七月底前），警方和示威者對峙之際，通常中間會夾著部份嘗試調停的人士（包括議員、社工、宗教人士等）和記者，這些人士無疑起了一些緩衝的作用。到了七月底後警察使用暴力升級，現場採訪記者遭受暴力對待的機會愈來愈高，而前線警察對前線記者的敵意亦愈來愈濃，開始認定記者（或某些傳媒的記者）是針對警察，或者記者的報導傾向同情抗爭者而對警察的形象不利，因而他們會罵記者為「黑記」、「假記者」，甚至用暴力對待記者。警察也會驅趕記者或擴大封鎖線，令記者鏡頭遠離他們拘捕或制服示威者的現場，令記者難以準確地或近距離地加以記錄，以監察警察是否使用過度武力或違法違規。

9·3 暴力對待記者與新聞工作者抗爭

警察暴力是整個運動的主題。從傳媒的角度，「有片有真相」的今天，警察和示威群眾的各種暴力衝突，都是很有「畫面」、很吸引人的影像材料。警暴的畫面傳遍香港及全球，是警察形象迅速變差而國際關注提升的主要因素。警察與記錄警暴的記者，因此進入了一種敵對關係。

六月十二日警方在立法會門外以催淚彈及其他武器驅逐示威者，不少記者飽嘗催淚彈、被警棍擊打驅趕及被搜身。當日有兩段錄像特別有象徵意義。一段拍到防暴警持長槍追擊現場記者，被一名法國記者指罵：「You shoot the journalist! You shoot the journalist! Motherfuxxer!……It is Hong Kong, not China! Not yet!」片段隨即在網上瘋傳並廣為國際傳媒引用。另一段是商業電台的記者在現場採訪時表明記者身份，但防暴警的回應是「記你老母！」，而記者繼續被防暴盾推撞及驅趕。

六月十三日，警務處長盧偉聰在警察總部召開記者會，不少出席的記者響應記者協會的號召，穿反光衣、護目鏡等保護裝置出席記者會，抗議前一天記者採訪時受警察暴力對待。盧偉聰在記者會上說：「我對記者係最客氣最有禮貌」，惹來在場記者的訕笑。記協同日亦發聲明譴責警方危害記者安全及損害新聞自由的行為，並要求盧偉聰作出調查。這是記者正式以新聞專業身份作抗爭的第一波。

自七月街頭衝突加劇，現場記者受警察暴力對待的事例不斷增加，其中最突出的例子是九月二十九日，一名印尼女記者在灣仔採訪時，被橡膠彈打中右眼而致失明。其他前線記者因警察武力受傷的亦不在少數。七月十四日，香港記者協會、香港攝影記者協會等七個新聞專業團體發起遊行，有一千五百人由金鐘夏愨公園行至特首辦，抗議警察暴力對待記者及阻撓採訪。由六月十日開始，到二〇二〇年的三月一日，香港不同的新聞工作者聯會及工會組織，一共對警方發表過三十九項不同的抗議聲明。參與聯署聲明抗議譴責的組織包括香港記者協會、香港攝影記者協會、獨立評論人協會、大專新聞工作者聯席、不同傳媒機構的職工會（包括香港電台、明報、壹傳媒）、以及個別牽涉在內的傳媒機構等。這些組織抗議的內容包括：一、警察以暴力對待記者，包括以警棍毆打、噴胡椒噴霧、水炮射擊、以催淚彈及其他槍彈射傷記者等；二、粗暴對待，包括粗言穢語辱罵、推撞、以強光照射；三、無理拘捕及搜身；四、驅趕記者遠離案發現場及阻撓拍攝；五、將記者證件（記者證或身份證）在鏡頭前展示，令其個人資料曝光，侵犯隱私。新聞記者與警察的敵對關係，可見一斑。

9.4 官方記者會與民間記者會

記者在政府記者會上的角色，令政府在運動期間影響輿論的能力大大減弱。一個重要的轉捩點是七月一日衝擊立法會後，翌日凌晨林鄭月娥和政府高層召開記者會譴責暴力，但被現場記者質疑為什麼之前已有三個人自殺以作控訴，但政府卻不作回應。記者的追問令林鄭月娥難以招架，令政府失卻預算，亦令政府不能有效帶領輿論。

同樣的情況在七二一事件翌日的特首記者會上出現。七月二十二日下午的特首記者會主調是譴責七二一衝擊中聯辦及塗污國徽，但全城的注意力一早集中在元朗白衣人襲擊群眾事件上。記者會上林鄭月娥被記者質疑為什麼政府和警方對大量平民被襲無所作為，遲了這許多小時才開記者會，為什麼特首關注死物被破壞多於人命被威脅等。港台記者利君雅直接質問元朗事件是否「官警黑合作」，並且叫特首「請講人話」。利君雅的表現大受支持運動的市民讚許，因而被封為「新聞女神」。記者會有關的提問直接挑戰政府的道德原則，令政府在道德上陷於弱勢。

這兩場記者會定義了整個運動中官方記者會的運作邏輯。政府本來有其議程（通常不外乎譴責暴力、譴責挑戰國家／中央權威、示威破壞穩定及經濟等），但現場記者往往用民間的邏輯來質疑政府，例如政府為什麼無視警察暴力、不回應民意、公佈資料與事實不符、做法不符合警方或政府的有關法例和守則、標準不一等。當政府重複地以官腔或指定劇本回應，與公眾期望不符時，傳媒的質疑便成了「為民發聲」，政府的主調遂難以得到市民認同，亦難以主導輿論議程。到了八、九月後，林鄭月娥個人的民望已陷谷底，公眾不再期望政府立場改變，政府記者會（特別是特首的記者會）得到的傳媒和公眾關注大不如前，引領輿論的能力亦大為減退。

林鄭月娥在八月五日（即全城「三罷」當天）早上的記者會上，宣佈警方以後將每日舉行記者會。這個做法相信是有感於當時政府在輿論上陷於劣勢，希望仿效二〇一四年雨傘運動期間警方每天四時開記者會的做法。當年「四點鐘許SIR」每日發佈有關佔領運動令交通受阻、民生受影響等訊息的形式頗受市民歡迎，亦有相當的主導輿論作用。

警方在八月五日開始每日記者會後，所得效應和二〇一四年有很大分別。警方在雨傘運動使用的武力少很多，但在二〇一九年的街頭衝突中，警察經常被傳媒拍到無差別和過度的武力、對醫護或記者或普通市民使用的武力、粗言穢語和沒紀律的行為等（見第十二章〈警察暴力與基本權利〉），每天的警方記者會變成是被現場記者質問早一日警暴事件的場合，以及被記者質疑警方描述事件的版本。由於出席記者會的警方高層幾乎毫不例外、毫無保留地支持警察的各種行為，從來不會承認警察有犯錯或違例，所有的武力或涉嫌違例的作為在警方口中都變成合理，他們描述的版本往往和市民從傳媒或直播看到的有出入，於是每天的警方記者會反而對警方公信力造成進一步打擊，其發言在網上被網民轉述製圖以批評及嘲弄，以至後來被謔稱為「警謊記者會」。

根據民意調查，警察和政府的公信力由六月開始拾級而下，自八月初後只有愈來愈差，反映出四點記者會無助於警方及政府的公信力（見第五章〈和理非與勇武的螺旋〉及第十二章〈警察暴力與基本權利〉)。結果警方在九月十一日宣佈取消每天開記者會的安排，改為「有需要」才召開記者會，說明了相關的輿論工程並不奏效。

警方記者會有時亦成為記者抗爭的場景。十月二十八日，有記者在警方記者會上用手電筒照射主持記者會的警方高層，抗議警察經常在現場以強光照射記者來阻礙拍攝，同時前一晚有警員拉扯記者防毒面罩及通宵扣留一名記者。抗議的記者呼籲其他記者杯葛警方記者會。台上的警方高層表示「個場唔係你架，係我哋警方架」(這不是你的場子，是我們警方的)，一度拉隊離場，至五時才重開記者會，但不少記者已經離開。[5]

十一月四日警方記者會上，六名來自不同傳媒的記者，抗議警方粗暴對待記者，在現場戴頭盔並在其上標示「查警暴　止警謊」六個大字。警方表示記者不應在記者會上示威而阻礙其他記者採訪，要求抗議的記者離開。二十分鐘後，沒有記者離場，警方宣佈取消記者會，其後自行在沒有記者採訪下以面書直播發佈記者會內容。

為了抗衡警方的每日記者會，抗爭群體在八月五日後開始召開「民間記者會」，主要由連登網民群組發起及組織。民間記者會的主要內容通常是從運動的角度反駁警方或政府的官方版本，例如提供錄像或受害人現身說法（往往蒙面），以不同資訊來源來平衡警方資訊，重申運動的立場（「五大訴求」），以及發表他們的網上民調結果等。早期民間記者會引起較多傳媒報導及關注，成為平衡每天警方記者會的新聞來源，但礙於資源及素材，民間記者會難以每日召開。到了警方記者會不再每天召開，民間記者會的題材亦較多元化，但得到的回應和傳媒報導亦減少。自八月初至二〇二〇年三月底，共召開了三十五場民間記者會。[6]

9·5 黃藍世界的平行時空

香港的特殊傳媒生態，加上網絡文化和社交媒體的興起，令社會上抱持不同政治立場的群眾（在香港的用語可以簡單分為支持運動的「黃絲」和支持政府／警察的「藍絲」），因為所用媒體的不同，而對運動的認識、觀感和評價都有很大差異，這差異在運動中愈擴愈大，發展成所謂「平行時空」。

首先，不同政治立場的人會使用不同的媒體，例如看不同的報紙或電視台，這是很自然的事，因為人類傾向於希望多看到和自己價值觀相近的資訊和評論。不同政治立場的媒體處理有關運動新聞的手法和選材迥異，立場當然亦不一樣，於是其讀者／觀眾對抗爭運動所認識的「真相」很不一樣。他們有不同的社交圈子，在這些圈子內用社交媒體互通訊息，互傳和自己群組立場相近的短片或貼文。他們到訪有特定立場的網站或群組（其中有些成立的主要目的就

5〈例行記者會　警方記者唇槍舌劍　警：個場唔係你架，係我哋警方架〉，《立場新聞》二〇一九年九月二日。

6〈民間記者會〉，維基百科（中文）。

是政治宣傳及影響輿論），從中取得及分享資訊和評論政治。在網上群組和社交媒體的「回音室」（echo chamber）效應已經是老生常談：人總會傾向選擇符合自己立場口味的新聞媒體、網站和群組，在網上討論時互相聲援而強化自己的立場和觀點，而遇到自己在群組的意見落入少數時，可能會噤聲或者索性離開群組，結果不同立場的人往往只和他自己「同聲同氣」的人溝通討論，因而對自己既有的立場和看法愈來愈有信心，相信很多人的看法和自己一樣，從而造成意見不斷自我增強（reinforce）及兩極分化（polarize）的現象。

以二〇一九年的反抗運動為例，「藍絲」通常會多看TVB及其他親政府媒體，到訪親政府的網上群組、網媒和專頁，而社交媒體中的友儕輩也較多是藍絲。他們因此通常會看到較多示威者的暴力衝擊圖像，警察最暴力或者濫暴的鏡頭則較少看到，或者覺得警察暴力都是示威者「挑釁」的結果或是執法所需。他們會看到很多「證據」顯示出示威者收了錢或者是外國操縱的棋子等，然後將相關的訊息在同儕間努力分享。反之「黃絲」不看上述的媒體或網站，主要集中使用「黃媒」。在他們的傳媒或社交媒體環境中會看到很多警暴的鏡頭；很多不利政府／警察／中國政府的傳言（有些未必屬實或未經實證），警察違法以至殺人強姦、中國武警公安大幅介入香港執法、政府各項違反公義及程序的行為，都可能在他們的社交媒體圈子和群組中被放大及廣傳。

這裡頭還要加上假新聞（fake news）的操作（兩邊陣營都有），令兩個陣營的支持者對現況的認識距離愈來愈遠，意見愈兩極分化。網絡流傳消息有時難分真假，而不少人可能未經查明是否屬實（fact-checked）便迫不及待地廣傳，不同立場的群眾又會只看到一邊的訊息，造成「平行時空」的出現；兩邊陣營的人雖然身處同一社會，但對事物的看法、認識和經驗卻可以完全不同，彷彿並非處於同一社會之中。

「藍絲」陣營最常有的流言，是示威者或暴力衝擊者都是「收了錢」，受了外國的金錢資助搞事。這個當然不是新鮮事：多年來香港的建制派、親中媒體、內地媒體以至官員都會說香港的民主派是受外國勢力操控及財政資助。早在七月，《大公報》便已引述「有讀者向大公報報料（爆料）」，擲磚擲雞蛋可以拿到三千元，後勤挖磚的有五百元等。[7]後來內地網上更廣傳香港「暴徒」的「價目表」，一名十三歲「小暴徒」參與暴亂後可以得到三萬元、勇武核心可以得到五百萬、「死士」的撫卹金有二千萬等。

九月十日，行政會議成員羅范椒芬在一電台節目中稱有確切「來自朋友的朋友」的消息，說有十四歲女生被人誤導，「在酒精和大麻的影響下」成為了「天使」，向七名示威前線的「義士」提供「身體上的安慰」，並且因此懷孕而要墮胎。[8]網上同時流傳一名自稱是十四歲女學生寫的文章，亦有廣傳有關的性愛錄像（後來證明來自某成人網站，與香港運動無關）。這「故事」

7〈曝光！錄音揭金主收買港青衝擊立法會〉，《大公報》二〇一九年七月四日。

8〈羅范稱有少女「安慰義士」〉，《星島日報》二〇一九年九月九日。

在「藍絲」群組中以及內地網上廣為流傳。

對不少香港人（尤其黃絲）來說，這兩個事例的可信性都不高。數以十萬計的人持續多月的參加多次行動，如果真的是受僱的話，牽涉金錢應該數以十億計，而傳言的金額高得難以置信，如此大額的金錢交收根本很難不被警方或傳媒發覺。羅范椒芬提供的故事全無佐證，只有一個whatsapp的截圖，她之後亦沒有提供任何證據（甚至說完便在公共視野中絕跡），作為特區政府高層基本上是不負責任的表述，效果只是污名化參與抗爭者（特別是女性），也可能對家長有一定的阻嚇作用。但這兩例新聞都在藍絲群組中廣傳，以至一直有人深信不疑，尤其是他們並不相信抗爭者的出發點是為了政治理念，而是因為有「具體好處」。

中大傳播與民意調查中心的民調反映了一個有趣的「平行時空」圖像：在運動中持不同立場的人，對運動中重要事件的看法可以很不一樣。例如七二一元朗白衣人打人事件，有藍絲群組一直廣傳的說法，是民主黨立法會議員林卓廷先帶領大批黑衣人入元朗「挑釁」，白衣人才反擊。中大的民調反映總體上有十七．四%被訪者認為這說法是真的，四十四%覺得是假的，而約三十%認為是「未經證實」。但如果按照對運動的立場區分，自稱「政府支持者」的有超過一半相信這說法，認為是假的不足一成，相反地，參與運動者則有達六成認為這是假的，相信是真的不足一成。[9]如果翻看當日的新聞錄像，不少白衣人傍晚已在元朗市區持武器走來走去，當時林卓廷仍在港島區參與民陣的遊行，很多本來居住在元朗的示威者是收到白衣人打人的消息，因而避免回元朗或繞路回元朗，結果在西鐵元朗站被打的很多都不是示威者，而是晚上回家的普通元朗居民。根據錄影紀錄，林卓廷到晚上十一時才到達西鐵站，那時白衣人已經在元朗區橫行數小時。[10]

雖然藍絲群組的說法和事實有一定的距離，但民調卻反映很多政府支持者會相信，這跟大眾和支持運動者的認知差很多，造成一種「平行時空」的邏輯。這種邏輯某程度上可以解釋政府一直以來的策略。政府和警方的故事版本，包括「暴徒」使用過度的暴力、受了外國勢力操控、要搞香港獨立、破壞香港安定繁榮、警察只是被迫使用了適當的武力「止暴制亂」等，在支持政府的群體中可以形成一個言之成理、自圓其說的論述系統，政府支持者可以心安理得地繼續相信自己是有道理並且道德上正確的，並且在群體內互相支援（reinforce），縱使自己在社會中已經成為少數。這套資訊操作的另一功能是可以「出口轉內銷」，在內地廣為傳播。對於內地絕大部份不能接觸到香港的多元資訊、也不能親歷現場的人來說，這類消息可以起到很大的宣傳作用，令中港的認知和價值鴻溝進一步擴大。如此一來，內地人民只會見到大量香港「暴徒」衝擊的圖像，並合理化香港政府和警察的處理手法，而香港的運動邏輯也不會影響到內地

9 林劍，〈中大民調：黃藍平行時空　元朗黑夜「真相」兩種解讀〉，《香港01》二〇一九年九月十六日。

10 有關元朗七二一發生事件經過，可見柳俊江，二〇二〇，《元朗黑夜：我的記憶和眾人的記憶》，香港：Lauyeah Production Limited。

民眾起而仿效。

問題是，當直播的影像成為主導，很多香港人在資訊多元的情況下，收到的資訊和政府描繪的故事有相當的差距。於是反過來令政府和警方的宣傳，以及親政府媒體機構的公信力快速流失，致使支持政府的圈子愈縮愈窄。政府的支持者可能在自己的圈子內「自我感覺良好」，但一般民調都反映政府和警察的支持度在運動過程中不斷地下降。

根據中大新傳學院每三年做一次的傳媒公信力調查，到了二〇一九年底無線電視（ＴＶＢ）的公信力大幅下降，由二〇一六年的平均五．八八分跌至四．四五分，成為電子傳媒中公信力最低者。以數十個被問及的傳媒機構來說，ＴＶＢ的公信力只比三個中共黨媒[11]略高，而《蘋果日報》則由五．一八分上升至五．七一分，與經常自稱中文報中公信力第一的《明報》（五．七二分）並駕齊驅。網媒方面，經常在抗爭前線作直播的《立場新聞》一枝獨秀得六．六九分。縱觀所有媒體，在運動中扮演重要角色和有作直播的媒體如香港電台、NOW TV 和有線電視、《立場新聞》、《蘋果日報》等，都變成了香港較具公信力的媒體。[12]

9·6 八三一 太子和公開資訊的作用

八月三十一日晚上太子地鐵站發生了什麼事，香港人可能永遠無法知道完全真相。「八三一」是運動中最重要的事件之一，事件亦很微妙地反映了警察和傳媒關係、謠言和訊息開放的關係，以及訊息流通對公眾信任的重要性。

八月三十一日，民陣發起紀念二〇一四年人大「八三一決定」否決普選五週年的遊行，但被警方反對。大量群眾當日下午在港島，以沒有指定路線和方向的形式遊行，入夜後各區有不同衝擊及圍堵警署的行動。晚上十時左右，數十名速龍部隊進入太子站追捕示威者，在站內以警棍毆打市民，包括衝入車廂毆打多名沒有武器、非穿黑衣亦沒有示威裝備，只是坐地鐵經過的乘客，不少人受傷。事件經過直播及不斷轉發，造成極大震撼。

事發後一段時間警察趕走了所有傳媒，並且不讓救護人員入內。消防處的救護員其後獲准進站，但中間有約四十五分鐘的時間空隙。由於傳媒或一些市民事發時拍得的錄像顯示有人在月台被打至重傷，躺在地上彷彿不省人事，而其後經由消防處送院的傷者數字前後有出入（「嚴重受傷者」由六人變為三人），惹來懷疑有三個人（某些猜測認為更多）其實已被警察打死，然後在沒有傳媒和救護員在場的時候把屍體移走並且毀屍滅跡。九月期間，有人指出香港突然多了不少離奇死亡個案，例如跳樓自殺和海上浮屍，而警方對屍體發現案通常都說「無可疑」。有人質疑這些人其實是警方非法處理之前在太子站死者的屍體，或者是抗爭者被警察或內地公

11《大公報》（三．三〇分）、《文匯報》（三．四三分）、《香港商報》（四．二九分）。
12 香港中文大學傳播與民意調查中心，《市民對傳媒公信力的評分》。

安謀殺(亦見本章第七節)。

八三一事件引發連串抗議行動,之後的一、兩個星期差不多每日都有人在太子站內或附近抗議,不止一次與港鐵職員、警察或支持政府人士衝突,有時演變成圍堵太子站附近的旺角警署和堵塞附近主要街道。市民並在太子地鐵站D出口外設祭壇拜祭,令該出口一度封閉,變為專紀念八三一的場所。示威者訴求之一是港鐵應公開八三一當日站內的閉路電視(CCTV)。「七二一唔見人,八三一打死人」變成針對警察常叫的口號,以對應警察在兩個日子的不同態度。其後每個月底(很多個月都是沒有三十一號的)都會有人在太子站外獻花或以其他方法悼念八三一事件,最後往往演變成堵路、驅散及拘捕。

究竟八三一警察有沒有打死人,沒有足夠的公開資料去證明或否證。如果說警方打死了三個人(或更多)然後毀屍滅跡,那難以解釋這些死者的家人親戚朋友為什麼都沒有公開追究,在資訊自由發達的香港,沒有傳媒找到家人親友追訪,可是難以想像的事。[13]如果說沒有死人或嚴重違法的事件,那又難以解釋為什麼警察最初要拒絕救護進入,又不讓救護員到其中兩個月台,以及開始時對救護(訛)稱沒有人受傷而不讓其進入。消防處解釋現場紀錄中嚴重受傷人數由六個變為三個是因為「數錯」,也沒有很強的說服力。其後太子站接連封站兩天,[14]加上港鐵一直不願公開閉路電視,最後交出的也不是全部錄像,令人覺得港鐵是有所隱瞞。八三一事件後,港鐵在支持運動者心目中的印象迅速變差(見第十章〈不合作運動篇〉)。

八三一當日在太子站的教育大學學生會會長梁耀霆其後入稟法院，要求港鐵交出當日的閉路電視錄影。二〇二〇年三月法院判梁勝訴，港鐵需向梁交出閉路電視錄影用於民事索償。梁耀霆及其律師團隊在看過九十小時的電視片段後，指出港鐵提供的片段「並不齊全」，港鐵的解釋則是當晚多個車站受破壞，閉路電視錄影功能受損。[15]

儘管政務司司長和警方曾重複強調，「八三一絕對無死人」，但不信的人當然仍是不信。到了九月，政府和警隊的公信力已經極低，他們的重複強調作用不大。根據香港民意研究所在二〇一九年十一月底的調查，有四十七．五%的被訪者相信警方八三一在太子站有打死人，而二十九．三%則不相信。[16]某個意義上，如果警察沒有打死人的話，那警方是「自作自受」：趕走記者、人權觀察員和不讓救護進場，令人覺得他們有「不可告人」的勾當，以致沒有非警方的人在場可以證明沒有死人。其後無論是警方或者港鐵公開的交代，都不能令公眾信服他們沒有

13 九月八日，香港自由新聞（Hong Kong Free Press）曾訪問一名女子，自稱認識有人被打死，而其父母亦被禁錮，但之後沒有任何傳媒追訪此人及相關個案。錄像〈已經有人見證太子八三一 女性朋友被警察打死，死者年紀老邁父母要求取屍，父母也被禁錮〉可見https://www.youtube.com/watch?v=SSLGKuVyiOA

14 港鐵的解釋是太子站設施受破壞所以要封站，但有人質疑九月也常有港鐵站部份設施被破壞，即使部份破壞相當嚴重，仍然可以全日開放車站，因此無法接受港鐵的理據。

15〈梁耀霆：八三一兩站片段不全　港鐵：有閉路電視受損〉，《明報新聞網》二〇二〇年五月四日。

16 香港民意研究所，《香港民研「我們香港人」滾動調查研究報告》，二〇一九年十月二十九日。

隱瞞。

八三一和七二一元朗事件，是運動中最令民眾憤慨的兩宗事件。如果像上述民調反映有近一半的市民相信有人被打死，那他們也應該相信警察和港鐵用了不合法的方法加以隱瞞。八三一事件帶來極大的悲情，令很多人持續支持運動不放棄。

9.7 浮屍與「被自殺」

運動中一個重要而難解的謎團，是懷疑「被自殺」的案件。自九月初起，有人指出香港多了不明來歷的屍體發現案，特別是海中浮屍和高空墮樓。[17]有人指出有些人的死狀可疑（例如高空墮樓的屍體沒有血、有些死者穿黑衣黑褲、有些浮屍屍體乾枯或者緊握拳頭），但大多案件警方都很快列為「無可疑」。有人翻查官方及其他數字，指出八三一前後的自殺數字不尋常地高，懷疑這是新屋嶺和太子站警察殺人後棄屍而當作自殺，亦有人懷疑是警察或內地公安／特務將一些示威者殺掉然後棄屍。網上亦有一些telegram群組在十一～十二月間表示有些勇武前線份子已經失踪一段時間，懷疑已經被殺。

與此類似的是「陳彥霖案」。九月二十二日油塘對開海面發現一具全裸女浮屍，至十月九日警方回覆《蘋果日報》查詢，確認死者為十五歲的職業訓練局青年學院學生陳彥霖。《蘋果日報》在十月十一日以頭版報導事件，警方指陳彥霖為自殺，死因無可疑，而遺體已在家人同意下火化。陳彥霖的朋友同學指陳生前曾參加反送中示威，性格開朗不應會自殺，而她是游泳健將，要自殺也不會選擇跳海，質疑她是「被自殺」。十月十七日，無線電視播出由副新聞總監黃淑明親自訪問陳彥霖母親的專訪，陳母指陳彥霖一直有思覺失調症，事件是自殺，希望各界放過她們家人。訪問翌日獲《大公報》和《文匯報》頭版全篇轉載，但並沒有令很多人相信陳彥霖是自殺，更有人指受訪的其實不是陳母。陳彥霖的死引發連串抗爭，要求徹查死因。不少人相信陳是被殺，令陳彥霖成為抗爭犧牲的象徵，陳彥霖的頭像和文宣語句「她只是恰巧不是你家女兒」，一直是運動的文宣素材，引發相當的悲情。[18]

二〇二〇年三月開始，有人到北區的「沙嶺公墓」立碑及拜祭。沙嶺公墓是香港政府為無人認領的屍體而設的墳地，當時有人指出二〇二〇年頭三個月沙嶺收到的屍體大增，懷疑是不少「手足」被殺棄屍的結果。[19]根據立法會議員朱凱迪後來向食環署查究的資料，二〇二〇年頭三個月的一百零九位死者中只有七人身份不明，而能辨明身份的大多是無人照顧的長者或者

17 值得注意的是這是九月後的現象，有一定可能性是八三一事件令更多人對此敏感。
18 至二〇二〇年八、九月間，死因庭召開陳彥霖的死因聆訊，在十多日聆訊傳召多名證人後，排除是他殺或自殺的可能性，陪審團裁定「死因存疑」。
19 根據食環署資料，二〇一九年整年在沙嶺立碑一百六十五面，而二〇二〇年一～三月則立碑一百零九面。

棄嬰，應該不是抗爭者。二〇二〇年清明節期間有不少人到沙嶺公墓拜祭，將之視為在抗爭中的犧牲者。

多宗懷疑「被自殺」的案件，是二〇一九年反抗運動中的一大謎團。網民楊皓文整理了二〇一九年每天每月的自殺數字，發覺上半年的自殺人數（五百六十六人）其實比下半年（四百七十六人）為高，而四、五、六月的自殺人數最高。但總體上二〇一九年自殺人數比二〇一八年為多（一千零四十二對九百一十）。根據警方分類的「屍體發現」案總數，二〇一九年的總數是八千一百四十八，比二〇一八年的七千八百二十八多大約三百宗，但二〇一九年分類為「自殺、上吊及高處墮下」的個案則是七百一十三，比二〇一八年多但和二〇一六／二〇一七的數字差不多（見表二）。單從死亡人數多少，當然不能就此推論那些人的死因，而所有死亡數字和死亡原因，民間都只能根據官方的數字和分類，沒有獨立的資料來源。

無論是相信官方的「無可疑」解釋，或者相信很多人是被殺，兩種理論都難以解釋所有的表面現象。如果案件牽涉大量抗爭者被殺，主事的是國安或者警察，那麼這麼多死者的家人和親友呢？為什麼完全不見

表二｜香港的自殺及屍體發現數字，2016年～2019年

	2016年	2017年	2018年	2019年
送院時死亡、送院前死亡及屍體發現案件	7,577	7595	7828	8148
自殺、上吊及高處墮下案件	701	715	667	713

資料來源：立法會財務委員會文件：警務處答覆有關開支預算的議員查詢，答覆編號SB053。

有人追究？陳彥霖案反映的是，如果有親友（例如同學）窮追猛打，一宗死亡可以帶來很大的震撼和轟動。如果說被害者的家人親友可能都已被滅聲被噤聲，但要那麼做是很大的工程，在香港仍是自由社會而傳媒會有興趣追訪的情況下，應該是很難做到的，而行兇者又如何得知哪些相關的人需要被滅聲、可以被噤聲呢？如果案件是大量他殺，目的應該是兩個：一是打擊及消滅勇武份子，一是造成震懾效應（兩個目標並不互斥）。如果目的只是消滅示威者，應該有很多方法處理屍體可以不讓人知道或者較難發現屍體（例如運回大陸處理），死亡和屍體發現數字也不會反映在公開數字上而引起懷疑。如果要大量殺人又公開棄屍，目的應該只是威懾其他抗爭者。但如果目的是威懾的話，大量傳播相關新聞，或製造大量他殺的印象，可能已經達到效果了。

如果說這些死亡都和運動無關，一個大城市本來就是有很多自殺、失踪不明所以的死亡的，[20]只是公眾過往沒有關心而已，那麼最難解釋的是為什麼警方可以這麼快斷定大量案件無可疑。高空墮樓或浮屍都應該是有他殺的可能，但警方卻往往在發現屍體現場就宣佈「無可疑」，似乎並沒有經過調查。有資深法醫官曾指出，陳彥霖案警方是「太快斷定無可疑」。[21]現實上，所有「非自然死亡」都要經由法醫解剖及死因庭裁判官裁定死因，警方不能單方面斷定

20 以二〇一八年有七千八百二十八宗屍體發現案來說，平均每天有大約二十二宗之多。只要傳媒對這些案件敏感、多報導一點，公眾就很容易有「很多人死」的觀感了。

死因「無可疑」。22

自九月開始有人質疑「被自殺」案以來，除陳彥霖案外，傳媒幾乎就沒有針對這些屍體發現案進行追查，原因之一可能是當警方結案為「無可疑」時，媒體根本沒有有效途徑再追查下去，傳媒也未必有資源逐一追查死因庭等裁定的結果，因而公眾掌握的資訊非常少，各種網上流言無論何種指向，都很難判斷真偽。這和八三一事件的效應一樣，即當官方和建制機構（包括政府、警方、港鐵、知專校方）過程中愈不肯開誠佈公地公開所有資訊（例如CCTV），或者公佈資料前後不一致，公眾愈會認定其有所隱瞞，其背後有不可告人的秘密甚至犯罪行為。在政府和警察的公信力已極低的情況下，官方要否證流言極為困難，而各種指向政府和警方邪惡行為的流言和想像（例如強姦、綁架、殺人、棄屍），亦會有較多人選擇相信。

對抗爭群體及同情運動的人來說，二〇一九年反抗運動中有不少人「被殺」，是一個他們不願意相信但覺得很可能已發生的事情，這加深了他們的恐懼和仇恨。參與抗爭者（尤其前線）有一定的心理準備，最差的情況是被殺被棄屍（或加上被姦被虐待），因而不少人在被捕時會大喊自己姓名，並表明自己不會自殺，換言之如果發現自己的屍體，就一定是被殺的。當支持運動的人相信有人在運動中被他殺，不僅加重了對政權和警察的仇恨，亦加深了部份人持續抗爭不放棄的決心。就像九月四日林鄭月娥宣佈正式撤回法例，即回應了五大訴求的一項時，抗爭者一般的情緒是不能就此「收貨」（接受），他們引述的就是烏克蘭革命紀錄片《凜冬烈火》

中的說法：「如果我們接受了政府的條件，我們已死去的朋友是不會原諒我們的。」

上述恐懼被殺的情緒很快被外國媒體捕捉。不少年輕人寫好遺書表明不會自殺，以及各種離奇死亡的個案，在外媒中都是政權殘暴以及抗爭者決心的表現。對鄰近曾經經歷過白色恐怖威權統治的南韓和台灣來說，「被自殺」的故事很容易引起共鳴。南韓電視台KBS特別拍攝了一輯四集的「被自殺」專題。[23]在台灣的媒體和選舉論述中，香港有年輕人「被自殺」一直是廣為接受的論述，例如陳彥霖的頭像也成為二〇二〇年總統選舉中的文宣素材。

9·8 小結

反送中運動中的媒體扮演了提供現場資訊、令市民得知真相、把消息傳遍世界、以至監察和制衡政府的重要角色。這多少反映了香港「自由專制政體」的特質，即香港不是民主政體，

21 謝頌昕，〈赤裸女浮屍案死因常有可疑　資深法醫質疑彥霖一案警方過早下結論〉，香港《蘋果日報》二〇一九年十一月十五日。

22 張凱傑，〈去年逾八千屍體發現創三年新高　法醫人類學家由遺體到戰爭罪行　解剖「無可疑死因」〉，《眾新聞》二〇二〇年四月十八日。

23 United Kingdom's Hong Kongers,〈[ENG] 韓國KBS電視台 特輯：時事追擊「香港，被自殺－全輯」〉，https://www.youtube.com/watch?v=kN2ffGtP9hA。

但有不少自由的制度（liberal institutions）如法院、相對自由的媒體、部份尊重和保障自由的法例，仍然可作為保護港人的人權和自由的部份屏障。就算在二〇一九年的激烈衝突和對傳媒充滿敵意的環境中，香港政府仍然不敢不讓本地和國際傳媒自由採訪。媒體間的競爭關係，以及很多新聞記者都受現代專業的新聞訓練，篤信西方的新聞理論和操守，認為傳媒天職是報導真相和監察政府，以及新聞工作者相對團結不跟著政權的輿論操控邏輯起舞，是香港傳媒在多重政治影響下，仍然在這次運動中起了莫大作用的原因。

反抗運動的經驗亦充分反映了公開資訊對政權公信力的重要影響。當公眾有多元的資訊來源，政府要操控資訊來源和民眾的思想方向便相當困難，刻意的操控或隱瞞只會損害政府、各建制機構和親政府媒體的公信力，而令政府政治控制的能力進一步削弱。現代網絡世界的運作邏輯、香港的政治光譜分裂、媒體的政治化生態，都造就了「平行時空」的出現，而令社會中不同群組的認知和價值愈形分割，社會和政治矛盾因而亦更形尖銳。但在二〇一九年的運動中，政府和警方的公信力破產，令民眾傾向相信政府是「邪惡」的故事版本，是運動支持持續不衰的原因之一。

CHAPTER 10 不合作運動篇

各種「不合作運動」在二〇一九年的反抗運動中佔了一個相當的角色。這裡至少包括罷工、罷課、杯葛商場及商戶、對主要公共交通工具及主要交通幹道的干擾、堵塞機場、對港鐵及其商場的杯葛和破壞，及其他成效不大的不合作運動，進而慢慢發展到建構「黃色經濟圈」的概念。不合作運動的普遍發展，是二〇一九年反抗運動的一大特色，或多或少反映了很多人主動投入運動、政治上的普遍覺醒，以及把抗爭生活化的趨向。

10．1 不合作運動的概念

在香港透過不合作運動來爭取民主的概念，早在戴耀廷提出「佔領中環」時便已浮現。戴耀廷的「佔領中環」大量參考甘地和馬丁．路德．金等人的抗爭概念，所以佔領是作為「公民抗命」的抗爭手段，並非最終手段（除非中共在佔領之前已經同意雙普選）。公民抗命後所產生的政治覺醒，可能帶來大規模的不合作運動，例如罷工、罷市和罷交稅等來迫使政府屈服，這也是運動的重要部份。[1]

二〇一四年人大常委宣佈「八三一決議」後，戴耀廷在當晚的集會上就呼籲佔領後要推動不合作運動。十二月當佔領運動已近尾聲時，戴耀廷亦曾呼籲以不合作運動包括罷交稅、公屋罷交租和立法會拉布等持續抗爭，但民間一直沒有真正有規模有組織的不合作運動，而各種自發行動亦不多也不成氣候。

雖然如此，不合作運動的概念一直在抗爭圈子中流傳，例如想像透過罷工罷市等來癱瘓經濟或令社會無法正常運作，以令政府屈服（這當然是世界各地經常使用的抗爭手段）。可以說全面罷課罷工罷市（所謂「三罷」），以及其他例如癱瘓交通、罷交稅等行動，一直在香港社會運動的策略討論中有相當地位，只是從來不曾有效實踐過。概念上，不合作運動應該是和平非暴力的，但如果牽涉阻礙上班或令基本設施或交通無法正常運作（例如堵路），則很容易造成衝突而出現暴力場面。

10.2 不同階段的罷工號召

工業化後的香港一直是全世界罷工率最低的現代城市之一。多年來香港人強調的「獅子山下精神」和新自由主義的意識形態，都令很多香港人覺得努力工作是非常重要的，是香港成功的要素，而「阻人搵食」（擋人財路）和破壞經濟是非常要不得的。所以在二〇一四年佔領期間，不少抗爭者對佔領街道導致普通人上班和生活的不便是有歉疚的，當年政府的宣傳亦因為針對「破壞經濟」以及佔領令很多人工作及日常生活受損而得到相當的認同。這一直是香港進行不合作運動的一大障礙。

10·2·1 六一二的三罷行動

二〇一九年第一個主要的「三罷」號召是在六月十二日。在六月九日一百零三萬人上街後，政府火速宣佈如期二讀，民陣於是號召在六月十二日「三罷」並到立法會門外集會抗議。

很難估計究竟六一二有多少人參與罷工。公開表示響應罷工罷市的通常都是小店，聘用的員工有限；但事前有部份大公司（例如會計師行）公開表示會容許員工「彈性上班」或者在家工作，其實是一種反對修例的表態。當天有大量群眾到立法會門外聚集，部份是已經放暑假的大專生，但不少人因罷工罷市而可以到金鐘示威，亦是原因之一。

六一二當天有不少交通意外造成的交通擠塞（特別是在港島區），這是在響應不合作運動

1 戴耀廷，〈不合作的權利〉，《香港獨立媒體網》二〇一三年九月八日。

（例如故意壞車或者製造意外來堵塞交通）嗎？很難求證。但當天整個港島區交通的確出現嚴重擠塞，令示威者可以輕易佔領金鐘至中環街道，重演五年前的佔領現場。

六一二後民陣和教協、社工總工會等都曾呼籲市民在六月十七日再度罷工（因為本來假設當天立法會復會），但因為政府已在六月十五日暫緩草案而沒有實行。

10．2．2 八月五日的三罷

七月底的運動焦點在催谷（抬拉）八月五日的「大三罷」。罷工當日並在七個不同分區[2]有集會。在八月五日前，公開表示響應罷工罷市的以小店和小企業居多，也有不同界別的人發起聯署，表示支持罷工，包括公務員、演藝團體、建築及工程界、書業及出版業、航空公司、補習界、美心集團員工、設計業、運輸物流業等。

八月五日的罷工，估計大約有三十五萬人以不同形式參加（包括請病假、調班等），[3]以香港工業行動（industrial action）的歷史來說是一個不小的數字。當日的各區集會在下午已經開始和警察衝突，令當天這個本來「和理非」的劇目，在媒體效果上完全被暴力衝突的畫面蓋過。由於罷工只是一天，對經濟影響有限，只可以算是一種動員能力的測試，沒有對政府產生很大的壓力。

八月五日罷工以後的不同時期，陸續有人提倡發起「三罷」，但成效和迴響都有限。暑假結束前大專學界呼籲九月開學罷課兩星期，中學生也發起九月開學後每星期五罷課一天。除了開學第一天（九月二日）在中大百萬大道的罷課集會頗有聲勢（報稱有三萬人參加）外，之後兩星期各大學參與罷課的同學其實不算多。發動罷課的大專學界組織本來限定政府在九月十三日回應五大訴求，否則行動升級，但實際上到了九月十三日並沒有升級，只在當日宣佈會在十月一日開始「三罷」一週，但到了十月一日除了各大學有部份同學參與罷課外，並沒有發生有規模的罷工行動。部份中學由九月開始有學生罷課，但難以統計總體數字。不少中學會在上課前後，在校門外出現手拖手的「人鏈」支持運動，校內的罷課集會也有相當的人參與，但如果從「癱瘓社會運作」來看，這段時期的罷工罷課影響有限。

這段時間的「三罷」不成功，以致不能成為向政府施壓的有效工具，原因大致如下：

一、香港法例並不保障政治性罷工，因而僱員以罷工形式表達政治信念可能被辭退。八月五日只是罷工一天，員工或主管都可以用請假或其他方法相就，作為一種政治表態。但長期罷工等於是變相以自己的工作做賭注。在二〇一九年的香港，似乎很多人還未願意這樣做。無論是發起者或者支持者，對於「阻人搵食」，令經濟停止運作而致很多人蒙受經濟損失，還是有相當疑忌的。

2 金鐘、旺角、黃大仙、屯門、沙田、荃灣、大埔。

3〈吳敏兒：八月五日有三十五萬人罷工　推動新形態抗爭方式〉，《立場新聞》二〇一九年八月六日。

二、香港工會的組織力一向薄弱，僱員是工會會員的比例偏低，因而工會的資源亦有限。在「無大台」的情況下，通常「三罷」的發起者（包括學生組織）都沒有足夠的動員力及組織力去發動或支援大規模的長期罷課或罷工罷市，主要靠參加者自發，結果參與者數目不多。

三、八月五日罷工時，社會氣氛還沒那麼緊張，不少人覺得自己有自由可以用罷工的方式表達意見，但其後政府開始啟動「白色恐怖」策略，例如國泰等航空公司以政治理由解僱機師，以及鼓勵舉報，應該對不少僱員（尤其是教師或公務員）參與罷工產生了阻嚇作用（見第六章〈政權策略篇〉）。

10·2·3 黎明行動變暴力

十一月初，有人再發起十一月十一日開始「三罷」，原因之一相信是運動已近五個月，除了政府在九月初撤回條例外，沒有任何突破，而不同的抗爭行動和劇目都已試過，並不能迫使政府回應五大訴求。以「三罷」癱瘓社會運作和經濟，迫使政府妥協回應，於是再度引起抗爭者的憧憬。

相對於八月五日的三罷，十一月十一日開始的「黎明行動」無論是組織動員或事先醞釀都更為遜色。之前有人討論全民罷工要成功，工會組織的事前準備是關鍵，[4]但香港的公民社會和工會並未有組織力可作出大規模的罷工。然而，幾天內不同事件把民怨推向高峰，包括科大學生周梓樂在十一月八日逝世，很多人覺得周是因為逃避警察拘捕而墮樓，以及因警員阻礙救護車到場而延誤救治致死。十一月九日，一名十六歲女子聲稱曾在荃灣警署被四人輪姦，並因姦成孕而要墮胎，其後在律師陪同下報案。十一月十日，鏡頭錄得數名防暴警察在又一城商場圍毆一人，該人倒地似是不省人事，又一城其後在下午關閉商場，被人懷疑是太子「八三一事件」重演，懷疑該人可能已被打死而有人非法處理屍體等。

十一月十一日星期一清晨，西灣河有人以雜物堵路阻礙交通，一名交通警清除路障時，近距離以手槍射中一名無武器黑衣男子腹部，其後葵涌有一名交通警駕駛電單車重複撞向馬路上人群。兩件事的影片一早便在網上瘋傳，激化了市民情緒。當日多區出現堵路，港鐵不同支線由於路軌被擲雜物，或有其他阻礙破壞而令路線停駛，多區公共交通受阻，不少人上班因受阻而「被罷工」。整個星期，中環都有數以千計的人在午飯時間及下班後出來佔領街道，設置路障，然後被警察以催淚彈及其他武器驅散。

十一月十一～十七日的一整個星期，香港社會的正常運作受到相當影響，主要鐵路幹線停駛，紅磡海底隧道因堵路而封閉，不少巴士線取消和道路封閉，而多區警察清除路障時以催淚

4 吳敏兒，〈罷工的秘密？〉，《立場新聞》二〇一九年十一月七日。

彈作驅散，致使路面交通經常受阻。教育局決定中小學在十一月十四日至十六日停課。「黎明行動」造成的干擾因此比八月五日大罷工來得嚴重，但不少人只是被迫在家工作，或者多花交通時間更早出門去上班，並沒有出現大規模的「罷工」。圍堵理工大學（十一月十七日）後的一週，市面稍為回復正常，並沒有大規模的工作停頓。

10.2.4 組織新工會潮

十月期間，有人成立「二百萬三罷聯合陣線」，開始有系統地組織新工會，概念是成功的工運需要有強大的工會組織，而策劃全港大罷工亦需要工會來組織及支援。這些新工會的基礎，其實是抗爭的telegram群組按行業劃分的不同頻道，然後慢慢聯繫起來，在不同行業發起組織行業工會。十一月區議會選舉後，民情得到一定的宣洩，暴力抗爭有偃息跡象，但「和理非」的支持者仍有相當的行動力。到了十二月，有部份行業（例如廣告業、社工總工會）曾發起罷工及集會，但成效有限。

「三罷聯合陣線」的統計顯示，由反送中運動到二〇二〇年一月初，有四十三個新工會在籌組中或已經成立。[5]在二〇二〇年元旦遊行的沿途及終點站有超過四十個新工會的街站，號召及協助支持者加入不同行業的工會，包括：音樂人、金融職工業、保險業、醫管局員工、幼稚園教師等，這些都不是傳統工會化程度很高的行業。當日的遊行在中途被警察勒令解散，令招收會員的成效受影響，但組織工會已變成新的抗爭實踐方向。

這個新工會浪潮，和下述的「黃色經濟圈」一樣，代表運動到了某個階段走向整固，群眾開始思考如何將抗爭的能量組織化，準備步入更長期的抗爭。到了新冠肺炎爆發，醫管局員工陣線在二〇二〇年二月初發起罷工，要求政府封閉從內地進港關口，第一日（二月三日）有二千四百人簽名響應，行動升級後的第二日有九千人響應，醫管局的數字則稱有四千三百人缺勤，包括二千名護士和三百名醫生。這波有規模的罷工可說是得力於之前的組織工作，以及經歷了二〇一九年的運動，更多人有心理準備可用罷工作為抗爭手段。至二〇二〇年四月，勞福局透露在二〇二〇年一～三月間有一千五百七十八個工會申請登記，[6]部份當然可能是建制派針對民主派挑戰功能界別勞工界選舉的動員回應，但也反映出工會戰線可以成為下一階段抗爭的重點。

5〈開拓工運新戰線　四十三個行業籌組新工會　「醫管局員工陣線」收千人申請〉，《眾新聞》二〇一九年十二月二十四日。

6〈新工會湧現搶攻特首選委會　羅致光：難應付逾千申請　本月僅能處理約六十宗〉，《立場新聞》二〇二〇年四月十二日。

10·3 圍堵機場

回顧幾個月下來不合作運動的行動，圍堵機場應該是對政府造成最大威脅的，這可反映在政府以相對快速、果斷及強力的方法加以打擊。香港是國際金融中心和區域交通樞紐，唯一的國際機場對香港非常重要，因而堵塞機場可說是「不合作運動」的最大殺著。

七月二十六日的「機場和你飛」是第一次機場集會，但不應該算是不合作運動，只是以「接機」為名的和平集會，重點是向國際旅客宣傳運動訊息，並沒有阻礙機場運作的意圖。

八月九~十一日的「機場和你飛二·〇」的三天機場集會，本來是一個重複的劇目，但有新的意義。七月後期警察暴力升級，在街頭施放大量催淚彈和拘捕示威者，部份抗爭者覺得機場是一個相對安全而不須申請的集會地方，警方不至於會在國際機場大幅施放催淚彈、毆打及逮捕示威者。三日集會的焦點主要是向機場旅客宣傳運動的理念，以及揭露警察近期的暴力（例如七二一事件），而集會地點主要在接機大堂，離境旅客受影響甚少。

八月十一日晚上多重的警察暴力引起極大的憤慨（見第五章〈和理非與勇武的螺旋〉），當晚就有人在網上發起八月十二日下午一時在機場集會。當天的行動發起本來屬於即時反應，選機場作抗議地點可能是安全原因，以及想將警察暴行宣諸於世，多於真的想癱瘓機場。但八月十二日下午大量市民到機場集會抗議，令出入機場的交通大擠塞，機場離境和接機大堂都擠滿人群。機場在下午三時許宣佈取消當日所有航班升降。宣佈後大量仍留在機場的示威者陷於兩難：如果是要癱瘓機場，則當日目的已經達到，慢慢地就會沒有旅客到港，再逗留下去的意義不大；但同時又有不少抗爭者正從市區進入機場聲援抗爭，按理不應捨他們而去。另一方面，當日下午四、五時開始，有大量傳言稱警方即將清場，甚至有說防暴警察已進駐機場、已調動解放軍、機管局很快會封閉機鐵甚至關閉互聯網等。當時是八一一翌日，不少人對警方可能在機場鎮壓有一定的恐懼，很多人在四時後開始撤離機場，但離開機場只有兩種公共交通工具：機場鐵路和機場巴士。機場附近的路面交通已極度擠塞，而很多人自四時許在機鐵月台等候超過一個多小時仍塞在月台未能上機鐵離去，結果數以千計的人選擇步行約一小時從公路走到機鐵東涌站，場面相當壯觀。

八一二的機場抗爭反映了機場的特殊性：機場對香港經濟很重要，對政權有脅迫力量。八一二當晚連登的網民普遍覺得當日行動是成功的，因為取消一天航班升降已經帶來相當的金錢損失。機場的關閉亦引起全球注視，抗爭集會導致機場癱瘓，再加上八一一的警暴鏡頭，應該是令不少西方領袖因關注香港情勢發展而發聲的原因之一（見第七章〈國際篇〉）。但在機場抗爭的明顯問題是進退困難，因為機場偏處離島，只有很少的交通工具可達，一旦警察封鎖交通幹道來搜捕，大量示威者無路可逃，很難回到市區。

八月十三日大量示威者重臨機場，但情況很不同。部份示威者開始阻撓旅客登機，因而引起衝突及不滿。機管局同樣在下午宣佈停止所有航班升降。部份示威者抓住《環球時報》記者付國豪，綑綁並毆打他，另外部份示威者為了救走一名女性示威者而圍毆一名警察。這些片段經直播及轉播至內地後引來相當負面迴響，造成示威者不理性使用暴力、毆打無攻擊性的平民，以及仇視內地人的形象。

另一方面，政府也沒有坐以待斃讓示威者封閉機場。八月十四日機管局成功取得臨時禁制令，禁止任何人阻礙或干擾機場的正常使用，以及禁止參加機場範圍內的示威、抗議或公眾活動。這令所有機場及機鐵站範圍以內的示威集會變成非法，而警察亦立即在機場及機鐵沿線大事截查，穿黑衣或背包裡有防具或示威常用品（例如鐳射筆）都可能被捕。八月十四日的機場集會者大幅減少，抗爭者很快 Be water，轉換到其他抗爭劇目。

抗爭者一直認為癱瘓機場是不合作運動中的皇牌，於是念念不忘希望重回機場抗議，有時名義是「機場交通壓力測試」，主要方法是嘗試堵塞前往機場的交通要道。九月一日有人發起「機場和你塞」行動，不少人承接了對八三一事件的憤怒嘗試再堵塞機場，他們以各種交通工具到達機場和設置路障堵路，令機場交通大癱瘓，不少旅客被迫步行超過一小時到機場。下午有人破壞機鐵站東涌站和青衣站的設施，六時機場鐵路和巴士等各種進出機場交通全部關閉。數以千計沒有交通工具的示威者入黑後離開機場，他們先是徒步走北大嶼山公路達二十公里到青馬收費區，那裡有上千名市民自行駕車「義載」他們回到市區，公路晚上的發光車龍照片在網上廣傳，被稱為「香港鄧寇克」式撤退，成為二〇一九年反抗運動的抗爭象徵之一。

九月一日的「香港鄧寇克」雖然悲壯，但也幾乎是最後一次有規模的機場示威，因為經此一役抗爭者們都明白如果警察要圍捕，他們很難逃離機場跑回市區，警察在機場回到市區的各個必經之路截查相對容易，使得進機場風險很大。八、九月間不止一次網上有人發起再到機場，[7]有些並沒有多少人響應，但警方的反應通常是如臨大敵，派防暴警察駐守機場截查、規定只有持登機證者才可以進入機場範圍，以及在各前往機場的交通樞紐截查（例如機鐵青衣站和東涌站），甚至封閉部份機鐵站的服務。例如九月七日和九月二十二日港鐵主動封掉機鐵九龍站和青衣站，結果雖然只有很少人行動，但政府因為「杯弓蛇影」而自行關閉機場的來往交通，令機場運作受到相當影響，反倒為不合作運動「助攻」。

幾個月的實踐和博奕表明，政府把機場視為非常重要的戰略要塞，必須防止示威者堵塞，八一二後並非常緊張地調動大量警力防守。抗爭者亦明白機場的重要價值，但由於地理環境特殊，即使八一二／八一三他們還會懷疑機鐵是否停駛以方便警方搜捕，那麼九月一日後應該不會再懷疑了，機場從此不再成為重要的抗爭地點。

7 包括八月二十四日、九月十四日、九月十六日。

10·4 港鐵恩仇錄

從堵塞交通的角度出發，港鐵（包括地鐵各線、東鐵及西鐵）是香港最重要的集體運輸系統，每日乘客量達四百多萬人次。不少居住區域主要只有港鐵可以到達，如果沒有港鐵就會造成很大不便。八月五日前，一項最重要的「不合作運動」就是在早上繁忙時間進行堵塞港鐵的行動。在六、七月間的幾次，有數十人在早上繁忙時間，在不同車站以不同方法例如阻礙閘門關閉、躺在月台地上等，令列車服務受阻，但整體上對整個運輸系統影響輕微，尤其是比起九月後港鐵經常自己停止服務而言。

八月尾後，針對港鐵的不合作運動變成重要行動，但抗爭者並不是一開始就對港鐵有惡感的。六月的兩次百萬人遊行，到八一八的一百七十萬人遊行，抗爭者主要都是以港鐵到遊行地點及離開。六月底的兩次包圍警總、七一衝擊立法會、七月各區遊行後的街頭衝突，抗爭者大部份都是坐港鐵離開的，尾班的地鐵往往是一個無形的時限：再不離開就可能沒有交通工具了。這些抗爭中，更有人留下零錢在車站內，讓離開的示威者可以購票。七、八月的城市游擊戰中，抗爭者坐地鐵快速遊走於不同區之間，機動性比警方高，令警方非常頭痛，可以說抗爭者的行動策略一直都相當倚賴港鐵這個高效率的集體運輸系統。

港鐵的角色和形象在八月底的一個星期內完全改變。關鍵事件是八月二十一日在元朗西鐵站的衝突。[8]當晚不少抗爭者為了紀念七二一事件一個月，在西鐵元朗站內集會，演變為市內堵路以及與警察衝突。示威者在元朗站內噴滅火筒並與警察對峙約一小時，然後坐西鐵列車離去。翌日《人民日報》微博號發表評論，批評示威者大事破壞卻可以坐「專列」離去，以及港鐵讓暴徒免費乘車，作為公營機構（批評對象因此不止港鐵）縱容暴力，質疑是守護香港還是向暴力「繳械」。同日中央電視台亦有類似評論，質疑港鐵為暴徒助力，無視自身公共交通的職責和社會責任。

此前一兩週，有不少市民在港鐵葵芳站抗議。由於八月十一日警方曾向葵芳站內發射催淚彈，很多人懷疑催淚氣體殘留地鐵站內及其中央通風系統並不安全，因此接連多日在葵芳站內外抗議，進而與職員衝突並破壞部份設施。港鐵向法院申請臨時禁制令，禁止所有站內阻止鐵路運作的行為，禁制令在八月二十三日獲批，等於變相令所有在港鐵範圍內的抗爭行為都可能被檢控。

八月二十四日下午觀塘區的遊行獲發不反對通知書，但港鐵突然在中午宣佈關閉觀塘線，由牛頭角站至油塘站。這在之前從未發生。翌日的荃葵青區遊行，港鐵同樣關閉荃灣沿線數站。這種情形之後變成常態：在有集會遊行示威進行的日子，港鐵往往會隨時關閉相關支線及個別

8 港鐵在七二一事件中的角色亦備受質疑：即當日完全沒有協助被襲的乘客，備受批評。但比起之後八月的各事件，就不算嚴重了。

車站，或者令列車不停某些車站，有時並不會預早通知也沒有特別解釋。

港鐵的態度改變對運動造成相當影響。這對參與遊行者帶來不便，令他們要用其他交通工具到現場，較難預計時間，尤其如果是分區遊行，對不熟悉其他交通工具的區外人來說更是困難。抗爭者亦沒有了最方便遊走及離開集會遊行現場的交通工具。到遊行結束時，可能由於堵路或其他原因，導致巴士等交通工具改道或取消班次，參加者在很難快速離去的情況下變成在區內「困獸鬥」，增加了衝突機會，也讓警察的包抄搜捕較為容易。

這項改變迅速令抗爭者視港鐵為敵人，並冠之以「黨鐵」之名。八月三十一日太子地鐵站的事件，為港鐵再添一重罪名。港鐵被視為和警察合作，通風報信讓警察入站抓人；至於協助封站與封鎖訊息，則令人懷疑是為了協助警方隱瞞罪行（見第九章〈傳媒篇〉）。[9]

九月一日，不少人因八三一事件而號召圍堵機場，有人搗毀機鐵青衣站和東涌站設施以及塗鴉，從此之後破壞港鐵站和塗鴉便經常發生。九月開始，不少大型遊行示威的日子，港鐵都會封站及封線，並使用列車運送防暴警察及速龍部隊，讓他們可以「埋伏」在站內衝出來抓人。港鐵變成配合警方逮捕的工具，更加深了抗爭者對港鐵的仇恨。港鐵站內經常駐有防暴警察截查市民，而警方亦可以從港鐵站內的閉路電視系統看到鐵路站範圍的情況以部署搜捕，於是抗爭者慢慢絕跡於港鐵，港鐵不再成為他們常用的交通工具。

暴力破壞港鐵設施，當然已經超越了不合作運動的範圍。然而自九月開始，又有幾種針對港鐵卻是和平的不合作運動：

一、拒坐港鐵，改乘其他交通工具；有網民製作手機程式供人參考如何用其他交通工具取代坐港鐵的路線。

二、坐港鐵而不付費，即所謂「跳閘」運動：有多種逃避付費方法，但大約一星期後，由於港鐵加派職員甚至有便衣警員協助追捕跳閘者，「跳閘」已經大大減少。

三、杯葛港鐵商場：很快有人指出港鐵的主要收入並非火車業務或售票，而是物業發展及旗下商場的租金，於是發起杯葛港鐵商場商戶的行動。行動包括不光顧港鐵商場，到港鐵的商場靜坐集會抗議，以及號召到港鐵商場純粹閒逛而不光顧等。這類行動由九月初到十月經常舉行，有時由於人群聚集，或者因人群引來防暴警察而令港鐵商場店鋪提早關門，變相達成影響港鐵商場生意的目的。

十月四日，林鄭月娥宣佈引用緊急條例立《反蒙面法》，當晚立即出現大量分區遊行及示威，有人破壞不同港鐵站。港鐵翌日（十月五日）宣佈全線關閉，其後數星期都提早結束服務，配合了政府的心戰策略：示威者的暴力破壞對市民的日常生活帶來很大不便，但有不少人質疑十月前港鐵一直都有車站被破壞，但翌日都可以全線重開，於是質疑全線早收的理據，以及港

9 一項疑點是其後太子站關站兩日，但其他站通行。八三一之後的不少時候、不同港鐵站都有受到破壞，但都不曾關站兩日之久。

鐵背棄其公共交通服務的責任，只是配合政權策略。[10] 彭博新聞更質疑港鐵提早關門是變相宵禁。[11] 到了十二月二日，即區議會選舉後約一星期，港鐵除大學站外全面恢復正常服務。

10·5 消費者的不合作運動

一個較多人投入的不合作運動，是針對食肆或商號的杯葛行動。早在六、七月期間，一些商號例如吉野家，由於被認為曾經裁掉發表支持運動言論的網編，因而被呼籲罷食。其後網上一直有人討論哪些是支持運動的「黃」店，哪些是反對運動的「藍」店，並呼籲運動支持者多光顧「黃」店，少光顧「藍」店。

比較有系統有規模地針對特定集團的不合作或杯葛運動，大約由八月中後期開始。其中包括美心集團，因為其「太子女」（大小姐）伍淑清曾在八月到聯合國人權理事會上發言，指一小撮暴力示威者不代表香港大多數人，而她任校監的中華基金中學亦明言禁止罷課，後來更說要「放棄這一代年輕人」。網民發起杯葛美心旗下商號，包括集團下多間酒樓、餅店、快餐店，以至其代理的其他品牌如「元氣壽司」和星巴克等。九月二十二日，不少人到美心商鋪外示威及抗議，有人惡作劇地拿了大量輪候吃飯的籌號（號碼牌）但不進內吃飯，然後把長長的「籌紙條」在商場內展示，吸引不少人圍觀及傳媒報導。九月二十四日，美心集團發表聲明，指伍淑清在集團內沒有職位，也沒有參與管理。

另外成為眾矢之的包括零食連鎖店「優品三六〇」和富臨集團旗下的食肆，兩者都被認為是由「福建幫」的資本所持有。八月十一日，之前傳聞有「福建幫」人士在其聚居的北角一帶以武力對付示威者。當日有一批人穿相同服色駐守在北角富臨皇宮酒家內，富臨酒家因而被認為是「福建幫」基地，於是其集團店鋪成為被杯葛對象。九月暴力升溫，有示威者對美心集團、優品三六〇和富臨集團的店鋪大事進行暴力破壞，無疑超出了不合作運動的範圍。選擇哪些商號來破壞的界線不大清楚，可能只是出於慣性，多於有清楚的標準和策略。

根據各集團公佈的經營數字，杯葛行動對上述集團業務有一定影響。美心集團在二〇一九年上半年收入為十三億三千萬美元，盈利為七千三百萬美元，下半年收入為十四億七千萬美元，盈利比前一年同期倒退三成至九千一百二十萬元，全年盈利則減少了四千六百萬美元。[12] 港鐵在二〇一九年的客運業務出現虧蝕五億九千萬港元，是二〇〇七年後首見，七月至十一月間乘客量下跌約十四%（一億二千萬多人次），其中十月及十一月下跌達三成，[13] 部份相信是因

10 潘曉彤，〈鐵路達人熊永達　港鐵傷　市民更傷　問誰埋單？〉，《明報OL網》二〇一九年十月十三日。

11 Iain Marlow, Kiuyan Wong, and Jinshan Hong, "Hong Kong Under 'De Facto Curfew' as Subway Stations Shut Early," *Bloomberg*, 15 October 2019.

12〈黃色力量重創業務　美心盈利插三．六億〉，香港《蘋果日報》二〇二〇年三月六日。

為港鐵本身封站及提早關站造成，加上各種維修及保安開支上升，港鐵自己估計運動帶來的損失達二十三億元，整體（尚包含車站商務和物業租賃）盈利雖仍達一百一十九億港元，但已比一年前下降二十五％。[14]富臨集團在二〇二〇年五月發盈警，整年虧損約二億港元。[15]這些企業的盈利下降有部份是因為消費者杯葛，有部份是因為社會氣氛、交通不便和市面不安全影響了消費，而訪港旅客（尤其內地旅客）大幅減少亦對零售市道有相當影響。

另一項與消費行為相關的不合作運動還有針對ＴＶＢ的杯葛。電視廣播有限公司（ＴＶＢ）一直都是香港收視最高的免費電視台，近年來一直被批評立場偏頗及親政府，甚至被譏為「ＣＣＴＶＢ」。[16]在二〇一九年反抗運動中，很多人批評ＴＶＢ的新聞經常只大幅報導示威者暴力破壞的鏡頭及警方回應，而略去不少警察毆打示威者或市民的畫面。支持運動的網民不只呼籲支持者不要看ＴＶＢ、要求家人「轉台」，也包括到食肆吃飯時要求有電視的食肆「轉台」或者專挑不看ＴＶＢ的食肆，還有到ＴＶＢ的公開宣傳活動「踩場」抗議，以至杯葛在ＴＶＢ投放廣告的商業品牌等。有網民發起「經濟制裁ＴＶＢ行動」，詳列在ＴＶＢ投放廣告的商號，呼籲支持運動者杯葛其商品，亦有網民上商號的網站留言，要求停止在ＴＶＢ放廣告。

這系列的行動有一定的影響力。ＴＶＢ因此取消不少公開宣傳活動（例如商場活動）或者大型節目（例如籌款活動），亦有一些商號公開表示在某時間後不再在ＴＶＢ投放廣告，其中不少都是大公司。運動飲品寶礦力更因為公開表示「撤回」在ＴＶＢ的廣告而被視為「同路人」，一度成為參與抗爭的人首選的飲料。TVB在二〇一九年由於廣告收入大幅下降二十二%，虧損達二億九千五百萬，[17]反而其競爭者ViuTV及HKTV則收益及股價皆上升。

觀乎整個運動期間，少有商號或商人公開表示反對運動的立場，說明消費者的不合作運動作為政治上的反制力量，收到一定的效果。伍淑清在十月十二日接受內媒訪問時訴苦，指不少香港商界因為害怕被針對而不敢就運動表態。[18]這和香港一直以來的情況相反：過往的政治爭論中，本地商界都因為北京的壓力而表態支持北京的立場。八月期間，在中央定調「止暴制亂」之後，本地商界受到一定壓力，不少財團和富豪都有在報章登廣告支持政府和反對暴力，但算不上高調地出錢出力反對運動，和二〇一四年雨傘運動時的取態不同。部份原因當然是香港商界本來就有不少是反對修例的，亦未必認同政府處理運動的手法。當商界明白反抗運動有民意支持，高調支持政府可能會招致消費者杯葛，影響自己的商業利益，於是在政治表態時便會有所顧忌。

13〈港鐵指受社會動盪影響　香港經常性業務盈利減十六億元〉，《香港電台新聞》二〇一九年十二月五日。
14〈港鐵本地客運勁蝕近六億〉，香港《蘋果日報》二〇二〇年三月六日。
15〈富臨發盈警　料全年轉虧蝕二億〉，《香港經濟日報》二〇二〇年五月五日。
16 CCTVB＝CCTV（中央電視台）＋TVB。
17〈電視廣播虧損擴大至二·九五億　星美債券減值三·三億〉，《香港經濟日報》二〇二〇年三月二十五日。
18〈伍淑清受訪　稱港商界不敢發聲可悲〉，《明報新聞網》二〇一九年十月十三日。

另一項曾經引人注意的不合作運動是「提款」行動。想法是如果大量支持運動的人從銀行提走現金，或者將港幣存款轉成其他貨幣，那麼銀行系統可能沒有足夠現金周轉，如此就會衝擊金融體系，給政府帶來壓力。運動早期有人呼籲從中資銀行提走現金或／及取消戶口。八月十六日是網上呼籲的「全民大提款日」，其後在九月七日再有人發起，但似乎成效有限，對銀行體系和政府都沒有造成很大壓力。原因應該很簡單：支持抗爭者不是大富大貴，資金有限，把個人存款提走難以衝擊整個金融體制。這項行動跟一般「擠提」（擠兌）銀行不一樣：行動者的存款是分散在不同銀行的，而政治行動亦無法製造某種恐慌令普通市民也去銀行提款，令銀行出現資金困難，因而並沒有成為有效的抗爭行動。

10.6 黃色經濟圈

七、八月開始，有人呼籲把抗爭和消費活動結合。除了杯葛「藍店」或港鐵商場外，還包括在每個星期五、日進行罷買，以減少消費來影響經濟日常運作，以及將消費集中在「黃」店等。有人設計了手機程式，將不同地點的「黃店」和「藍店」列出，鼓勵同路人多到黃店而不光顧藍店，從而慢慢發展成「黃色經濟圈」的概念。

在商號而言，「黃」「藍」的界線往往難以定義。被分類在「黃店」通常有幾種原因：一、店主曾在某些日子呼籲或響應罷工或罷市以示支持運動；二、店內設有「連儂牆」或其他支援抗爭的裝飾例如壁畫等；三、店主曾表示會將收入（例如義賣或某幾天的商號收入）捐給抗爭基金；四、已知或曾公開表達店主支持抗爭的立場；五、在單據上或其他位置標示支持運動的口號（例如「五大訴求，缺一不可」，或者早期的「香港人加油」等）。

至於「藍店」的界定標準往往是：一、老闆或其所屬的集團已知的政治立場，或者在運動期間曾有打壓運動／抗爭者的行為；二、老闆或員工曾公開（例如在網上）表示支持警察或批評抗爭者的言論，或者有人聽到日常在店內表達類似立場；三、會用一些不受抗爭者歡迎或表達支持警察等立場的藝人打廣告或代言；四、資金背景，例如國企、中資或所謂紅色商人所擁有。

到了大約十一月，有關黃色經濟圈的討論愈趨熾熱，內容亦愈見豐富。早期黃色經濟圈的消費範圍主要是食肆，慢慢網上有人列出各種消費品（包括食品、零食、日用品、清潔用品）如何分藍黃，亦往往有人在網上群組詢問各種服務商品有哪些是黃店（包括牙醫、化粧、裝修等），以至電影院也可以分藍黃，然後發展出各種手機程式、網上地圖等方便支持者查詢及提供資訊。後來還發展至增加了網購平台、速遞服務、的士台（叫車服務）、外賣平台等。概念更擴展至不單是個人的消費或飲食行為，也包括黃店或支持抗爭者應該優先聘請被捕的「手足」或支援生活有困難的抗爭者、建立「黃色」的物資供應圈、盡量減少使用內地或中資的供貨或原材料，甚至觸及金融層面：例如討論成立基金讓支持運動的人可以將錢存放其中作儲蓄投資及支持抗爭，以及發行「黃色貨幣」供圈子內的人消費及互相支援等。[19]

黃色經濟圈的概念在十一月後被熱烈討論有其時間上的因素。九月後暴力衝突加劇，街頭抗爭被捕和被暴力對待的風險增加，很多「和理非」難以有和平表達意見的機會。運動進入某種困局，不少人開始思考長期持續抗爭的路向。「黃色經濟圈」是很多「和理非」可以長期參與的抗爭模式，尤其「和理非」中不少是有一定收入的中產階級，以及消費力強的年輕人，很樂意在經濟和消費層面實踐抗爭。

黃色經濟圈在十二月間引來建制的攻擊，大約一個月內，《大公報》和《文匯報》有至少數十篇評論文章大力批評黃色經濟圈，包括認為這是「經濟港獨」、騙財的陰謀、納粹式的歧視行為、令社會更趨政治化和撕裂，以及嘗試經濟資助「暴徒」的行徑。商務及經濟發展局長邱騰華亦三度公開發言批評黃色經濟圈的概念，認為既不可行又違反自由市場原則。另有其他專欄及評論加入，部份論者把黃色經濟圈與搗毀藍店混為一談，另有論者說這會加劇社會撕裂、以政治價值凌駕消費行為，不可行也不能持久。二〇二〇年五月一日的「五一黃金週」，抗爭圈子發起在數日的長假期間多到黃店消費，引來中聯辦發表公開聲明，指黃色經濟圈「罔顧自由市場原則」、「人為製造社會撕裂」、「是一種政治綁架經濟的政治攬炒」。

面對一系列猛烈的批評，網民或者相信「黃色經濟圈」的人做出的反應非常直接和有趣：

「他們這麼大力批評，一定是我們做對了。」以政治或個人理念加諸消費行為，作為社會運動的行動形式，在西方其實頗為普遍，例如消費者因NIKE在東南亞經營血汗工廠、麥當勞破壞環境、星巴克剝削咖啡農而杯葛其產品，都是有名的消費者運動。有經濟學家提出「身份經濟」（Identity Economics）的概念，[20]即個人的消費行為除了經濟和金錢考慮外，也可以連結自己的身份認同，帶來更多的滿足感。

到了二〇二〇年初，從民間的地圖或程式的區分來看，被明確分類為「黃」或「藍」的店只佔總體少數，且以食肆偏多（這也是消費行為上比較容易實踐的），有關分類也不大全面及一致，整體上觸及的經濟領域和產值仍然很小。這段期間有關「黃色經濟圈」的討論和實踐都還很初步，影響主要及於意識形態多於實質經濟。概念上，這慢慢發展成某種圈內的多元合作，以及在物料供應上不倚賴中國的產品。[21]中大傳播與民意調查中心在二〇二〇年四月的調查反映，有四十八%被訪者曾經因政治立場而刻意光顧某些商戶，亦有四十六%表示曾因政治原因

19 徐家健，〈和理消—黃色代幣經濟圈〉，《am730》二〇一九年十一月二十五日；劉細良，〈黃色經濟與素人之亂〉，香港《蘋果日報》二〇一九年十一月二十二日；曾國平，〈如何打造黃色經濟圈〉，香港《蘋果日報》二〇一九年十二月六日；沈旭暉，〈大考驗・大戰略：區選後的分裂與團結〉，《明報新聞網》二〇一九年十一月二十四日。

20 George Akerlof and Rachel Kranton. 2010. *Identity Economics: How our Identities Shape Our Work, Wages and Well-being*. Princeton: Princeton University Press.

21 劉修彣，〈黃色經濟圈的理想和掙扎：紅藍之外，他們要重掌經濟自主〉，《端傳媒》二〇二〇年五月六日。

而抵制或罷買某些商號，會這樣做的人主要是民主派支持者，換言之這種意識在民主派支持者之間已經頗為普遍。[22]

「黃色經濟圈」無疑是不少人準備作長期抗爭，轉入「日常反抗」（Everyday forms of resistance）[23]模式的反映。從長期抗爭或香港公民社會發展的意義來說，發展「黃色經濟圈」主要有幾種意義：

一、中國政府一大部份的政治施壓手段是經濟性質的。不少商界不敢表態反對政權或支持民主，因為害怕在商業經營上會被針對、打壓或邊緣化。本地消費者的行為可以成為反制及平衡力量。這種情況就如支持民主的藝人例如何韻詩、杜汶澤等會喪失內地市場以及香港的不少商業機會（例如廣告代言），但也會有一批新的（部份是政治性的）支持者而使他們有立足之地。這麼一來，也會令一些商號或集團要公開表態支持政府時，需要考慮另一層面的商業代價，起到一點平衡作用。

二、從公民社會的角度看，這是透過日常的消費和經濟生活，將較多經濟資源帶給「同路人」或民間社會，減輕了對政府資源的倚賴，增加了民間的自主空間。這是一種「自力更生」的自救行為，令抗爭群體可以得到民間的資源而得以生存及自保，並透過群體的互助來集結力量，減少受政府及建制的控制。

三、這麼做可以改變普通人的生活習慣，因而打破本來生活中大集團對城市空間和商業消費的壟斷和支配，例如多光顧不是身處大商場的小店、減少光顧大集團及旗下商場，由於不乘搭港鐵而減少了經過港鐵商場的各類連鎖店及商鋪等。城市生活習慣的改變令城市運作的政治經濟邏輯改變，進而令社會資源得到重新分配。

四、把抗爭帶到生活中，除了是一種日常的抗爭，也是一種「個人的也是政治的」（personal is political）原則的實踐，令每個人思考如何將個人日常行為連結到政治信念，並付諸實踐以發揮政治效果。累積下來，這會根本地改變公民對個人和社會關係的思考。

10·7 小結

反抗運動中對不合作運動的想像，建基於可以透過癱瘓社會運作和經濟生產，造成重大的經濟損失而迫使政府讓步，所以其實是一種不怕「攬炒」的想像。從二〇一九年運動的經驗看，抗爭陣營能動員的經濟或生產資源有限，因而好幾波的不合作運動都無法迫使政府讓步。對社會運作影響較大的主要是兩項：一是對基要設施如機場等的堵塞，但被政府快速作出針對性的防衛以致無功而回；另一就是用暴力破壞基本設施，但這種高風險的行動一方面會引來警察的

22 梁啟智，〈民意調查：真係有「黃色經濟圈」？疫情後再抗爭？〉，《關鍵評論網》二〇二〇年四月八日。

23 James Scott. 1985. *Weapons of the Weak: Everyday Forms of Peasant Resistance*. New Haven: Yale University Press.

強力打擊（相關的刑事責任亦較重），另一方面不少市民並不接受，這麼做可能會流失民意支持。

二〇一九年反抗運動中的不合作運動，帶來的更多是意識上的影響和改變，至少有三方面：

一、有更多的人理解組織的重要性：「無大台」是反抗運動的中心思想，但「無大台」之下的一大難題就是難以組織大規模而持續的不合作運動，例如罷工，純粹倚賴個人自發而要持久行動有其困難。到了十月～十一月左右，更多人醒覺到需要組織以支援持久的運動，以承載運動的能量、集結力量和提供支援，令民間參與可以持續以作長期鬥爭，於是慢慢演化成年底開始的新工會潮和黃色經濟圈。

二、和第六章〈政權策略篇〉討論的「攬炒」邏輯相似，二〇一九年反抗運動帶來的一項意識改變，是理解及接受抗爭需要付出代價，包括經濟代價。當不少抗爭者已經作出犧牲，包括被打和被捕被控，更多同情運動的人覺得自己沒理由不能付出一點代價來支援運動。這種代價可以是個人的時間和金錢、生活上的不便、生活質素的變差等，於是因為不搭地鐵或光顧黃店而多花了時間金錢，交通和公共設施被破壞帶來的不便和時間損失，整體經濟下滑帶來的收入影響，都有更多人願意接受及承擔，不會因為個人多花資源時間而影響其對運動的支持。這是二〇一九年反抗運動超越二〇一四年雨傘運動之處。

三、不合作運動要成功必須有大量的人長期的參與，因而變成每個普通人都有責任。這是一種沒有領導的日常抗爭，講求民間自發、集結力量、廣泛參與。當有更多普通人覺得要在日常生活層面多花時間資源來支援民間運動時，對下一階段的公民社會組織和參與便會產生重要影響，而影響不止限於民主運動，還可以觸及其他民間行動。踏入二〇二〇年，大型群眾動員因新冠肺炎而暫時止息，卻引發了民間自發組織自助救災的浪潮，包括張羅口罩等防護物資、社區互助、民間動員協助防疫等。其後的反抗運動能否持續，端視每個香港人的堅韌程度。

CHAPTER 11

反抗運動與香港人身份

由始至終，二〇一九年的反抗運動都是一個香港人身份政治的運動。跟運動的很多層面一樣，這是雨傘運動的一個繼承。雨傘運動提出的精神包括「自己香港自己救」、「命運自主」、「新獅子山精神」等，造就了一重新的政治身份。這種政治身份在二〇一四年後部份轉化為本土思潮以至對自決及港獨的支持。到了二〇一九年的反抗運動，種種因素令這個新的香港人身份迅速發酵，極速地催化了一個新的香港人身份，建構了一個新的命運共同體。用我曾經說過的話語，是「以一個夏天推進了一個時代。」[1]反抗的經驗營造了一個新的香港人身份，將會根本地改變中港關係和其後香港政治的走向。

1 馬嶽，〈這個夏天：實踐的共同體〉，《星期日明報》二〇一九年九月十五日。

11.1 香港人身份的前世今生

11.1.1 香港意識與民族認同

香港人身份認同的研究，一般以為香港人身份的意識發軔於七十年代。戰後居港者大多從內地跑來香港，覺得自己是中國人多於對香港有強烈的身份認同或歸屬感。七十年代後，多重的因素令新一代以「香港人」自居。從人口變化看，戰後在香港土生土長的一代開始模塑屬於香港本土的生活和流行文化。從社會發展階段看，香港自七十年代起生活水平改善，向上流動機會增加，而政府亦多作社會福利及政策改革，令不少人對香港的歸屬感增強。由於中國大陸經歷文革的政治動盪和經濟貧困，令香港人更加珍惜香港的相對安定和繁榮，進而造成一種相對內地中國人的優越感。七十年代開始蓬勃發展的粵語流行文化產品（包括流行曲、電視劇、電影等）不單造就獨特的本土文化和集體回憶，亦大量出口至世界各地，形塑了香港在華人社會以至世界各地的形象。[2]

這種香港人身份，一直可以和中國人身份並存。在八十年代初期香港前途問題出現時，民族主義相當強勢，在公眾辯論上支持回歸的輿論很快便壓倒了支持延續殖民管治。民族認同亦令香港人非常積極地支援八九年的北京民運，以及持續三十多年以維園燭光集會的形式紀念六四鎮壓。自九十年代開始，只要遇上內地的天災，香港人都會大量捐款到內地。中大和港大自八十年代起的定期調查都反映，認同自己是「香港人」、「中國人」、「兩者都是」的比例多年來雖有起有伏，但不少香港人仍然有相當強的中華民族認同感。

根據周佩霞和馬傑偉的研究，在回歸後初期，香港人對中國的認同慢慢上升，他們把這稱為「現實的愛國主義」（pragmatic patriotism）。[3]除了因為香港在九七後增加了不少政府的國情教育和宣傳外，中國的國勢漸強，香港的經濟愈來愈倚賴中國等，都令香港人對中國人身份產生一種現實主義的自豪感。[4]

近年有關香港人身份認同的調查反映，二〇〇八年是香港人認同「中國人」身份的高峰，也是分水嶺（見表一）。北京奧運把全城的愛國情緒推向高峰，但之後卻無以為繼。石磊等的

2 呂大樂，一九九七，〈香港故事——「香港意識」的歷史發展〉，收錄於高承恕、徐介玄編，《香港：文明的延續與斷裂》，台北：聯經，頁一～一六；呂大樂，二〇〇二，〈思想「九七前」與「九七後」香港〉，收錄於謝均才編，《我們的時間，我們的地方：香港社會新編》，香港：牛津大學出版社，頁四五〇～四七五；Siu-kai Lau. 2000. "Hongkongese or Chinese: The Problem of Identity on the Eve of Resumption of Chinese Sovereignty over Hong Kong." In Siu-kai Lau ed. *Social Development and Political Change in Hong Kong*. Hong Kong: Chinese University Press, pp.255–284; Ngok Ma. 2015. "The Rise of 'Anti-China' Sentiments in Hong Kong and the 2012 Legislative Council Elections." *China Review* 15, 1: 39–66; 馬傑偉，一九九六，《電視與文化認同》，香港：突破。

3 周佩霞、馬傑偉，二〇〇五，《愛國政治審查》，香港：次文化堂。

4 同上註。

表一｜香港人的自我身份認同

調查期	被訪者數目	香港人（%）	在中國的香港人（%）	在香港的中國人（%）	中國人（%）	其他（%）	不知道／難說（%）
7-12月/2019	1010	55.4	22.4	9.9	10.9	0.2	1.2
7-12月/2018	1005	40.0	26.3	16.9	15.1	0.7	1.0
7-12月/2017	1034	38.8	29.0	16.1	14.5	1.3	0.3
7-12月/2016	1001	34.6	29.1	17.7	16.3	1.4	1.0
7-12月/2015	1011	40.2	27.4	13.0	18.1	0.9	0.4
7-12月/2014	1016	42.3	24.3	15.0	17.8	0.6	0.0
7-12月/2013	1015	34.8	27.6	15.0	21.8	0.8	0.1
7-12月/2012	1019	27.2	33.1	16.1	21.3	0.6	1.7
7-12月/2011	1016	37.7	25.3	17.8	16.6	0.6	2.1
7-12月/2010	1013	35.5	27.6	13.8	21.1	0.4	1.5
7-12月/2009	1007	37.6	23.9	13.1	24.2	0.2	1.0
7-12月/2008	1016	21.8	29.6	13.0	34.4	0.5	0.7
7-12月/2007	1011	23.5	31.5	16.0	27.2	0.7	1.1
7-12月/2006	1011	22.4	24.3	20.1	31.8	0.6	0.7
7-12月/2005	1017	24.8	26.5	16.9	30.7	0.0	1.1
7-12月/2004	1007	25.9	23.1	16.2	31.6	0.4	2.8
7-12月/2003	1059	24.9	23.4	15.6	32.5	0.3	3.3
7-12月/2002	2043	30.0	21.7	14.7	31.1	0.5	2.1
7-12月/2001	2077	29.0	24.2	14.0	28.7	0.4	3.8
7-12月/2000	2127	36.3	23.0	14.2	21.3	0.7	4.7
7-12月/1999	1660	33.5	22.6	17.0	23.6	0.4	2.9
7-12月/1998	1587	36.6	23.5	16.7	19.9	0.4	2.9
7-12月/1997	2080	35.9	23.6	19.9	18.0	0.3	2.5

資料來源：香港大學民意研究計劃，〈市民的身份認同感〉。

研究反映，在二〇〇八年前，香港人的身份和中國人的身份一直都是並容的，但二〇〇八年後愈來愈多「香港人」不願被視作中國人。[5]這項變化的原因沒有人可以認真地說清楚，但應該主要有兩方面的原因：一、香港人逐漸形成獨特的政治身份，開始與認同中國出現衝突；二、中國政府以至內地人在香港的形象逐漸變差。

11.1.2 政治運動與港人身份

香港的社會和政治運動，對香港人的政治身份形成有一定的作用。呂大樂認為六六年和六七年的暴動，對不少當代的香港人來說是個警醒，讓他們開始思考「香港往何處去」的問題。[6]七十年代的社會運動帶來不少社會政策和福利的改善，令戰後嬰兒潮世代覺得殖民社會原來是可以改革的，從而增加了對香港的歸屬感。七十年代的學運和社會運動，和八十年代的民主運動，都是土生土長的香港人透過政治參與，嘗試改變香港政治和社會現狀的努力，加上憧憬回歸後的「港人治港」、「一國兩制」，對香港人的本土認同都有加強的作用。

二〇〇三年七一遊行成功阻止國家安全立法，帶來新世代的政治覺醒，是一個重要的「充

5 Christoph Steinhardt, Linda Chelan Li, and Yihong Jiang. 2018. "The Identity Shift in Hong Kong since 1997: Measurement and Explanation." *Journal of Contemporary China* 27, 110 (2018): 1–25.

6 呂大樂，〈香港故事——「香港意識」的歷史發展〉。

權」運動。二〇〇三年後一系列以保育為主的運動，則對本土政治認同的形成發揮很大的推動作用，其中包括二〇〇四年保護海港運動、二〇〇五年保衛天星碼頭、二〇〇六～〇七年保衛皇后碼頭、以至二〇〇九～一〇年的反高鐵運動。這些運動的共同點，是在重構香港的歷史，反思過往的香港人如何締造這座城市，打破政府新自由主義式的「香港是經濟城市」的純物質主義論述，強調香港過往一直都富有社會抗爭和政治開放的歷史，令新一代反思土地和人的關係，重新認識香港歷史，以及確認香港歷史的特殊性。

二〇一四年的雨傘運動對香港人是另一個大規模的政治覺醒。佔領運動前一、兩年的政改討論過程，和七十九天的佔領經驗，促進了一個新的政治身份的形成。從原來佔中運動引發的政制方案的討論、應否公民抗命的討論，到多次的商討日，整個城市都在思考香港的政治前途。對不少支持民主自由的年輕一代來說，政制討論和有關公民抗命的思考，都彷彿在反覆詰問每個香港人可以為香港做些什麼，以及自己願意為香港的民主前景和自由自主付出多少。佔中運動強調港人要「發聲」，在長達一年多有關不同政制方案和普選概念的爭論中，民間對公民提名以及無篩選普選方案的堅持、網上公投和其他動員行動，直接挑戰了政權那種精英主義的意識形態，以及現存由工商界主導的政經體制邏輯，此一強調平等參與、人民當家作主的精神，進一步推進了香港人的身份認同。

這幾項意識改變加起來，最佳的總結就是佔領運動期間金鐘「大台」背景的四個大字：「命運自主」。對雨傘一族或者「黃絲」來說，香港人要自己掌握自己的政治制度、前途和命運，是雨傘運動最重要的精神。呼應台灣太陽花運動的口號，就是「自己香港自己救」。從中國政府的角度看，香港人說要自己決定自己的政治命運，無疑就是反對中國對香港的統治權和中國政府在憲制上的決定權，也就等同「港獨」的思想了。

雨傘運動七十九天的持續對抗促成了一種新的政治身份，以及一種「新獅子山精神」。對於支持雨傘運動的人來說，雨傘運動或者「黃絲」這種政治身份，象徵的價值包括崇尚自由、民主、和平、法治、平等、真誠、自治，以及一種貼近西方普世文明價值的觀念，尊重個人的價值和自主性，以及無私地為了香港的未來（民主和自由）作出犧牲和奉獻。對他們來說，政權象徵的是精英主義、暴力、謊言、貪瀆，以及高高在上的不理民意。雨傘運動因而有一種庶民的動力，一種由下而上人人平等自發的民間運動精神。

「新獅子山精神」源於有人在香港地標獅子山頂掛上巨大的「我要真普選」的直幡（布條）。爬上獅子山頂掛這巨型直幡本已不容易，之後其他山頭出現同類直幡，在不止一次被除下後又再掛上。對抗爭者來說，「新獅子山精神」代表的是一種為理想堅持不放棄的精神，體現在常用的口號「拆一掛十」，顯現的是為了政治信念，縱使面對強大的政權力量打壓（包括北京和香港政府、商界力量、警察和黑幫的暴力、親政府的傳媒等），仍然堅韌團結的力量。這和舊的「獅子山精神」相同的是強調自力更生（靠自己）、刻苦耐勞不放棄，不同之處則是目標並非物質主義的溫飽或經濟繁榮，而是抽象的政治價值如自由民主，以及香港人要自行決定自己的生活方式。

11．1．3 中國的負面形象

二〇〇八年香港人對中國的認同達高峰時，或多或少是對中國的持續改革抱著期望的。在被視為溫和務實的胡、溫領導下，二〇〇八年前後香港人對中國政府的評價有時比對特區政府還高。但由二〇〇八年開始，香港人對中國政府和內地人的印象急速轉差，很快出現「反中」情緒。[7]

政治方面，中國在〇八京奧前有自由化的「小陽春」，但〇八後沒有持續走向政治開放，反而著力打擊維權、公民社會和傳媒，到了二〇一二年習近平掌權後變本加厲，在政治價值上和香港民主派或年輕人抱持的自由民主理想距離愈來愈遠。二〇〇八年四川發生汶川地震時，香港人積極捐款超過百億港元賑災，後來卻發現不少災款落入貪官口袋，不少災區重建變成「豆腐渣工程」。類似的內地貪污、侵犯人權、社會問題的新聞經常可在香港看到，令中國政府在香港人（尤其年輕一代）眼中形象變差。

二〇〇三年香港因沙士（SARS）而經濟陷於低谷，當時香港人對來自中國的經濟援助措施基本上是歡迎的（包括CEPA的更緊密經貿關係、開放自由行、各項跨境基建計劃等）。

但數年以後，不少人開始發覺中港快速融合的各種弊病，包括大量自由行旅客造成交通和城市擠迫、物價和租金上升、大量水貨客造成的困擾、以及搶奪資源如病床和日用品如奶粉及藥物等，而所謂中港融合會帶來經濟機遇的受益者亦只侷限於少數人。香港人開始懷疑中港融合是否必然是好，開始懷疑跨境工程如港珠澳大橋和高鐵是否物有所值，而不少人亦對新移民或內地來客抱持負面印象，認為他們大量湧入破壞了香港的原有生活方式。不少人認為特區政府的施政只會迎合中國政府和內地利益，並非以香港人的利益優先。一直以來，親中媒體都會指香港民主派「反中」，但民主派反的只是中共政權而不是中國人民，然而新一代的「反中」情緒，卻包括了對內地人的反感。

雨傘運動功敗垂成，沒有爭取到制度上的改變，但帶來思想和意識上的改變。一個重要的影響是對「一國兩制」的徹底失望、民主派當中溫和溝通路線的破產，以及更多人確認中國政府就是香港民主自由最大的敵人。對很多年輕一代來說，「八三一方案」不啻是宣佈了基本法承諾的「普選」其實是「假普選」，而在一國兩制下香港不會有真正的自由和民主。這項改變推動了港獨思潮，使得本土論述相對於認同中國或者「愛國」思想，在年輕人之間愈趨強勢。[8] 二〇一六年立法會選舉中，被界定為「本土派」和「自決派」的候選人在直選中總得票數佔

7 Ma, "The Rise of 'Anti-China' Sentiments in Hong Kong and the 2012 Legislative Council Elections."

十五%，共有六人當選。

本土意識到了二〇一九年的反送中運動，得到快速的推動。

11·2 運動早期的身份動員

一直以來，反送中運動的焦點都是強調香港與中國的不同，特別是香港的法治水平、司法保障、公民權利方面。在六月九日遊行前，運動的主要論述是如果修例通過，一國兩制變相終結，令香港和大陸其他城市沒有分別，外資可能撤離，亦可能令西方國家改變對香港自由城市的定性，甚至可能因此經濟制裁香港，香港的國際城市身份從此不保。

不少香港人（尤其年輕人）覺得在香港的自由、自治、公平和法治近年迅速受侵蝕下，修例會變成摧毀一國兩制和香港的最後一根稻草，於是反修例變成香港的勝負存亡之戰。不少人對這場戰役抱著「終極一戰」（Endgame）[9]的心態，部份解釋了為什麼抗爭者在整場運動中有這麼大的犧牲精神和決心，因為他們覺得香港形勢惡劣已無退路，只能放手一搏。

如第二章〈百萬人上街之前〉所言，五月期間不同中學校友和學生發起的聯署反修例，是一種身份政治的表達。香港成長的人大都有一間中學母校，當不同學校有校友發起聯署反對修例時，觸發了很多人想像「什麼時候到我的學校」，而不同學校的聯署信內容不是單純地複製其他聯署聲明的內容，而是往往引用校訓、學校的宗教信仰等精神特質來支持其立場。[10]這麼做引發了校友的共鳴，也將本來並非經常參與抗爭的人聯繫起來，強化了各人對自己所屬學校或群體的身份認同。同時期，也有不少其他群體以不同名義發起聯署，包括專業組織、宗教組織、地區居民，或其他身份（例如「一群師奶」等）。

這是二〇一九年反抗運動的一個特色：在沒有大台的情況下，不同小眾群體都可以分別接觸自己的群眾圈子以發起行動。這是一種「兄弟爬山，各自努力」的邏輯，在團結為香港的大前提下，個別利用自己的崗位或者資源做不同的事情。整個運動的特性就是不同小眾各自發功，各人反求諸己可以為香港或這個運動做些什麼，然後組合成為一個大的「香港人」的集體行動。

8 有關雨傘運動後對本土及港獨思潮的影響，可參看Malte Kaeding. 2017. "The Rise of 'Localism' in Hong Kong." *Journal of Democracy* 28, 1: 157–171; Sebastian Veg. 2016. "The Rise of Localism and Civic Identity in post-handover Hong Kong: Questioning the Chinese Nation-State." *The China Quarterly* 230: 323–347; Che-po Chan. 2016. "Post-Umbrella Movement: Localism and Radicalness of the Hong Kong Student Movement." *Contemporary Chinese Political Economy and Strategic Relations: An International Journal* 2, 2: 885–908.

9 這個說法當然是呼應了二〇一九年在全球上映的電影《復仇者聯盟：終局之戰》（*Avengers: Endgame*）的英文片名。

10 彭麗芳，〈從反逃犯修例事件　拆解聯署熱烈之謎〉，《明報OL網》二〇一九年六月九日。

11・3 地區身份動員

這種小眾身份動員，在反送中運動中最明顯的，就是不同地區身份的動員。由七月開始，運動「遍地開花」，加上警察重複進入社區引發的反抗和保護社區意識，令地區的身份認同在運動中扮演前所未見的重要角色。

11・3・1 區區連儂牆

六月三十日，在金鐘添馬公園出席「撐警」集會的群眾，到金鐘政府總部附近，拆毀了紀念梁凌杰的「靈堂」和模仿二〇一四年雨傘運動的連儂牆（規模比二〇一四年小）。拆掉金鐘連儂牆引發了不同人在不同區的公共空間包括牆壁、告示板、行人隧道等自行建立連儂牆，一時間遍地開花，在各區的地鐵站口、行人通道和各種牆壁，都有人自製連儂牆以表達對反送中運動的支持和政見。其中以大埔港鐵站外連綿數百公尺的「連儂隧道」以及後來葵涌區的大型壁畫尤為矚目。接著是學校、醫院、餐廳等各種場所，只要是社區的當眼點（顯眼處），支持者都設立了不同規模的連儂牆。

「區區連儂牆」有幾個特殊性，使之可以普及並推動了整個運動中的身份認同：

一、成本非常低，用的貼紙或者各種文宣紙張的印刷成本都非常便宜，令很多人可以自發地參與及表達意見。

二、這是一種表達政治意見的「和理非」方法，和平、幾乎沒有抗爭代價。[11]所有人（包括學生和小孩子）都可以輕易參與，路過便可表達意見。

三、不同社區、屋邨、學校、醫院、小型社區或工作地點，都可以設立屬於自己的連儂牆，有一定的強化社群意識的作用。

四、大型遊行和集會所費時間較多，不是每個人都能參與，但在社區中發起連儂牆、在上面發表意見，則很多人都可以做，時間成本很低，令參與運動的層面更擴闊。

連儂牆建立不久，便有看不順眼的人嘗試撕走標語及貼紙，甚至襲擊在場貼標語或「守護」的人。從身份政治的角度看，這引發了兩種回應：第一是有人堅持要守護當區的連儂牆，作為一種守護社區抗爭象徵的精神，引申至堅持守護香港的精神。後來有人開始辯論應否守護連儂牆：如果面對暴力襲擊而又不會獲得警察保護，則守護有受傷危險，但若以武力對抗施襲者反而可能被捕被控，並不值得；也有人辯說「如果連自己區的連儂牆都守護不到，如何守護香港？」第二種回應是「撕一貼十」，即如果有人撕毀連儂牆，便發動張貼更多新的標語。這無

11 有人指出張貼連儂牆可被視作觸犯香港法例中的《公眾衛生及市政條例》，因為是在私人或政府土地上未經批准張貼標語或海報，亦可能因此觸犯刑事毀壞罪。到了二〇二〇年間，一些張貼連儂牆者的確會以「涉嫌刑事毀壞」的原因被捕。

疑是雨傘運動「新獅子山精神」、「拆一掛十」的延續，代表了一種堅韌不放棄的精神。其中最突出的例子是七月十八日深夜有不少人到大埔連儂隧道大肆撕毀牆上標語，但在不足二十四小時內新的標語幾乎又貼滿了整條隧道，這種堅韌不放棄的精神一方面鼓舞了其他人的士氣，一方面也有更新訊息的作用。

11.3.2 分區遊行與身份動員

多年來，香港大型的政治遊行都是在港島舉行，遊行路線通常只及銅鑼灣、灣仔、中環各區，如果終點是中聯辦則會走到上環和西環。七月開始的一連串非由民陣發起的遊行，路線都不在港島，部份以地區議題作號召（不是反送中），但遊行期間「五大訴求」及相關的政治口號仍然是主導。這些分區遊行包括：

一、七月六日的「光復屯門」遊行，主旨是抗議屯門公園長期有女性賣唱帶來的噪音、滋擾及風化問題。

二、七月七日的九龍區遊行，是首次反送中在九龍區的遊行。

三、七月十三日的「光復上水」遊行，主旨是反上水區的水貨問題。

四、七月十四日的沙田遊行。

五、七月二十七日的元朗遊行，本來主旨是抗議七二一事件，但由於警方反對遊行，改為參加者自發前往元朗，有數以萬計的人到元朗市區聚集及遊行，被警方驅散。

六、七月二十八日上環的「追究警方七二一上環開槍」遊行。

七、八月四日的將軍澳遊行，同日西環申請遊行被反對，改為集會，結果集會群眾行出馬路。

八、八月十日的大埔區遊行。

九、八月十一日的深水埗遊行。

十、八月十七日的「光復紅土」遊行，主旨是抗議自由行旅客影響區內（紅磡及土瓜灣）民生及交通。

十一、八月二十四日的觀塘區遊行，除五大訴求外，亦關注區內新設的智能電燈柱會否有人面辨識功能而成為監控工具。

十二、八月二十五日的荃葵青遊行。

這一系列的分區遊行和行動，推進了二〇一九年反抗運動中的地區社區意識。部份運動與社區內積存已久的民生問題相連結，借助反送中運動的聲勢令更多人參與抗議社區問題，也捲入不少本來並不熱衷反送中的地區居民，進而助長反送中運動的聲勢，可以說是一種「互借東風」的策略，同時又因參與人數眾多而對政府帶來更大壓力（反對屯門公園噪音的行動是最佳例子）。

這些分區遊行不啻是一種「遍地開花」，意在吸引不同分區的居民參與行動。過往的遊行都在港島，對某些區的居民來說可能太遠，但在「本區」舉辦遊行時，當區的人就會覺得自己有責任參加，無疑是身份政治和社區歸屬感的體現。這種分區行動在七、八月間有時演變成各區互相比較以至競爭的心態，例如有人會在其他區舉辦過遊行後詢問「幾時到我這區」，因而促進了地區行動的發展，結果幾乎所有區都曾舉辦過分區遊行。[12]八月間曾有網民討論，十八區當中哪一區的人抗爭行動和意識最厲害，那一區便可以被封為「首都」，這當然有鬧著玩的成份，卻反映了一定的地區身份認同和意識。

11.3.3 保衛社區與家園

七月中之後的一個變化，是警察重複地進入社區和住宅區域，因而很容易和地區的居民／街坊對抗衝突，反而激發了更強的社區意識（亦見第十二章〈警察暴力與基本權利〉）。七月十四日沙田遊行後，警方進入新城市廣場商場搜捕示威者，並在商場內和示威者激烈衝突。新城市廣場作為沙田地標和交通樞紐，是很多沙田人所共同擁有的生活經驗。商場內人群競相走避防暴警察的鏡頭，以及其後警察走入民居範圍被居民驅趕的場面，令市民印象深刻。

其後數個月重複的劇目，是警察在街道上及民居附近施放大量催淚彈，以及進入商場和屋苑範圍作搜捕或驅散，引發不同區居民的不滿及反抗。警察進入社區後，與其對抗的往往是普通居民或街坊，穿的是「街坊裝」（例如汗衣和拖鞋），而不是黑衣或有防護裝備的抗爭裝束。這種情況更容易引發普通人的同情，質疑警察是否有權進入私人地方或屋苑範圍，以及有沒有必要對「街坊」使用武力。常有居民力拒警察進入居住區域，這時社區領袖（例如業主立案法團主席或區議員）就會扮演一定領導角色，抵抗警察進入社區。有時居民成功趕走警察，以至商場或屋苑的保安員不讓警察進入範圍，都會被同情運動者視為「成功保護家園」，而在網上被廣傳及讚許。

在多個月的抗爭中，個別社區的抗爭經驗和重要事件，都成為重要的身份認同或集體回憶的來源。七二一是元朗和天水圍居民永不會忘記的事件，亦成為後來區議會選舉中元朗區的重要競選議題。八月三日晚上，黃大仙的街坊和警察對峙，有居民用民間常用來蒸魚的金屬碟（盤）蓋著催淚彈，成為運動中庶民抗爭的重要符號之一。對將軍澳特別是尚德邨的居民來說，科大學生周梓樂在尚德邨停車場墮樓致死，將成為該社區的永久回憶。其後幾個月的八號（周梓樂在十一月八日逝世），尚德邨都有悼念活動。

12 如果以十八個行政區計算，按紀錄只有黃大仙、南區和離島沒有屬於自己的分區遊行。

11．4 光復香港　時代革命

中國內地的媒體和香港的親中媒體，把香港的反抗運動視為港獨的運動，因而內地網民不少視香港支持運動者都是港獨份子。但事實上五大訴求和港獨一點關係都沒有，前四項訴求包括撤回草案、撤回暴動定性、獨立調查警暴、特赦被捕者純粹是香港內政。實施雙普選也是一國兩制框架內容許甚至基本法承諾的，並沒有要改變香港的憲政地位。

但自七月以後，香港的反抗運動無疑出現了更多和港獨有關的符號、口號和意象。其中「光復香港，時代革命」成為運動最主要的口號。

「光復香港，時代革命」是政治團體「本土民主前線」領袖梁天琦參與二〇一六年二月新東補選時用的競選口號。由於當年本土民主前線不諱言支持港獨，倡議「無底線」的勇武抗爭，在二〇一六年二月的旺角衝突中不少人被控參與暴動，於是這口號一直被視為是「獨派」和本土勇武派的象徵。民主派主流及其支持者一直對此口號有所排拒，在二〇一九年以前會拿來使用的往往只限於本土激進派。

根據各種紀錄和觀察，在二〇一九年反抗運動中，示威者首次集體喊出「光復香港，時代革命」的口號，應該是七月二十一日晚上衝擊中聯辦後，遊行至上環以及與警方對峙期間，當時並在路中心的石柱噴上「光復香港，時代革命」的字句。一時間這彷彿突破了禁忌，不同黨派和年齡的抗爭者其後都會在抗爭現場無忌諱地大喊「光復香港，時代革命」，以至成為「五大訴求，缺一不可」之外最主要的口號。「光復香港，時代革命」的黑底白字旗幟，亦成為反抗運動的標誌和象徵，迅速地被外媒視為代表運動精神的口號。

這是否代表二〇一九年的反抗運動就是一場港獨運動呢？各種數據和跡象反映出一個比較複雜的圖像。香港民意研究所二〇一九年十二月的調查顯示，約有十七％的被訪者「支持」或「非常支持」香港脫離中國獨立，「反對」或「非常反對」的則有六十七％。[13]這個比例與前幾年的數字相較並沒有大幅增加，表示運動其實沒有明顯增加一般香港市民對港獨的追求或認同。

鄧鍵一等自九月底開始在各遊行集會現場訪問參加者，用的問句是被訪者是否同意「這次運動令我覺得香港人應該尋求脫離中國統治」，結果發現在五次遊行集會的被訪者中，都有大約三分之二的人「幾同意」（頗同意）或者「好同意」（非常同意）這句話，而五次的數字差別不大。（見表二）值得留意的是：這個問法跟問「是否支持香港獨立」應該會有不同的聯想以至回應，同意「這次運動令我覺得香港人應該尋求脫離中國統治」也不代表本人支持香港獨立，但數字可以反映在參與抗爭的群眾中，很多是可以接受香港脫離中國統治的。

根據抗爭現場觀察，在大型遊行集會中會喊「光復香港，時代革命」口號的人非常多而且

13 安靜、凝練，〈路透社：港人多半支持抗議　反對港獨〉，《聯合新聞網》二〇二〇年一月三日。

不只年輕人，但舉著「香港獨立」旗幟的人則很少。遊行隊伍中偶有人會帶頭喊「香港獨立」之類的口號，但得到的回應通常很少。以下事例可以反映出不少抗爭者會和港獨的行動與訴求保持距離。

十月四日，即宣佈立反蒙面法當晚，有數百人在馬鞍山新港城商場中庭聚集並宣讀《香港臨時政府宣言》，宣稱特區政府已經喪失其管治合法性，因而宣佈其解散並由臨時政府接管，準備新的特首及立法會選舉（普選）等。這個當然是「港獨」的行動了，但其後完全得不到任何回應或有任何後續行動。二〇二〇年元旦日的民陣遊行，有百多人在下午五時左右舉著「香港獨立」的旗幟在金鐘聚集、發言及叫（呼）口號，但並沒有多少遊行人士應和或加入，亦得不到傳媒的報導。曾有人發起聲援其他地方獨立運動的行動，包括十月二十四日聲援加泰羅尼亞（加泰隆尼亞）集會（報稱三千人參與）和十二月二十二日「今日新疆、明日香港」的聲援維吾爾族集會（報稱一千人參

表二｜參與遊行者對脫離中國統治的態度

問題：這次運動令我覺得香港人應該尋求脫離中國統治（%）

	被訪者數目	好反對（非常反對）	幾反對（頗反對）	一般	幾同意（頗同意）	好同意（非常同意）
9月28日添馬公園集會	387	4.7	9.3	18.9	22.5	44.7
10月1日港島遊行	621	4.2	8.9	21.9	22.5	42.5
10月14日港島遊行	634	3.2	7.4	19.7	22.1	47.6
10月20日九龍遊行	892	3.7	8.9	25.0	20.5	41.9
12月8日港島遊行	866	3.5	5.3	22.8	23.0	45.4

加），但兩項行動相對都沒有得到很多人的響應。

八月五日林鄭月娥在記者會上說，由於示威者喊出了「光復香港，時代革命」的口號，運動已經變質成為港獨運動，因而政府不可以讓步。此時網上有呼籲不要讓政府轉移視線和扣帽子，運動應該重新聚焦五大訴求。在多個月的運動中，五大訴求和懲治警暴一直是最大公因數，民主政制和雙普選是長遠目標，但要求獨立或者自決，並不是很多人參加二〇一九年反抗運動的原動力或目標。結合上述的民調數據，可以說雖然不少參與行動者可以理解或認同港獨的訴求，但都傾向小心處理不讓二〇一九年的反抗運動變成一場港獨運動，因而港獨訊息和行動得到的迴響非常少。

「光復香港，時代革命」本來沒有非常確切的定義和內容，不同的人喊這口號時都可以有不同的想法或詮釋，如何光復、怎樣光復、革命的內容是什麼、革命後的香港會是怎樣，不同的人可有不同的想像。「光復香港，時代革命」的口號到了八月後變成代表運動的主要口號，反映運動出現變化和參與者的心態改變。這可以從幾方面來分析：

一、很多人覺得香港現狀的惡化程度已屬不可接受，包括法治、自由和自治的倒退，警察暴力缺乏約制、政府不守程序公義及不聽民意等，因而需要「光復」以往的香港，甚至「革命」，這令「光時」的口號較易獲得認同。

二、運動已經推進了一個新的時代，無論是人民的抗爭意識、對不同抗爭手段的接受、對香港人身份的覺醒，還是參加者的堅韌和犧牲精神。這代表了與過往的抗爭路線和思想的一種斷裂，這是一個由新的抗爭世代所帶領的運動。

三、和第一點類似：很多人覺得需要的是一種革命，而不是過往那種循序漸進式的改革，或者透過現政權的主動改變來令現況改善。當然獨派會覺得「革命」就是主權獨立建立國家，但不少不支持獨立的人也可能覺得香港需要根本的變化。這可以是意識上的革命、政經體系的改造、全面民主化，或者透過運動促成根本的政治變革。

另一個層面的意義在於，這其實是對梁天琦及其政治路線的「光復」。二〇一八年六月，梁天琦被判在二〇一六年旺角衝突中參與暴動罪成，入獄六年。對不少同代的年輕人特別是本土派來說，梁天琦是重要的象徵人物，是敢於用武力抗爭政權並因此付出代價的政治犯。但所謂「魚蛋革命」及因此被判刑者，由於使用暴力，一直沒有得到主流民主派的支持者太多的同情。當二〇一九年有很多人對勇武抗爭的看法改變，以至更多人參與了違法抗爭時，他們可以理解梁天琦當年的行動了。從二〇一九年回望，梁天琦變成了一個先行者，和大量二〇一九年參與過街頭抗爭的人做的事情差不多，他只是個在更早階段用勇武手段因而被判重刑的政治犯。很多「和理非」或非本土派人士到了二〇一九年也不再與「光復香港，時代革命」的標籤切割，縱使會引發「港獨」的聯想。二〇一九年十月九日，梁天琦出席高等法院審理就其刑期的上訴，數百名支持者到庭外高呼「光復香港，時代革命」的口號。某個意義上，對二〇一九年的不少勇武抗爭者來說，梁天琦是一個不在場的精神領袖。

11·5 願榮光歸香港

八月二十六日，網民Thomas將自創歌曲《願榮光歸香港》（下稱《榮光》）上載，稱是獻給運動的歌曲。《榮光》以難以置信的速度在香港傳播，獲得非常多支持運動者的認同，有人封之為「國歌」，並迅速傳到香港以外，在一個月內產生了多個不同語言及不同編排的版本，成為最能代表二〇一九年反抗運動的樂曲。

《榮光》的風行，固然有其音樂因素：樂曲混合了古典音樂和軍樂，可以用不同樂器合奏，旋律和節奏令不少在外國不懂中文歌詞的聲援者也非常喜愛。但《榮光》的流行以及在反抗運動中享有特殊地位，[14]跟這個運動和香港人身份認同的關係密不可分。

香港的社會運動和政治運動中，音樂未曾扮演很重的角色。八十年代爭取八八直選的主題曲《同心攜手》，經過十多年後有些民主派政團還在用。支聯會紀念六四的燭光集會，三十年來通常都是唱同樣幾首歌。二〇一四年雨傘運動期間常用的《海闊天空》、《*Do You Hear the*

14 數個月的運動中有其他人寫過其他樂曲代表及紀念運動，但普及和認同程度遠不能和《榮光》相比。

People Sing?》原作都不是為了配合政治運動或者該次運動。何韻詩及其他人唱的《一起舉傘》可以說是雨傘運動的代表歌曲，但其影響力和感染力跟《榮光》相去甚遠。《榮光》的特點，是歌詞很準確地捕捉了二〇一九年反抗運動的不同層面和情感，因而有效地得到抗爭者的共鳴和認同。

一、歌詞中承載了也捕捉了各種與二〇一九年反抗運動有關經歷的情感，包括「流淚」、「憤恨」、「恐懼」、「徬徨」，以及包含犧牲「流血」的各種苦難。對很多同情運動的人來說，容易勾起共鳴。

二、歌詞的主要目標和價值是歌頌自由與民主，「民主與自由，萬世都不朽」，扣緊了不少參與者的核心價值。

三、有一種全民團結犧牲為香港為這土地奮鬥的意象，「同行兒女」、「來齊集這裡，來全力抗對」，這和樂曲初上載時所配上的影像，例如大量黑衣帶面罩的人手挽手向前邁進的意象吻合，對支持運動的人來說有很強的感染力。

四、主要聯想是群眾縱使面對打壓或犧牲，仍然勇敢前進：「勇氣智慧也永不滅」、「昂首拒默沉，吶喊聲響透」、「為信念從沒退後」、「號角聲」等，是一種「新獅子山精神」式的陳述。

五、雖然歌詞中有提及很多打擊及不安情緒，但歌曲提供了一個光明的前景：「黎明來到要光復這香港」、「願榮光歸香港」。

六、歌詞把「光復香港，時代革命」嵌進其中，本土派很容易覺得這是對其路線的肯定，欣然接受並稱之為「國歌」。

對很多人來說，《榮光》是真正屬於香港和二〇一九年運動的樂曲。《榮光》面世後迅即引起熱潮，由九月十日亞洲盃外圍賽（資格賽）香港足球隊對伊朗，球迷發起在中場休息時齊唱開始；到九月的第二、第三個星期，市民在不同區的商場大合唱《榮光》，並且用不同的樂器現場演奏，這樣數以千計的人聚集齊唱的場面，變成了一個重要抗爭劇目。

《榮光》的快速傳播，有一定的時間因素。運動到了八月底，在八一八的一百七十萬人流水集會仍然得不到政府回應，而警察暴力有增無減以及通常會反對遊行申請之際，無論是「和理非」或「勇武」都不易找出新的行動方向，但民間仍然有很多的怨氣和能量。八月二十三日仿效一九八九年波羅的海三國的人鏈行動，有十多萬人組成長達六十公里的人鏈，包括有人爬上獅子山頂組成「光鏈」，行動獲得國際傳媒廣泛報導，獅子山上光鏈的圖片也成為運動的主要圖像之一。到了九月開學時，不少中學生在校門外組成「人鏈」，也和鄰校合組分區人鏈，成為罷課最常用的表達形式。「人鏈」、「區區連儂牆」以及在不同區的商場合唱《榮光》一脈相承，都是普通人（包括學生、小孩）最容易做到的和平表達意見、合法而相對安全的參與形式，對很多仍然有能量想支持運動，但不能／不敢出來遊行或作其他抗爭的「和理非」，這些都是很好的發聲渠道，而且是可以每天都做的行動。

二〇一四年佔領運動期間金鐘大台帶領群眾晚晚唱歌，被本土派支持者譏為「唱K」，覺得只是沒有意義自行感覺良好但對政權沒有壓力的行為，在情感上和旺角佔領區經常要面對暴力大異其趣。但到了二〇一九年在「兄弟爬山，各自努力」的義理下，縱使是勇武派亦對這種和平表達形式包容很多，明白這類行動可以令不能勇武的人參與，表達對運動的支持，顯示運動仍有相當的群眾支持。唱歌和叫口號有助抒解壓抑的情緒，也可以互相打氣，並吸引傳媒報導。在不同社區環境中建連儂牆、組人鏈和共唱《榮光》，可以構成不同社區的人在社區的集體經驗和回憶，而《榮光》應該是其中最能代表反抗運動集體意識的產物。

11·6 變成反中運動

反修例運動初期，運動針對的對象一直都是特區政府而不是中央政府。六月的大型動員和五大訴求的對象都是特區政府和林鄭月娥。但是到了八月後，特別是九月中後期，運動迅速演化為一場反對中國政府的運動。

時間上的轉捩點應該是七二一後的數個星期。七月一日衝進立法會的群眾有塗污中華人民共和國國徽，但其後兩、三星期的分區遊行都沒有針對中央政府。七月二十一日的民陣遊行本來申請的終點為中環終審法院，但警方只批准了灣仔作終點。大量遊行人士過了灣仔後繼續前行，在沒有攔阻下到了中聯辦。當日很多人都估計到了灣仔後會有「後續」行動，因為這已是之前兩、三週分區遊行的規律，最終選擇了到中聯辦是前線臨時決定的後果，也反映了一種潛藏的對中央政府及中聯辦的不滿。示威者最後擲漆塗污中國國徽，引來特區政府和中聯辦主任的高調批評。

其後數星期發生了幾個變化，令運動轉至反中的方向：

一、由七月二十九日國務院新聞辦召開記者會，支持林鄭月娥和香港警察平亂開始，兩個星期內的譴責語調一直升級，把香港運動類比為「顏色革命」、「恐怖主義」（見第六章〈政權策略篇〉）。在中央定調要「止暴制亂」下，警察暴力升級帶來更大民憤，民意不滿轉移到「幕後老闆」身上，認定是中央的支持令警察強力鎮壓。

二、國內媒體對運動的報導和評論都非常負面，令國內網民很快便認定香港支持運動者都是暴徒、港獨份子、「曱甴」（蟑螂）和廢青，加深了中港之間的鴻溝。

三、八月底至九月中，外媒的報導包括披露林鄭月娥會見香港商界的秘密錄音，都令人覺得林鄭月娥沒有真正的決定權，是否讓步、能否辭職、如何對應示威，都不是她可以作主的決定，矛頭因而指向中央的真正決策者（見第六章〈政權策略篇〉）。

四、九月初美國國會復會，開始審議《香港人權及民主法案》，海外和美國遊說成為運動在九月的新焦點（見第七章〈國際篇〉）。這個過程重新定義了整場香港的反抗運動：香港變成代表自由世界抵抗中國專制擴張的橋頭堡，直接把抗爭的矛頭指向習近平領導的中共政權。

到了九月，不少針對習近平和中國政府的文宣開始出現，包括將中國政府稱為「赤納粹ChiNazi」的負面標籤。反中情緒到了九月二十九日至十月一日達到最高峰。九月二十九日，全球的「反極權遊行」基本上是針對中國政府的，到了十月一日的中華人民共和國七十週年國慶，香港的遊行充滿敵意及侮辱，包括撒溪錢、[15]把習近平的頭像貼在地上供人踐踏、口號叫「賀你老母」等。自此之後，反對中共及習近平的標語時有出現。香港的反抗運動，被重新定義為代表自由世界抵抗中國專制擴張的運動，因而把香港置於中國的對立面。

11.7 香港人身份與命運共同體

二〇一九年的反抗運動，對促進新的香港人政治認同可以說有著莫大的影響。不少過程和效應其實和雨傘運動類似：兩次運動抱持的價值，都是西方強調的普世價值中的自由、民主、平等和公義。兩次運動同樣強調一種新的精神：香港人團結一致、堅忍不拔、咬緊牙根抗爭、「拆一掛十」、雖然弱小但不懼強權打壓的「大衛對歌利亞」式的精神。但二〇一九年的反抗運動和雨傘運動，起碼有幾點不同：

一、運動的支持層面廣泛得多，動員的人跨越不同界別、年齡、階級甚至種族，營造了更強的香港共同體意識。

二、在抗爭群體而言，二〇一九年的運動由始至終都團結得多，不如雨傘運動的充滿分裂。

三、二〇一九年的運動成為國際層面的運動，重新定義了香港人的國際身份。

四、二〇一九年的運動很快便不堅持和平非暴力的原則，因而沒有在這層面搶佔道德高地。

11.7.1 團結性

反送中運動和雨傘運動的一個主要分別，就是佔領運動一直在民調中得不到大多數民意支持，最高時往往也只有三成多支持，低於民主派在選舉中的選票比例，這反映了民主派的支持者中有不少人不同意以佔領作為爭取二〇一七年普選特首的手段。佔中運動自二〇一三年初提出開始，一直都是充滿內在張力及矛盾的，籌備過程受盡內外壓力。來自政權的打壓和批評自不待言，就是在民主運動內部也是有很多人冷待、質疑以及反對，包括較溫和的民主派或激進的本土派都有人反對。七十九日的佔領期間同樣是充滿內在矛盾，一直有不同的策略辯論、佔

15 金紙的一種。

領現場的爭論和網上攻擊等。

反送中運動一開始，支持者的層面就已經比民主派的基本支持者更廣。不少商界都公開反對修例，不少非民主派支持者亦可能因害怕失去在香港的法律保障，或者香港經濟受損而反對修例。在無大台及「兄弟爬山，各自努力」和「不割席」的原則下，多個月內的反抗運動一直都呈現難以置信的高度內在團結。運動早期最普遍的口號就是「香港人，加油！」，這是最沒有指向、最沒有傷害性、不論政治立場的每個人都可輕易喊出口的溫和口號，只是一種香港人集體互相勉勵打氣的口號，反映了開始時的概念，是香港人作為一個集體（意味著包括很大部份的香港人），在反送中的運動路上團結前行。運動另一重要的口號是「齊上齊落」，代表支持運動的人共同進退，立場和行動手法容或有不同，但不會「割席」或放棄「手足」，要互相支援，也是二〇一九年運動的特色。

二〇一九年反抗運動和雨傘運動的另一分別，是雨傘運動有「大台」而且只有一個固定的劇目，因而所有群體或個人，如果希望支援運動，也只能想如何協助佔領（例如捐助物資、協助留守、輿論聲援等），但很少策劃其他行動；但在反送中運動中，不同小眾和個人可以自行發揮創意，各展所長，創造出無數的行動。在「無大台」下，運動的最高指導原則之一是「兄弟爬山，各自努力」，不同群體會自發地反求諸己，思考如何可以貢獻運動。

從公民社會理論的角度看，這是一種理想的狀態：人民在運動中不是等待領袖發動，而是自發主動的參與，令運動非常多元又可以並容。從集體意識的角度看，當很多人有份自發參與，以不同社區、行業、年齡組別以及身份為基礎發起行動的時候，就會有很多人對運動產生擁有權（ownership）、充權（empowerment）的感覺，亦加強了對整個社群的歸屬感。二〇一九年的反送中因此比起二〇一四年的傘運，有著更強的促進身份認同的作用。

11.7.2 我者和他者

如果說這個運動建構了一種新的香港人身份，那麼這種「香港人」的界線在那裡呢？誰是「香港人」的「我者」和「他者」呢？這裡我嘗試用三個故事來說明。

十月十日，中大校長段崇智在校內與學生對話，被學生公開質疑其對運動和警暴的立場而弄得場面很不愉快。後來段校長和一些高層留下來與十多名學生閉門對話，氣氛大為改善，有學生對段崇智說：「如果校長出來，你就係手足！如果有人敢打你，我實幫你擋！」[16]我第一次看到這段報導時覺得很有趣，為什麼抗爭的大學生可以覺得大學校長是「手足」呢？「手足」的界線在那裡？

八月十六日，李嘉誠在各大報章登廣告，題為「黃台之瓜，何堪再摘」，不少人詮釋為他

16 鄭寶生，〈戲劇性二小時閉門對話曝光　段崇智一句話令學生軟化〉，《香港01》二〇一九年十月十一日。

指政府不應對年輕人趕盡殺絕，其後他亦曾公開表達過應該給年輕人機會，因而被內媒批評，以及被工聯會理事長吳秋北稱之為「甲由王」。香港商界自八月起應該受了一定壓力要表態譴責示威暴力，李嘉誠的表態可算是一種消極反抗。李嘉誠在回歸後一直被視為香港地產霸權的象徵，亦從未見他支持民主，民間爭取民主普選的號召之一就是要打倒以李為首的「官商勾結」和「地產霸權」，但在此一階段李嘉誠被抗爭者視為同路人，以至有人將其旗下商店歸類為「黃店」，實在是奇觀。

十月十六日，民陣召集人岑子杰在街頭被刀手襲擊重傷，由於據報刀手是南亞裔人，網上有人表示要報復，很快就有人說在十月二十日的九龍遊行中，應該要重點保護清真寺和重慶大廈等居港南亞裔人士經常出入的重地，以免被人「嫁禍」運動。十月二十日，不少南亞裔人士主動支持運動，在重慶大廈門口派清水支援遊行，表示「我們都是香港人」。傍晚時警方以水炮車驅散人群，以藍色噴劑噴中尖沙咀清真寺令其「染藍」，不少現場群眾主動入寺協助清洗。被水炮射中的印裔富商毛漢（曾出席撐警集會）嚴詞批評警察失控。

這三個故事反映了，在運動中不論身份、階級、種族，都可以被視為「手足」，成為抗爭的共同體。立法會議員鄺俊宇在六月期間把參加抗爭者稱為「手足」，結果成為反抗運動中同路人的稱呼。[17]這個稱謂的特點是有種江湖俠氣，在整個運動中「齊上齊落」和「不割席」都變成很重要的、凝聚不同想法和背景的抗爭者的口號和意念，不同來源的香港人可以為了共同目標而有一種兄弟姊妹的情誼，一種「同行兒女」的「義氣」，關鍵是互不放棄互相支援，縱使有各種想法、背景和做事手法的不同也可以暫時放在一旁，共同的基礎是對抗暴力的政權，只要是站在香港人的一邊對抗政權，就是「自己人」，於是如果校長出來，也就可以變「手足」了。

在這種精神下，反抗運動沒有排拒不少邊緣的或過往較少參加政治運動的群體，包括少數族裔或支持運動的內地學生，「We connect」成為民間諷刺政府用語。[18]這其實只是一種抽象的香港人身份，只要站在抵抗暴政的一方，身份背景和過往的政治立場都可以不重要，這與「黃色經濟圈」曾有的討論一致：即不少人認為如果有人「由藍轉黃」，大家應該欣然接受，因為可以擴大運動的支持層面和聲勢。這條「香港人」的界線因而是充滿彈性的。團結的基礎是理念、價值和一種反抗精神，在關鍵時刻站在香港人的一方和政權對抗。

11.7.3 傷痛與自豪

有兩類經驗和情感對推進這種共同體的感覺產生一定的影響。一是運動帶來的傷痛，一是

17 之前網上或連登／高登都有把同路人稱呼為「手足」的，但真正普及應該是在鄺俊宇如此使用之後。

18「We connect」(同行)是林鄭月娥二〇一七年競選特首時的口號之一，二〇一九年反抗運動中經常被用來諷刺她成功團結了香港各不同群體來抵抗政權。

一種自豪感。香港多年來的社會運動，從來沒有像二〇一九年的反抗運動這樣面對這麼多政權暴力。不少人可能開始時對勇武抗爭不以為然，但隨著多月來這麼多人被捕、被打、被控、受傷以至懷疑被殺，很多不在抗爭現場的人看到直播和新聞，都會感到傷痛而寄予同情，覺得自己需要繼續支持運動，因為已經有很多人付出了沉重的代價（亦見第四章〈無大台 不割席 Be Water〉和第五章〈和理非與勇武的螺旋〉）。這令反送中運動的經驗比過往所有運動都來得深刻，因為牽涉的犧牲和傷痛有著凝聚支持者的作用。梁繼平和馬傑偉都認為共同面對的痛苦對推進共同體有著相當的影響。梁繼平說「所謂共同體」，「就是能想像他人痛苦，並且甘願彼此分享的群體」。[19]馬傑偉特別強調這是「削尖」的認同，帶有強烈的對抗性和悲情，焦點變成是對準政權，和上一代的身份認同由「和理非」主導很不同。[20]

這個香港人的身份同時是面向世界的，並且在抗爭過程中建立了一種自豪感，以及在世界舞台上建立了一種新的身份地位。反送中運動一開始便受西方的重量級傳媒關注，而六月兩次百萬人遊行，人群因讓救護車通過而分開被稱為「紅海」的鏡頭，很早便傳遍全球。國際傳媒對香港示威的報導都非常正面，包括和平有秩序、會執（撿）垃圾，有清楚的理念，反映良好的公民素質。在勇武升級以後，雖然不再「和平」，但香港人帶頭盔眼罩滅催淚煙的影像，慢慢演化為外國認識香港抗爭者的一種新形象，各種抗爭手法同時亦受世界關注。[21]這些都帶來某種自豪感，即是覺得「香港人真是了不起」的一種感覺。到了九月運動被重新定義，「香港變成西柏林」（見第七章〈國際篇〉），香港抗爭的地位提升至協助自由世界頂住中國專制擴張的橋頭堡，這個進一步的自我提升，把香港的抗爭放進世界抗爭運動史和地緣政治的版圖上，香港的抗爭者甚至被提名二〇一九年的諾貝爾和平獎。香港新的政治身份是建基於和中國的不同以至與中國政府的對抗之上。香港在國際政治上因而獲得了一重新的政治身份，而這身份和反抗運動建立的形象與政治影響密不可分。反抗運動令香港在國際政治上有新的特定角色，不再是單純的金融中心或地方城市，而這國際特殊地位是各抗爭者都有份締造的。

反抗運動累積了大量的符號、象徵，以及集體回憶，比雨傘運動的更豐富（因為畢竟運動歷時更長，行動總數和參與者也更多），其中很多都是這次運動或者是香港所獨有。不少符號和回憶是有關運動中的傷痛，包括七二一、八三一、梁凌杰、周梓樂、陳彥霖、掩住右眼的抗爭者、大量的警暴鏡頭等；但也有很多壯烈、和平和亮麗的圖像，包括「紅海」、人鏈、獅子山上的光鏈、連儂隧道、「港版鄧寇克」、《榮光》，這些傳遍海外的符號和象徵，內裡牽涉了很多人的參與和創意，變成抗爭群體或所謂黃絲「手足」的共同回憶和身份認同構成中的特殊成

19 梁繼平，〈「我是梁繼平　七月一日當晚其中一位進入立法會的抗爭者」〉，《立場新聞》二〇一九年八月十七日。

20 馬傑偉，〈本土認同削尖　族群衝突見血〉，《明報新聞網》二〇一九年十月十一日。

21 例如加泰羅尼亞（加泰隆尼亞）的示威者在圍堵機場時，聲稱是受了香港的行動所啟發，而香港示威者對付催淚彈的方法（例如蓋住然後倒水，或者將之擲回警察），都受到國際傳媒注目及討論。

份。這種象徵性的認同，會在不少香港人的集體回憶中留下一段很長的時間。

11．8 小結

作為香港人，要總結二〇一九年反抗運動對香港人身份認同的影響是不容易的，因為感覺難以用筆墨形容，也不是可以量化量度的。香港人透過反抗運動的實踐，成就了一個新的共同體，是香港人的身份政治歷史中重要的篇章。

早年香港人身份意識的形成，建基於日常生活、制度理性、自由、消費經驗、庶民文化，是活在香港的人在中西文化和政治夾縫中，自行摸索孕育的創新與體驗。這種身份認同正如馬傑偉所言，本質上是柔性的，是兼容並蓄的，敵對性不強。[22]社會運動和政治運動對這種身份意識的形成有其影響，但並非模塑身份意識的最重要因素，政治價值在香港人身份內的地位，一直都是模糊的。

近十多年來，由〇三年七一大遊行開始，保衛天星皇后及其他保育運動、反高鐵反國教等運動，香港年輕一代開始反思及重寫香港的歷史，進而模塑一重新的政治身份和意識。隨著中國政府對香港干預及操控日深，香港人的身份認同愈來愈政治性，指向反抗中國的操控和香港各層面的「中國化」。這在爭取二〇一七年特首普選的政治鬥爭中迅速強化，雨傘運動強調香港人要自行決定自己的政治前途和命運，使得自由民主自主等價值在香港人政治身份中的地位迅速提升。二〇一九年的反抗運動則繼承及發揚了這種精神。

二〇一九年孕育的新一波共同體意識，是透過反抗運動的各項抗爭實踐達成的。這種新意識雖然繼承了以前香港人的靈活多變（Be Water）、刻苦耐勞和自力更生的庶民精神、不問來源的包容精神，但由於面對前所未見的暴力和傷痛，如馬傑偉所見的很快「削尖」，這樣的共同體意識建基於與強權對抗之上，具有濃厚的對抗性和敵意。

二〇一九年的反抗運動，對很多身在其中的不同世代的香港人來說，是不能磨滅的經歷。認同及參與反抗運動的人（根據民調這一直超越港人的一半）會記著他們如何兄弟爬山各司其職，而又互不放棄團結一致地抵抗強權。反抗的經驗造就了一個新的共同體意識。這種共同體意識未來會如何演化，視乎未來政治發展，但香港人的自我意識，與二〇一九年以前已大不相同了。

22 馬傑偉，〈本土認同削尖　族群衝突見血〉。

CHAPTER 12 警察暴力與基本權利

我是很遲才決定要寫這一章的（因而也排得很後面）。準確點說：我在寫了不同章節共七萬多字後，才決定要找一章專寫警察暴力，而我當時已經預計這一章會很難寫。之前的不同章節，都有提及運動中警察暴力的影響和角色，但寫作中途我發覺警察暴力這課題實在太重要，需要有一章來集中討論。

警察暴力是整個二〇一九年反抗運動的重心。運動本來當然是為了反對《逃犯條例》，但由六月十二日警方在金鐘以武力清場開始，調查及追究警暴一直是「五大訴求」中的核心訴求。七月後「止暴制亂」成為主調，警察的暴力有增無減，超越很多人想像的界線，令運動的支持持續不衰。警察暴力畫面自六一二開始傳遍全球，也是香港運動廣獲世界同情的主要原因。

這章難寫的地方，第一是警察暴力「事件太多」，很難逐一列出，不然一則所用篇幅太長，二則整篇將會「血淋淋」很難讀。警察的作為被不少傳媒、人權組織、民間團體、國際組織、西方傳媒及政界批評，指其違反國際人權標準、國際法規、以至香港法律及香港警察本身的指引，具體違反之處亦不在此一一列出。[1]本章的焦點在於整理警察暴力的政治邏輯，及其對運動的影響。

12·1 香港警察形象的變化

香港警隊的公眾形象多年來經歷一定變化。戰後的香港警察貪污濫權十分嚴重，跟黑幫勾結包娼庇賭，[2]形象非常差，以致老一輩會說「好仔唔當差」（好男孩不當警察）。港府在一九七四年成立廉政公署後大力整治貪污，令警隊人人自危，造成一九七七年衝擊廉政公署總部事件，反映出當年香港警察貪污之普遍，後來港督麥理浩下令特赦，聲明一九七七年一月一日之前的貪污案除非已立案調查，否則「既往不究」。警隊形象在七十年代打擊貪污後大幅改善。以大城市來說，香港的治安是非常好的，平均犯罪率很低。

香港警察的效率和專業一直備受推崇，以至會自稱「亞洲最好」（Asia's Finest），但近年來香港人對警察的信心卻開始滑落。以港大民意研究計劃每半年作一次的信心指標來看，對警隊的信心從二〇〇七年高點的八十％開始下滑，到了二〇一九年運動爆發的前夕已經只有大約五十％人表示滿意了。

導致香港市民對警察的信心和觀感變差的原因有幾個：

1 可見國際特赦組織和高教公民的報告：Amnesty International. "How Not to Police a Protest: Unlawful Use of Force by Hong Kong Police." 21 June 2019; Progressive Scholars Group. "Silencing Millions: Unchecked Violations of Internationally Recognized Human Rights by the Hong Kong Police Force." 31 January 2020.

2 見Nigel Collett. 2018. *A Death in Hong Kong: The MacLennan Case of 1980 and the Suppression of a Scandal*. Hong Kong: Royal Asiatic Society Hong Kong Studies, chapter 3; Chris Emmett. 2014. Hong Kong Police Man. Hong Kong: Earnshaw Books, pp. 68–92.

表一｜市民對香港警務處表現的滿意程度（半年結，7-12/1997 - 1-6/2019）

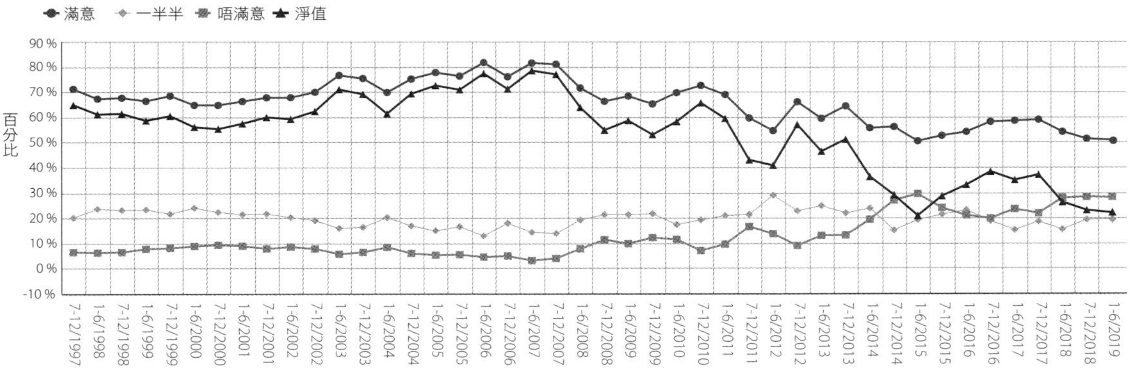

#2012年以前的調查問卷，用語為「你對香港警察既表現滿唔滿意?」，之後則改為「你對香港警務處既表現滿唔滿意?」。

一、雨傘運動中使用催淚彈及其他武器對付示威者，被認為是使用過份武力，也是二〇一四年激發很多人上街支持佔領的原因之一。

二、自二〇一二年以來，警察對公眾集會遊行的控制愈見嚴格。國家領導人來港（例如二〇一二年胡錦濤、二〇一六年張德江、二〇一七年習近平），警方都用了大量警力保護及限制抗議活動，到了妨礙公眾日常活動的地步。尤其是二〇一七年習近平來港，警方就動用了九千警力，以反恐級別的保安措施作海陸空包圍及保護。[3]

三、二〇一二年以前，由二〇一〇年的反高鐵運動到二〇一一年的碼頭工人罷工運動，示威者縱有佔領街道或碼頭，但只要是和平行動，警方都沒有拘捕或檢控。二〇一二年以後，警方開始用各種罪名例如非法集結、公眾妨擾、阻差辦公、襲警、普通襲擊、以至違反交通條例等檢控公眾示威。人權監察因此批評警方在面對反政府的抗爭時「選擇性執法」，[4]實質是打壓言論和表達自由。

四、自雨傘運動以來，不同政見的人士屢屢在街頭發生衝突，警方常被指摘執法不公，放過支持政府但有使用暴力的人士，而拘捕或檢控支持民主的人士。

香港多年來一直有極強的和平抗議傳統，暴力抗爭的事件可說極少，因此很少受到警察以強大暴力鎮壓。二〇一二年特首選舉期間，唐英年指梁振英曾在行政會議上說「香港總有一天要出到防暴隊和催淚彈對付示威者」，引起輿論一片嘩然。二〇一四年九月二十八日警方發射八十七枚催淚彈，令很多人憤怒地跑出來支持佔領。對習慣「和理非」的香港人來說，二〇一四年佔領運動中警察所用的武力已經難以接受了。

到了二〇一九年，八十七枚催淚彈可能只是警方在某日某地點十五分鐘內發射的總量（二〇一九年六～十一月的六個月內，警方共發射約一萬六千發催淚彈）。警察所使用的武力遠遠超越了數十年來香港人經驗的標準，令香港警察的公眾聲望大為下降，亦是令反抗運動雖然有暴力升級，仍然可以得到國際同情和本地支持的原因。警察暴力帶來廣泛的震驚及不滿，主要有幾項原因：一、不成比例的武力；二、不斷踰越的界線；三、權力不受制約；四、過度的暴力與性暴力；五、違反程序以至侵犯人民基本權利。

12·2 不成比例的武力

一切由六一二開始。

3 Nok-hin Au and Ngok Ma. 2020. “Human Rights Recession under C.Y. Leung.” In Joseph Cheng ed. *Evalution of the C.Y. Leung Administration*. Hong Kong: City University Press.

4 香港人權監察，〈人權監察就警方處理公眾集會遊行及襲警檢控事宜致立法會保安事務委員會意見書〉，二〇一〇年十一月十一日。

5 六一二雖然有人嘗試衝擊立法會，但警察以大量催淚彈、橡膠彈、布袋彈等射擊市民，而大部份被驅離者都沒有武器或者防護裝置。警察所用的武力，相對於衝擊立法會者所使用的雜物、雨傘、鐵枝、磚塊等，顯得不成比例。

六一二引起的憤怒，源於某種殘酷，包括警察用橡膠彈向群眾頭部發射，而不是按指引所說的向腰部以下發射，導致示威者眼部受傷血流披面。有示威者已經躺在地上沒有反抗能力了，還被數名防暴警察以警棍繼續痛打，這段過程經錄影傳遍全球，成為國際輿論壓力的主要催化劑。另外，中信大廈外的合法和平集會也被防暴警察兩路夾擊大放催淚彈，逃跑的人群嘗試擠進中信大廈，警察在後面繼續發催淚彈，被指「警察企圖謀殺」。

可惜的是，六一二相較其後的警察暴力，變成「小兒科」了。由七月尾開始，在「止暴制亂」的總方針下，警察的武力持續升級，新武器愈出愈厲害，大量發射催淚彈、橡膠彈、胡椒彈和布袋彈，並且往往朝著示威者、普通市民及其他人士（例如救護員及記者）頭部及身體發射。八月二十五日首次出動水炮車，同日並出現警員向天開槍。十月一日和十一月十一日以實彈射傷示威者，十一月十七日圍堵理工大學更出動了銳步裝甲車及音波炮。雖然示威者所用的武力亦有提升，例如多了燃燒彈及扔磚頭，防守理大時還會用過弓箭，但示威者的個人裝備較多是防衛性的，最普遍的是雨傘，「盾牌」則往往是用紙皮或浮板製作，至於最常用的武器是鐵枝、木棍等，和警察所用武器的殺傷力相差甚遠。

不少香港人大概可以接受警察逮捕違法示威者，特別是有使用暴力者，但不能接受警察在已制服被捕者後繼續施以暴力毆打。然而在幾個月的運動過程中，手無寸鐵的示威者已躺在地上無力或沒有抵抗，卻仍然被警察以警棍或其他方式毆打的鏡頭，多不勝數。警方在任何情況下，都會說自己是使用最低度或必要的武力，但幾個月內從沒有一次承認自己使用了過度武力。在回應傳媒挑戰時，警方會說示威者所投擲的燃燒彈和磚塊或理大用過的弓箭都是致命武器，而警方用的是較低度武力。

這種說法明顯沒有獲得很多香港人認同。警察用警棍由上至下擊打頭部、用催淚彈或其他槍彈射向頭部，都是可致命武力，在外國也有致死的個案；開真槍實彈射擊當然也是致命武力；而且防暴警察的防護裝置如盾牌和頭盔的品質遠勝示威者，擲磚塊或雜物根本難以重創全副武裝的警察。高教公民和國際特赦組織的報告都指出警方經常過度使用所謂「不甚致命武器」(less lethal weapons)，[6]不僅違反香港警察使用這些武器的指引，也違反國際規定。[7]

5 警務處長盧偉聰在六月十三日給的數字是警察在六月十二日共發射一百五十發催淚彈、數發橡膠子彈、大約二十發布袋彈，到了八月中時警方更正數字為「大約」二百四十發催淚彈、橡膠子彈「約十九發」、三發布袋彈、約三十發海綿彈。

6 香港政府或警察的中文通常稱之為「非致命武器」，和英文意思有出入。

7 見注1。

表二列出了由六月十二日至十一月三十日，警方使用武器的數字。各種槍彈總數近三萬發，其中一萬六千發催淚彈和逾萬發橡膠彈都是令人震驚的數字。相對於通常只有一百幾十人的現場暴力衝擊者來說，警方使用武器的密度非常高。表三列出了使用最多彈藥的十個日子，圍堵兩所大學四天（即十一月十一～十二日、十一月十七～十八日）所用的總彈藥超過一萬六千七百發，佔總彈藥數的超過一半，這樣的數字亦難以

表二｜各種槍彈使用數字，2019年6月12日至11月30日

彈藥種類	使用總數
催淚彈	15,972
橡膠子彈	10,010
布袋彈	1,999
海綿彈	1,863
槍實彈	19
總數	29,863

表三｜警方發射彈藥總數最多的十日

日期	事件	彈藥種類					彈藥總數
		實彈	催淚彈	橡膠彈	布袋彈	海綿彈	
11月18日	圍堵理大	0	3,293	3,188	667	499	7,647
11月12日	進攻中大	0	2,330	1,770	434	159	4,693
10月1日	國慶日示威	6	1,667	1,156	267	248	3,344
11月17日	圍堵理大	4	1,530	1,344	172	279	3,329
11月13日	多區堵路	0	736	593	54	34	1,417
8月5日	三罷行動	0	1,002	170	11	28	1,211
11月11日	黎明行動	3	659	251	55	78	1,046
9月29日	反極權遊行	1	347	297	96	80	821
11月2日	維園及中環集會	0	409	132	20	18	579
7月28日	港島區衝突	0	408	95	2	50	555

資料來源：警方回覆《香港電台》查詢時提供的數字

說服公眾是有此需要。

中大民意與傳播中心在運動期間的調查反映，由八月起一直有超過一半的被訪者「非常同意」「警察使用過份武力」的說法，「同意」的亦佔一成多，而不同意的大約只佔兩成。

12．3 不斷踰越的底線

警察的暴力踰越一些多年來香港人認為不會超越的界線，帶來新的憤怒，應是反抗運動的能量可以持續多月的重要原因。數個月下來，不少香港人本以為是安全的行為或地方，都不能免於警察暴力。不少以為不會被攻擊的人，都可以在現場被警察攻擊（攻擊記者部份見第九章〈傳媒篇〉）。

12．3．1 無差別攻擊

自七月開始，在街上和平表達意見而沒有武器沒有暴力行為的人、旁觀或路過的人，以至普通居民，都可能受武力

表四｜是否同意「警察使用過份武力」（%）

	8/7–8/13	9/5–9/11	10/8–10/14
非常同意	51.4	57.1	53.7
頗同意	16.3	14.6	15.3
一般	8.3	7.3	9.5
頗唔同意（頗不同意）	7.7	5.9	5.7
非常唔同意（非常不同意）	15.1	14.7	14.9
無意見／拒絕回答	1.2	0.4	0.9
總和	100.0	100.0	100.0

資料來源：綜合中文大學新傳學院民調

對待或被捕，導致民憤升溫，令不少可能本來沒有強烈政治立場或並非抗爭者的普通市民加入抗爭行列，並對政府和警察反感。

在七月尾政府定調「止暴制亂」後，警察的策略以拘捕、打擊及鎮懾為主。背後的假設是可以盡抓「核心暴力示威者」，以及阻嚇「和理非」的聲援和普通人的旁觀，如此運動就會止息。警方在行動上的改變包括在街頭施放大量催淚彈，有時傳媒攝得警察在沒有示威者的街道上大放催淚彈，因而被譏為「農曆七月見鬼」和「催淚彈放題」。在商場、民居附近和街上大量施放的催淚彈，可能損害很多非抗爭者以及居民的健康，尤其是小孩或老人因吸入催淚煙而驚恐受傷的鏡頭，往往引來很大的同情和憤慨。當不少「街坊」或路人受暴力對待，普通人也難以「置身事外」，更加深了警察濫權濫暴和失控的形象。

「八三一太子事件」是無差別攻擊的標誌性事件。當日速龍部隊衝入列車車廂，很多被痛打的人也只是穿便服坐地鐵的人（亦見第九章〈傳媒篇〉），既沒有示威裝束也不見有犯罪行為，不少人其後也並沒有被捕，這對很多看到錄影片段的市民造成相當震撼。

12．3．2 重複進入社區

多年來，香港的大型遊行主要在港島進行，大多都是同一條路線，從銅鑼灣／維園至灣仔、金鐘／中環，經過的住宅區並不多。二〇一四年佔領運動所佔領的金鐘、銅鑼灣和旺角主要是商業區，相關的暴力衝突往往都不在人口密集的居住社區內進行。

隨著抗爭「遍地開花」，示威者在各區遊行、堵路及滋擾警署，警察就在追捕時不斷進入社區，包括商場及屋苑範圍。首先是七一四的沙田遊行，警察在晚上進入新城市廣場商場追捕示威者並和示威者打鬥，多人在商場內驚慌走避，引來相當大的反響。不少人覺得警察追捕示威者不應進入普通人生活的社區，干擾居民生活或帶來安全威脅。七一四後接連數日有沙田居民到新城市廣場抗議管理公司容許警察進入商場，並呼籲杯葛到新城市廣場消費。

同類衝突其後數月在不同區的商場和屋苑重複出現。十月八日，馬鞍山新港城商場的保安拒絕防暴警察入內，翌日卻被召到警署控以阻差辦公，引來居民到新港城商場集會抗議。十月二十八日，屯門區內出現不明氣體，有居民懷疑是催淚彈試驗，接連數晚包圍區內警署要求交代。十月三十日防暴警察驅散示威群眾，追至鄰近的兆軒苑，進入屋苑大堂搜查，強迫多名市民／居民舉手跪下搜身達半小時之久。不少人質疑警察有沒有權力在未經授權下，進入私人屋苑或商場範圍捉人。警方的立場是如果警察認為有人犯罪，可以進入商場或者屋苑作逮捕及執法，不需要法庭手令或搜查令。有法律學者反駁指出，根據香港法例，警察需要清楚知道有哪些「須予逮捕的罪犯」已經進入或置身在相關範圍，才可以在沒有搜查令下進入私人地方搜索，否則屋苑或商場的業主及其管理者有權拒絕。[8]

警方七月尾開始在街頭以大量催淚彈驅散群眾，住宅區域、遊客區（例如尖沙咀、銅鑼灣）、中環商業區的午飯及下班時間、以至萬聖節夜的蘭桂坊、平安夜和除夕夜等都照放如儀，對有關行動是否會傷及無辜、影響經濟和消費、破壞香港國際形象，似乎都毫不在意。民間亦開始憂慮催淚彈作為化學武器對人體健康帶來的影響，而警方更曾使用過期的催淚彈，在美國等不再向香港出售催淚彈後改用國產催淚彈，又一直拒絕披露催淚彈的成分，令人擔心其對人身和社區健康的危害。

警察重複進入社區拘捕及使用暴力，為運動帶來質變。一直以來在體驗警察暴力以至濫權的，都是少數的前線示威者，很多普通市民可以覺得不關他們的事。當警察任意進入社區和民居範圍，本來並非抗爭者的居民就有機會第一身（親身）體驗警暴。就算是沒有相關經驗的社區，也會想像如果警察要進來，是否會站出來防衛。像兆軒苑等居民被迫下跪的照片，其他區居民看到了，亦會有「人人自危」的效應，會思考普通市民面對警權有什麼保障。警察重複進入社區，帶來了一個全民政治化的過程。

12.3.3 攻擊醫護及阻礙救援

運動現場通常有不少義務的急救人員（first-aiders）。這可說是雨傘運動的運動資源累積，當年佔中運動本來籌備了「佔中醫療隊」作現場支援。佔領爆發後現場有救傷站，由義務醫生和護士救治衝突中的受傷人士。反送中運動自六月開始，暴力衝突和群眾受傷已是預料之內，現場因此通常有義務救護員。然而當武力愈來愈無差別，現場救護員的處境愈見危險，例如放催淚彈時他們會首當其衝。警察對救護員的敵意亦愈加深，常有救護員在前線被辱罵是「假醫護」、「黑醫護」，有時甚至被武力對待。

醫護人員在示威現場因警察暴力嚴重受傷，首例是八月十一日一名女急救員在尖沙咀被布袋彈射中右眼，子彈穿過護目鏡令其右眼永遠失明。此事引來的憤慨令一段時間內示威者以「黑警，還眼！」作為口號，及以手掩右眼作為抗爭符號之一。[9] 其後在衝突現場，救護員被警察以暴力對待的事例增加，亦有救護員被捕。九月二十一日屯門街頭衝突，有七名救護員在杯渡路現場被捕。十一月二日，一名義務救護員背部被催淚彈炸中，高溫燃燒下造成大幅燒傷。

最轟動的事例是十一月十七日警方圍堵理工大學，警察在傍晚堵塞所有出入口後，宣佈在內的人可以安全出來，但數十名醫護人員離開時卻被逮捕，大量穿著記者和醫護反光衣的人雙手被反綁坐在地上的圖片，迅即傳遍全球，引來大量指摘。十一月十九日，歐盟發言人科齊揚契奇（Maja Kocijancic）指相關做法已違反國際人道原則的《日內瓦公約》。[10]

8 四仔，〈警察真係可以彈出彈入私人地方？〉，《香港獨立媒體網》二〇一九年八月十八日。

9 到了十一月《紐約時報》的數版有關香港運動的報導，仍然以一名女子手掩右眼作頭版的影像。

10〈歐盟「極度關注」港警拘捕醫護　專家：有違《日內瓦公約》人道精神〉，香港《蘋果日報》二〇一九年十一月十九日。

警方經常被指拖延及阻礙救援，成為民怨的來源之一。自街頭衝突加劇，經常有示威者在前線已明顯受傷（例如流血），但警察不讓急救員立時救治。有示威者似已不省人事，但仍被警察拖行或移動身體。十月一日和十一月十一日有兩名青年受槍傷，根據現場錄像都可以見到警察沒有即時讓救護人員救治他們。有示威者投訴在被捕後要求看醫生被拒絕。國際特赦組織的報告反映有人被延誤五至十小時不等，亦有被拘留者遭警察要求得先落口供（錄口供）才可以見醫生。[11]

警察被指阻礙救援最突出的事例有三項：八月三十一日警察衝進太子站打人後，站內有不少傷者，但警察聲稱太子站是罪案現場，要求記者和救護員離開。其後救護車到場，警察對救護員說「站內沒有傷者」而拒絕救護進入，拖延救護達一小時。載著受傷乘客的列車開到油麻地站停下，油麻地站外的救護員亦被拒入站內救援，結果在鐵閘外痛哭，錄像畫面傳遍香港引來相當大的憤慨。警方不讓救護員入內，令更多人相信警察「八三一打死人」的傳言。

十一月三日晚上，將軍澳區內有堵路及示威，警察放大量催淚彈並驅趕示威者到尚德邨附近。科技大學學生周梓樂在凌晨一時左右被發現墮樓受傷。一名自稱第一個到場的急救員在網上發帖，指警察阻礙救援以至救傷車遲了到場，其後警方重複否認曾阻礙救援，但有錄像拍到警察當時不讓救護車通過，救護車要繞路而遲了約三十分鐘到達受傷現場。周梓樂至十一月八日傷重不治。

十一月十八日，不少市民前往南九龍一帶聲援及營救被圍困的理工大學，在不同地點被警察打擊及圍捕，其中油麻地碧街在圍捕時出現大量「人疊人」受傷。消防處的紀錄顯示當晚現場有六十六名傷者，其中十六名為「紅色」（即嚴重），消防處曾要求先用旅遊巴（遊覽車）將傷者送往醫院，但遭警方拒絕，堅持部份傷者要先到警署，結果在兩小時多後消防員才可以分流傷者，其中只有三十一人可以直接送院。[12]

二〇二〇年三月，英國國會「跨黨派香港小組」（All-Party Parliamentary Group on Hong Kong）就二〇一九年反抗運動中人道救援工作者（包括醫護人員、人權工作者及急救員）的遭遇進行調查，在二〇二〇年八月發表的報告直指醫護等受到不人道侵害，包括恐嚇、騷擾、肢體暴力及拘捕等，並指香港警察的做法違反國際人道法規、國際人權法及中英聯合聲明。

12.3.4 宗教場所及宗教人士

在社會紛爭中，宗教人士通常有較受尊重的特殊地位，因為宗教大多宣揚愛心，超然於政治黨派鬥爭之上，因此在社會衝突中，宗教人士和宗教場所（例如教堂或廟宇）會受較多保護。

11 Amnesty International. "How Not to Police a Protest."

12〈消防紀錄揭十一月十八日人疊人六十六傷　警拖逾二小時才分流　逾半先送警署〉，香港《蘋果日報》二〇一九年十二月三日。

宗教人士在反送中運動中一直有相當程度的參與。六月十一日晚上，信眾在添馬公園集會，然後竟夜在防暴警察面前唱聖詩《唱哈利路亞讚美主》，成為佳話。八月後，宗教組織有時會以祈禱會、宗教集會的名義發起集會，主因是警方往往不批准遊行集會，而根據香港法例宗教集會不須預先申請。但不少這些宗教集會中，警方很早便在現場舉起黃旗，表示該集會為非法集會。

警察對宗教人士一直沒有顯出特別的尊重。六月十二日警方清場時，有牧師欲居中調停，卻被警員說：「叫你個耶穌落來見我」(「叫你那個耶穌下來見我」)，引起輿論嘩然。八月二十五日警察在荃灣首次開真槍，一名傳道人朝擎槍的警員跪下，要求他不要開槍，但被他一腳踢倒。

警察在清場搜捕中，宗教場所亦不能免疫。九月二十九日，警方進入灣仔的循道衛理教會搜捕。十一月十一日警察清晨在西灣河開真槍，該區一直處於緊張狀態，後來警察進入附近的聖十字架堂拘走五人，事後教堂的執事公開道歉未能保護在教堂內的人。

宗教場所受襲最突出的例子是十月二十日的三十五萬人九龍遊行，黃昏時水炮車在尖沙咀區驅散示威群眾，朝著清真寺門外的十多人噴射藍色水劑，清真寺因而被「染藍」，但當時清真寺門外並無暴力示威者，只站著十數名企圖「守護」清真寺的人，包括印裔富商毛漢和立法會議員譚文豪均被藍色水劑射中。毛漢自稱一直支持警察，但經此事件後嚴詞批評警察「失控」。[13]當晚警方派警員到清真寺作短暫清潔，翌日特首林鄭月娥親身到清真寺致歉，是數個月內警方唯一有為自己使用的武力道歉的事件。

12．3．5 進攻大學

十一月十一日開始的「黎明行動」中，有人在連接中文大學的「二號橋」上，將雜物扔到吐露港公路和東鐵路軌上堵塞交通，警察衝進校園逮捕五名學生，其後退到二號橋上和校園內的示威者對峙。十二日中大職員和警方交涉，警方不願退出二號橋，校內示威者向警察防線推進，警察施放催淚彈和橡膠彈射進中大，有示威者以燃燒彈還擊，警察衝進校園拘走三人。催淚彈打進中大的大學運動場，學生驚慌逃跑以及中大山頭烟霧四起的相片和影片，在當日下午迅即傳遍並震動香港。中大校長段崇智與其他高層職員黃昏時到二號橋頭嘗試和警方協議，但在沒有保護裝置下被射催淚彈，其後大學高層繼續與警方及政府交涉。入夜後警察持續向中大射大量催淚彈、橡膠彈和布袋彈，守衛者以傘陣及路障防守，警方並出動水炮車射藍色水劑（見表三），守衛中大受傷的超過八十人。到深夜中大校方終於和警方達成協議，警方退到二號橋尾。其後兩日衝突暫息，佔領中大的示威者在大約三天後全部離開中大。

理工大學位於紅磡過海隧道入口，示威者在該週內以雜物堵塞紅隧入口並破壞收費亭，令

13 凌逸德，〈顏料水射眼致失明二十五分鐘　毛漢：警方完全失控〉，《香港01》二〇一九年十月二十一日。

紅隧無法通車。十一月十六日警察開始在理大附近清場，十七日對抗升級，大量催淚彈和燃燒彈在理大門外橫飛，中午時分警方出動水炮車和銳步裝甲車向理大推進，但被燃燒彈擊退，亦有警察被箭射傷小腿。傍晚時分大量警力向理大推進，圍堵大學所有出入口，示威者及其他人士（估計約數百人）被困理大內無法離去。警方八時左右宣佈理大附近發生的是暴動，留在理大的人均有可能被控暴動罪。警方曾表示理大內的人可從 Y Core 離開理大，但嘗試由此離開的人卻被射催淚彈而必須退回校內，至於離開的救護員和記者則被捕。

理工大學被圍堵的消息快速傳遍全球。港人以推特及其他方法發佈消息，聲稱近千人在大學內被圍困，面臨暴力鎮壓及斷水斷糧，將釀人道災難。國際間先後有英國政府發表聲明呼籲克制，美國議員及官員譴責暴力，還有西方國家議員呼籲北京和香港政府人道處理香港危機，避免六四事件重演。「理大圍城」長逾一星期，理大內的人數次嘗試突圍逃走，但均被擊退而部份被捕。十八日晚上不少人到南九龍一帶，嘗試到理大營救被圍困者，結果被警方以強力打擊導致數以百計的人被捕。在多方斡旋後，十八日晚上一批中學校長及政治人物分別獲准進入校園，帶走一批未夠十八歲的留守者，登記姓名資料後獲准離去沒被拘捕。其後警察一直沒有進入校園，不少人以不同的逃生路徑（例如遊繩及爬地下渠）離開了理大，部份人自願離開校園而被拘捕。理大最後在十一月二十九日解封。總計理大一役達一千三百七十七人被捕，至二〇二〇年三月共有二百六十八人被控暴動罪。

沒有人想像得到，警方會在一星期內嘗試攻入兩所大學。大學作為知識堡壘，一直被視為具有較崇高地位。世界上各不同國家出於對大學的尊重，在發生戰爭或社會衝突時也會盡量避免進入大學或向大學用武。香港警方以大量火力攻打大學，引發市民相當的悲情及憤慨，成為國際傳媒的頭條新聞，也令香港人權及民主法案加快在美國參議院通過，可說是意想不到的後果。

12.3.6 開真槍

警方一直聲稱他們使用的各種武器是「低度武力」。催淚彈、橡膠彈和布袋彈等被歸類為「不甚致命武器」（less lethal weapons），換言之仍可致命，只是不像真槍那般容易致命而已。但後來警察開真槍射擊示威者，引來了更大的反響。

八月二十五日的荃葵青遊行在未結束前已被警察驅散，不少示威者在區內與警察遊鬥。晚上有示威者襲擊一輛警車，兩三名警察下車追打示威者但反而不敵，遂掏出佩槍指嚇，向天開了一槍並一腳踢倒一名跪下懇求警察不要開槍的傳道人。

十月一日是第一次警察以真槍實彈射傷示威者。當日港島區的大型遊行大致和平完成，但各區的集會自下午開始被防暴警察驅散後，演變成街頭衝突。荃灣下午的衝突中，一名警察以槍射中一名十八歲中學生的胸部，該中學生後來性命無礙但被控暴動罪。當日下午亦有數宗開真槍事件（例如油麻地區），但沒有打中任何人。

十一月十一日「黎明行動」開始，清晨七時多一名交通警在西灣河嘗試清除路障及逮捕示威者時，以手槍射中一名示威者的腹部，短片迅即傳遍全港（以至海外），是激發該週更多暴力衝突的導火線之一。

根據警方十二月九日公佈的數字，在運動中警方共開實彈十九發，應該只有三發打中人。[14]警方的解說是警員受到「嚴重生命威脅」才開槍，並且支持開槍的決定。針對十月一日的開槍事件，警務處長盧偉聰未經調查便在下午見記者時，說警察的開槍是「合法合理」的。對不少香港人來說，警察對平民開真槍是難以接受的，這代表警察有準備隨時要射殺示威者。兩宗開真槍傷人事件，公眾都有質疑警方說開槍是因為警察「生命受威脅」的說法。十月一日的現場錄像顯示，是持槍警首先衝向示威人群，被槍擊的學生揮動的「武器」只是一根膠管，而十一月十一日被槍擊者沒有武器也沒有攻擊動作，警方卻指其意圖搶槍。兩次開真槍傷人事件，都令運動激化，帶來更多暴力衝突。

12·4 不受制約的權力

警察是可以合法使用武力的主要機構。從政治學的角度看，這種合法的武力必須受到制約，否則人民的基本權利和安全都不受保障。

從問責的角度看，整個運動中最為人詬病的是大多前線執勤的警員都沒有身份識別。由六月中開始，已有現場警察沒有佩戴警員編號，而且在記者或市民查詢下通常拒絕出示警員委任證，因而難以辨明其身份。防暴警察在現場通常戴上頭盔和蒙面，因為沒有編號所以根本無法辨認是誰。後來有休班警或便衣警在商場或其他地方作拘捕或使用武力，同樣經常沒有出示委任證。警方的解釋是由於有警員被網民「起底」，因而要保護其私隱（隱私）。問題是當警察在行使公權力以至武力時，無論是否有違反法例、違反警例、或濫用權力，當身份無法認定的時候，投訴者根本無法知悉涉事警察是哪一個人（甚至無法確認其是否警察），也就難以投訴並問責。

一直有傳言說有內地武警或公安混入香港警察，運動期間在前線執行任務（有人以此解釋為什麼警察會使用他們認為「過份」的武力）。不止一次，傳媒錄得穿著警察制服的人以普通話交談。[15]路透社在二〇二〇年三月十八日的報導，指出有多達四千名內地武警在反抗運動期間來到香港，他們在前線「觀察」但沒有行動。[16]當很多執勤的警察都沒佩戴編號以及委任證，

14 除十月一日和十一月十一日外，十月一日晚上尚有一宗警察射中一名市民手部。

15 可見《大紀元》新聞短片〈速龍小隊用普通話怒罵中國男子：「你不配做軍人！」中國男子做軍人敬禮手勢〉，https://www.youtube.com/watch?v=pFkUjw57hZA。

根本無法核實其香港警察的身份時，有部份是內地公安或武警的說法便更難否證，從而加深了市民對國安系統已全面介入的疑慮。香港民意研究所在十月的調查反映，多達六十二%的被訪者相信香港警察已經混入了中國公安武警的說法。[17]

由六一二開始，民間便已要求成立獨立調查委員會來調查警察暴力及追究責任，成為運動的五大訴求之一。政府一直以來的立場，是針對警察的投訴應該由獨立監察警方處理投訴委員會（簡稱監警會，IPCC）來處理，因此應該先等監警會的報告，如有不足才會採用其他方法。民間則一直不接受用監警會來進行調查，原因包括：

一、監警會並沒有獨立或中立的形象，其成員全由特首委任，而三名副主席（謝偉銓、張華峰、易志明）都是親政府的立法會議員，現委員中完全沒有民主派的人物，張華峰更曾公開發表支持警察的言論；[18]

二、監警會權力有限，主要是在接獲投訴（市民先要到警局的「投訴警察課」投訴）後要求警方回應及提交報告，監警會亦沒有傳召證人作供的調查權，所謂調查主要靠警方提供資料。

三、監警會的往績（過去的紀錄）不佳，不能給予公眾信心。自二〇〇九年成立以來，監警會每年都收到數千宗針對警員的投訴，每年只得大約三～四%的投訴成立，十年內只有一名警員被刑事檢控，至於受罰的大多只是警告或訓諭。由二〇一一／一二至二

○一七／一八的七年間，共有二千一百一十九項針對警察濫用武力的投訴，經監警會調查下只認為兩宗屬實，比率為○．○九％。[19]

在公眾普遍對監警會缺乏信心的情況下，政府做了兩件事情：二○一九年九月四日，林鄭月娥在宣佈撤回《逃犯條例》的同時，宣佈委任前高官余黎青萍和資深大律師林定國進入監警會，以及聘請五名國際專家，協助監警會第二及第三階段的工作。兩個舉動都無助挽救公眾對監警會的信心。公眾很快便認定余黎青萍和林定國是保守的建制人士，[20]不能為監警會提高公信力及獨立性。國際專家方面，專家之一的斯托得（Clifford Stott）在十一月十日發表聲明，指監警會的權力和獨立調查能力不足以應付整件事情的規模，亦不符合重視自由與權利的國家對監察警察的標準，因而建議以獨立機構調查。[21]到了十二月十一日，整個專家小組更發表聲明

16 Greg Torode, "Exclusive: China's internal security force on frontlines of Hong Kong protests," *Reuters*, 18 March 2020.

17 香港民意研究所，《香港民研「我們香港人」滾動調查研究報告》，二○一九年十月二十九日。

18 張華峰曾表示支持警察不帶編號，因為這樣便可「執法時無後顧之憂」，此話惹來批評。吳倬安，〈張華峰委任證論捱轟　監警會前成員張達明斥好離譜〉，《香港01》二○一九年八月二十二日。

19 〈淪無牙老虎　監警會質詢警權　警方接受率0％〉，香港《蘋果日報》二○一九年六月五日。

20 余黎青萍曾任林鄭月娥競選辦的顧問，而林定國在出任大律師公會主席期間（二○一七～一八）被指為作風保守。

21 〈監警會國際專家小組聲明　建議由獨立機構調查近期事件〉，《香港電台新聞》二○一九年十一月十日。

退出調查工作，聲明同樣指出監警會的權力和獨立調查能力有明顯缺陷，因而建議以獨立機構調查。[22]對不少香港人而言，國際專家的聲明只是說了一些眾人早知的事實，但卻無異給了政府一記耳光，亦令政府沒有了阻擋民意的盾牌。

監警會最終在二〇二〇年五月公佈調查報告，內容包括主要事件例如六一二、七二一、八三一等，報告主調是警察在部份事件上處理有問題，「有改善空間」，並提出了五十二項改善建議，但沒有就警暴問題作判斷。報告在主要爭議事件上大致支持警察，例如認為八三一封太子站「似乎屬合理決定」，七二一事件中有警察和白衣人「搭膊頭」也不能推論「警黑勾結」，因為當時「氣氛緊張，進行拘捕不切實際」。[23]監警會主席梁定邦在發佈記者會上強調委員會沒有調查權，但報告結論卻採納警方的結論「香港或會步入恐怖主義年代」，梁定邦表示這是警務處長的說法，但他「暫時信納」，「如果唔信納警方，你信邊個？」（「如果不相信警方，你信誰呢？」）[24]

報告發佈後，民主派、民間組織和人權組織等批評為偏頗、只信警方資訊、及為警察「洗白」。林鄭月娥則稱讚報告「全面客觀有份量」，並重申不會成立獨立調查委員會。[25]

根據警例，使用各種武力例如警棍、胡椒噴霧及催淚劑等，均需要向上級交報告，內容包括「對方傷勢」、「擊打部位」、「案情摘要」等。[26]以整個運動中警方使用武力之廣泛及頻密，實在難以想像每次都要「交報告」的要求有執行。九月三十日，警方上載已自行修改的「程序手冊」內的武力使用指引，包括將警棍及橡膠彈等由「中級武器」改為「低殺傷力武器」，降低「致命武力攻擊」的定義要求，令警察可以在有行為「引致或相當可能引致他人死亡或身體嚴重受傷」時，即可使用槍械。[27]修訂守則翌日即發生首次開槍打中示威者事件，令人覺得警方支持前線用更強武力或甚至真槍對付示威者。

反抗運動中的事態發展，令不少人覺得香港警察「權傾朝野」，做什麼都不會被懲罰。七月二十六日，政務司司長張建宗聲稱可以為警察在七二一當日的作為向市民道歉，但竟然被員佐級協會主席林志偉發公開信批評，表示「所有警務人員均極為憤怒」，認為張「完全不了解警隊運作」，「員佐級協會給予最強烈的譴責」，「敬請在位人士認真考慮是否有能力帶領公務員，若能力不足，退位讓賢對公務員及香港市民均是好事。」從香港政府的架構看，這是不可

22〈國際專家組全體辭職　指監警會缺調查權力　建議另設獨立調查〉，《立場新聞》二〇一九年十二月十一日。
23 香港監警會，《監警會專題審視報告：關於二〇一九年六月起《逃犯條例》修訂草案引發的大型公眾活動及相關的警方行動》，二〇二〇年五月十五日。
24〈七二一無勾結　撐八三一封站！監警會淪撐警會　誘過網上文宣抹黑警隊〉，香港《蘋果日報》二〇二〇年五月十五日。
25〈林鄭月娥：監警會報告全面客觀有份量　應優先檢討警方如何協助記者〉，《明報新聞網》二〇二〇年五月十五日。
26 鄭秋玲，〈朱經緯案成經典　修訂後用警棍仍須報告　訓練手冊列強硬中級武器〉，《香港01》二〇一九年十月三日。
27 鄭秋玲，〈警修訂武力指引　警棍由「中級武器」改屬低殺傷力〉，《香港01》二〇一九年十月三日。

思議的：員佐級協會是初級警務人員組織，包括警署警長、警長、高級警員及警員等，成員職級比警務處長低很多級，而警務處長的上司是保安局長，保安局長的上司是政務司司長。紀律部隊初級人員公然斥責政務司司長，史無前例，亦令人懷疑政府內的文官是否有能力駕馭警隊。其後張建宗在見過四個警員組織的代表後便沒有再評論警察行為。

林志偉及劉澤基警長經常就運動作政治評論的行為亦令人側目。林志偉及其代表的員佐級協會經常作媒體評論及發表公開聲明，他們曾經公開譴責醫護、法律界、大學及中學校長、區議員，也評論警方執法準則，並且在九月十六日明言當示威者武力升級，警察應可用更高一級的武力，包括實彈槍械。[28]劉澤基警長因為九月三十日在葵芳地鐵站外擎長槍指嚇市民，被香港網民「起底」及在網上大事批評，而引來內地網民的讚許並在內地「爆紅」，其微博帳戶迅即累積了八十萬追隨者，甚至還被邀請十月一日到北京國慶觀禮。他在微博常作時事評論，包括在十月七日批評香港的裁判官不批搜查令是縱容暴力，在十月二十一日更批評早前民政事務局長劉江華披露林鄭月娥曾與「勇武派」深入對話，「這樣還是法治嗎？」「我日後怎樣執法？」

這些言論惹來種種批評，包括質疑其違反紀律部隊的政治中立原則，批評裁判官可能是藐視法庭，以初級警務人員批評政務司司長和特首為「以下犯上」等，林志偉因而被傳媒譏為「林大總統」。這些出位言論完全沒有受到政府或警隊高層的批評或紀律制裁，反之不少支持運動的公務員卻可能面對紀律聆訊或處分，再加上劉澤基被中央政府破格邀請參觀國慶，捧成英雄，令人覺得針對示威者的言論或行為反而會在體制內得到獎賞。

九月十三日，路透社公開林鄭月娥與部份商界領袖舉行閉門會面的錄音，林鄭月娥指「除了三萬警察，什麼都沒有」，[29]給人的感覺是特首在缺乏政治支持下，只能倚賴警察「平亂」，而警察在得到中央政府支持其「止暴制亂」下，做什麼事情都不會受到懲罰。

自六月起，民間有大量有關警察針對運動濫用暴力、違反程序、濫用私刑、性暴力等的指控，但沒有任何一名警察因此被調查、停職或處分。警方發言人從來沒有就任何一次事件承認錯誤，每一次都維護前線的做法正確，最多是「不完美，可接受」，或表示有不滿可向投訴警察課投訴。雖然持續的警察暴力已經嚴重影響警察和政府的制度公信力，將特首和政府的民望推到史無前例的低位，也招來嚴重的政治後果，但整個文官系統似乎都無條件地支持警察，實在是不可思議。

12・5 性暴力

警察使用性暴力，一直是民間控訴的主題之一。女性在二〇一九年反抗運動中的參與率不

28 鄺曉斌，〈警員佐級協會：汽油彈是致命武器　可用實彈槍械制止〉，《香港01》二〇一九年九月十六日。
29〈林鄭：我只剩下三萬警察〉，香港《蘋果日報》二〇一九年九月十三日。

低，以首六個月被捕的約六千人中，女性就佔了大約四份一（四分之一）。當然，性暴力的使用，並不偏限於男性對女性。

八月十一日的街頭衝突中有不少被捕者被送往新屋嶺[30]拘留，其後不少人指警察在新屋嶺以酷刑及性暴力對待被捕者，甚至傳聞有人被輪姦及雞姦，引發對性暴力的廣泛關注。八月二十八日，多個婦女團體組成的平等機會婦女聯席，在中環發起「反送中＃MeToo」集會控訴運動中的警察性暴力，估計逾三萬人參加。九月二十七日，約五萬人在中環集會控訴新屋嶺的警暴。綜合現場錄像和直播、被捕者或被傷害者的投訴、傳媒的報導、不同民間團體的調查報告，運動中的性暴力大致可分為幾大類：

一、**被捕時的對待**：在街頭衝突中，有傳媒鏡頭拍到女性被扯脫上衣或下裳、男警察對女被捕者搜身、「胸襲」女被捕者、以至在制服女示威者後坐在其身上來回移動等，有時女示威者會要求由女警作搜查及逮捕程序但不被理會。最矚目的例子在八月五日，一名女子在天水圍警署門外被捕，遭數名男警抬起捉進警署，期間女子內褲鬆脫露出下體，錄像在網上傳播後引起頗大憤慨，其後數日持續有人在天水圍警署門外抗議甚至堵路。男性被捕者亦可能在拘捕程中被抓下體或扯脫外褲。

二、**拘留期間的性暴力**：在上述「反送中＃MeToo」集會、九月二十七日抗議新屋嶺暴力的集會、民權觀察二〇二〇年五月的報告、以及民間記者會中，都有不論男女的被捕者披露，拘留期間曾被拍打下體進行羞辱、被命令全裸搜身、以及受言語侮辱等，亦有男被捕者表示曾被性侵。十月十日，在中大校內一個對話會上，中大學生吳傲雪脫下面罩，陳述她八三一被捕後在葵涌警署，有女警望著她如廁、男警則在較遠處站著，並有男警拍打其胸部，以及曾被全裸搜身等。[31]

三、**懷疑強姦**：自八月開始，網上傳聞說有被捕者在拘留期間被強姦甚至輪姦，甚至因姦成孕等。十月二十五日台灣聲援香港的集會上，有香港示威者上台發言說新屋嶺曾發生女子被四名警察輪姦的案件，警方旋即在官方面書回應指為「無中生有」。[32]十一月九日，《蘋果日報》報導網上熱議有女子曾被警察輪姦，至十月發現有孕，已在十一月七日至醫院墮胎。投訴警察課後來承認在十月二十二日有律師代表報案，指一名女子稱九月二十七日在荃灣警署被強姦。[33]

四、**語言侮辱及恐嚇**：傳媒不止一次錄得前線警察在示威現場以粗言辱罵女性，侮辱女示

30 新屋嶺是一個位於香港與深圳邊界附近的拘留中心，通常用以拘留非法入境者，由於地處偏僻，義務法律支援的律師並不知道被捕示威者會被送往新屋嶺，以致花了較長時間才找到他們。

31 吳傲雪此前曾匿名在記者會上披露有關性暴力遭遇，例如在九月二十七日控訴新屋嶺暴力的集會上以S小姐的化名發言。

32〈港示威者赴台稱警察輪姦新屋嶺女被捕者　警方：謠言無中生有、故意抹黑〉，《立場新聞》二〇一九年十月二十六日。

威者為「臭雞」、「妓女」、「天使」等，民陣召集人岑子杰曾在前線被警察罵他「死基佬」，[34]亦有不少被捕者投訴在警署內被警員（不論男女）出言侮辱。牽涉性暴力的恐嚇亦有出現：例如不止一次有男被捕者反映拘留期間被恐嚇，說要帶他們到新屋嶺「雞姦」。[35]有女被捕者反映曾有警署值日官對警員說：「睇啱邊件拎去姦囉」（看中那個，就拿去強姦吧），[36]以及有警員聲言要強姦她等。

大量的性暴力，對女性參與運動造成額外的阻嚇。比起男抗爭者，她們在抗爭前線要面對更大的心理壓力與威脅。有關報導和控訴引來市民更大的憤慨，亦加深了他們對警察的仇恨。

12.6 違反程序與基本權利

香港警察自七十年代以來給人專業的形象，原因之一是在執法和檢控過程中，港人的基本法律權利受到適當保護。在二〇一九年的多個月中，不少報導令人相信被捕者或示威者的基本權利受侵犯，很多正常程序和權利都沒有被尊重。

12.6.1 法律支援的權利

普通法下，所有被捕被控者都有獲得律師代表的基本權利（right to counsel）。反送中運動承接了雨傘運動的經驗，很早便組織了義務律師團隊，為被捕被控者提供法律支援。抗爭者的「常識」，是如果被捕，在律師到場前不回答警察任何問題及落口供（「我冇嘢講」＝我沒話要說），以免說了一些對自己不利可用作上庭證供的內容。

在多月的運動中，常有的投訴是警察不讓被捕者打電話，因而無法聯絡律師作法律支援。示威者在被捕時往往會大聲喊出自己的名字，讓其他人可以代其找法律支援，但有時警察會阻止其說出姓名，例如用聲浪蓋過其叫聲，甚至掩口令被捕者不能說話等。由於律師一定要能說出當事人名字才可接觸被捕者，如果不知道有哪些人被捕，或者不知被捕者在哪個警署，被捕者可能有多個小時不能有律師代表，得不到應有的權益保護。

八月期間警方幾次大量逮捕，將不少人拘留在通常只用作拘留非法入境者的新屋嶺。義務律師團隊根本不知道被捕者在新屋嶺，奔走不同警署都未能找到當事人。據報警察對新屋嶺內的被捕者說該處沒有電話網絡因而不能打電話，而律師到了新屋嶺外亦被拒絕見當事人達數小

33〈荃灣警署懷疑強姦案　少女代表律師批警擅取醫療紀錄、選擇性透露調查細節〉，《眾新聞》二〇一九年十一月十二日。

34 岑子杰是已「出櫃」的男同性戀者。

35〈被捕浸大學生記者：警稱「新屋嶺雞姦好好玩」〉，《明報新聞網》二〇一九年十一月六日。

36 Chin Sze Man，〈便衣：捉咗三件甲甴妹？　值日官：係呀，睇啱邊件拎去姦囉〉，《立場新聞》二〇二〇年三月十五日。

時，或者警方說沒有房間，只准兩名律師同時見五十名被捕者，以致有人被捕後長達二十四小時都沒有法律支援。[37]有被捕人士要求見律師達五十次仍被拒，直至給了供詞才如願。[38]其他情況包括有警察不准律師進入警署，或者有未成年的被捕者不讓其家長接觸，[39]令人覺得運動中的被捕者應有的法律權利沒有受到尊重，當被捕者（尤其是未成年者）在沒有律師陪同下給了證供，可能違反其應有的權利，對被捕被控者不公平。

12.6.2 濫捕與濫控

二〇一九年運動的首六個月中，警察逮捕超過六千人，超越二〇一九年所有香港在囚人士的數字，至二〇二〇年三月被捕者已超過八千人。一直有人批評警方「濫捕」，因為從不少直播及非直播錄像中，被捕的市民並沒有暴力或犯法行為，可能只是叫口號、言語上得罪警察，或者只是站在街上、行人路上、在社區內或商場內，這樣都可能被捕甚至被打。一個突出的例子是九月二日晚上，群眾包圍太子港鐵站和旺角警署期間，一名男子在行人路上喝問警察：「七二一你們去了哪裡？是不是把良心丟了？」接著就被數名防暴警察衝上前以警棍毆打並逮捕，頭破血流縫了五針，這段影片在網上廣傳，引起群情憤慨。[40]

多個月來，令市民質疑警方「濫捕」或「濫控」的個案，主要包括：

一、警察在截查及搜出物件時，會用各種罪名例如「藏有攻擊性武器」、「管有工具可作非法用途」、「企圖管有攻擊性武器」等拘捕市民並甚至告上法庭，但那些物件可能只是普通人都會帶在身的用品：頭盔、口罩、鐳射筆、鎅刀（美工刀）、扳手或其他工具。[41]有人因身上持有超過一張八達通卡，被警察以「懷疑偷竊」罪拘捕。

二、警察常以「非法集結」罪名拘捕人，或者警告市民必須離開現場，否則會被控非法集結，縱使那是合法經批准的集會或遊行，或者不是抗議集會的現場。有被捕者只是在行人路上，或者在居住社區內（包括商場），沒有武器和暴力行為，也可能被捕。正在現場工作的人（例如救護或記者），甚至在食肆外等待用餐的市民也可能以「正參

37〈林耀強稱有示威者被捕逾十二小時無法見律師是不能接受〉，《香港電台新聞》二〇一九年八月十四日。亦見香港組織「沉默之聲」提交聯合國的報告：Sounds of the Silenced, "Convention Against Torture and Other Cruel, Inhuman or Degrading Treatment or Punishment ('CAT'): Follow up submission to the Committee Against Torture concerning the fifth report of the Hong Kong Special Administrative Region of the People's Republic of China," 27 December 2019.

38〈良心護士揭被捕人骨折不尋常「成隻手得層皮連住」 警稱無明顯傷勢〉，香港《蘋果日報》二〇一九年八月二十七日。

39 Amnesty International. "How Not to Police a Protest."

40 RTHK香港電台，《鏗鏘集：「濫暴？」——被捕少年》，YouTube，二〇一九年九月十二日。

41 例如，一名工程師在十一月十一日被搜出身上有口罩、眼罩、勞工手套、望遠鏡等，被控「管有適合作非法用途工具並意圖作非法用途使用」，案件最後在二〇二〇年三月撤控。

與非法集結」的理由被驅散或甚至拘捕。警方亦曾以襲警、阻差辦公等罪名拘捕及控告在場人士。

三、根據現場經驗和錄像反映，年輕人，特別是穿黑衣及戴口罩者，特別容易受截查、拘捕及暴力對待，縱使鏡頭內看不到他們有犯法行為。有時鏡頭會拍到警察衝向人群然後只抓住年輕、穿黑衣和／或戴口罩者（不論男女），令不少人覺得警察根本是在針對年輕人。

四、警方在提控時，經常出現資料提交不足、錯漏、遲交資料或文件而被法官斥責，甚至曾因資料不足而導致控方撤控，令人懷疑警方根本沒有足夠的材料入罪。

從數字上看，警方由六月至十二月共拘捕超過七千人，至二〇二〇年三月時有提控的不過一千多人，換言之有八成多的被捕者可能都沒有因為是犯罪而被逮捕。警方自七月「止暴制亂」策略後的大幅拘捕策略，令不少可能沒有犯罪的人均被拘捕。一項統計反映至二〇二〇年五月底審結有關示威的二百零三名被告中，只有一百零一人認罪或被定罪，定罪率僅四十九．八％，律政司主動撤控個案佔兩成，令人質疑本來控方就「不夠料」入罪，只是希望造成威嚇效果，令人不敢再參與街頭抗爭。此一定罪率遠低於二〇一八年裁判法院定罪率的七十一．五％。[42]不少被捕者最後沒被起訴、被控者因為證據不足而獲釋，但他們已經付出相當的代價，有些人被羈留還押一段時間，有些人甚至在被捕期間遭受不人道對待，而他們的家人也一同蒙受莫大的心理壓力。

12·6·3 暴力對待被捕者

警察在拘捕過程中使用過度暴力，一直是民憤的來源之一。很多市民都可從傳媒或其他直播中看到現場情況，會質疑警方縱使要逮捕，是否有需要用警棍或其他武器令被捕者受傷及受重傷。胡椒噴霧和催淚彈本來應該是用以驅散集結人士，但傳媒錄得不少鏡頭中，警察在沒受襲擊或受威脅下，迎面直噴普通街坊、老人、記者、救護員、立法會議員甚至孕婦。暴力鏡頭還包括警察在制服被捕者時會用容易令人受傷的方法，例如以膝頭跪著被捕者的頸椎或後背椎、強力扭曲被捕者的手腕或手臂，以警棍把被捕者打得頭破血流、將傷者在地上拖行等。有人質疑這已經超過制服和逮捕的需要，而是一種發洩和報復了，但他們的暴力卻不會受到懲罰。

不少被捕者投訴拘留期間被暴力對待，其中最突出的是新屋嶺的案例。八月十一日有多人被捕後送到新屋嶺，其後約三十人送到北區醫院就醫，有人骨折嚴重，有人全身瘀傷，懷疑是拘留期間受虐打。[43]這一情況引起醫護人員的憤慨，不止一次發起在各公營醫院集會以及公開集會控訴警暴。

42〈抗爭一周年：逆權大狀X「旁聽師」　撐手足打官司〉，香港《蘋果日報》二〇二〇年六月十一日。

43〈北區醫院護士指部分新屋嶺被捕者骨折嚴重　質疑警方濫用暴力〉，《頭條日報》二〇一九年八月二十八日。

二〇二〇年三月一項統計反映，幾個月內有超過百名被告因為受傷留院而必須缺席首次聆訊，當中至少有二十人投訴被警察毆打，出庭時有明顯傷勢，甚至有人需坐輪椅出庭。[44]

12·6·4 其他權利的侵犯

根據基本法，香港人有遊行集會的權利，但在本地法例中，主辦遊行集會者須向警方申請「不反對通知書」。七月底開始，警方就拒絕批出不反對通知書，有時甚至明文發出「反對通知書」。由七月二十七日的元朗遊行，到八月、九月的多次遊行集會申請，警方往往以主辦單位無法保證安全為理由，反對遊行或集會。在六月至十二月期間，民間共有五百三十七項遊行集會的申請，警方反對了四十七項。[45]有些集會縱使獲批，警方在集會開始不久便於現場表示集會是非法，結果通常以暴力驅散或拘捕收場。美國國務院在二〇二〇年三月的報告中，便指出這明顯是對港人和平集會權利的侵犯。

上述曾提及阻礙急救以及到醫院治療，已經違反了國際人權標準。不讓受傷者送院或者在現場不讓醫護救治，可能因延誤而導致身體受更多傷害。此外，被捕者亦有不少投訴說拘留期間不讓他們如厠或喝水。

12·7 仇恨的滋長和信任的崩潰

隨著警察暴力個案的積累，被捕和被打傷的人數增加，民眾對警察的憤恨亦與日俱增，成為運動的重要推動力。

反送中運動中，警察和前線示威者以至普通市民的互相敵視程度，可說是前所未見，這可從雙方使用的言語中反映出來。前線示威者自雨傘運動以來便對警察不滿，常以「黑警」稱呼警察。到了二〇一九年的運動，示威者最常對警察的稱呼是「狗」，並延伸至其他名稱如「狗車」、「狗屋」等。由七月開始，遊行群眾辱罵警察的口號愈來愈激烈，由最初的「香港警察、知法犯法」，「香港警察、污糟邋遢」到「香港警察，社會垃圾」；七二一後常有群眾見警察便大喊「黑社會」；八月十一日後的「黑警還眼」；到了九月後，「黑警死全家」已經是針對警察最常見的口號；群眾也會向警察大喊「強姦犯」、「殺人犯」等。「毅進仔」[46]是常用來針對前線警察的標籤，主要指他們教育程度和智力不高，並延伸至嘲笑他們的英文能力、理解能力、沒

44〈至少百名被告因傷缺席首次聆訊　二十人投訴遭警毆有明顯傷勢　八人被打至骨折〉，《立場新聞》二〇二〇年三月十三日。

45 Amnesty International. "Hong Kong: Arbitrary Arrests, Brutal Beatings and Torture in Police Detention Revealed." 19 September 2019.

有禮貌和沒有文化的網帖、歌曲、錄像以及文宣，都在網上廣為流傳。到了較後期，遊行中不少人會喊「解散警隊，刻不容緩」的口號。

警察在多月來的街頭對峙中，以粗言穢語辱罵市民（不一定是示威者）是常有的畫面，例如對女性則辱罵為「妓女」、「臭雞」等。七月二十五日，員佐級協會主席林志偉發公開信譴責暴力升級，並以「蟑螂」稱呼示威者，自此前線警員多用「曱甴」來喝罵示威者及其他群眾。「曱甴」標籤引來相當多的批評，包括民間人權陣線曾發表聲明要求收回，評論者指出這和當年納粹德國把猶太人稱為「老鼠」、盧旺達（盧安達）種族屠殺時胡圖族稱圖西族人為「曱甴」一樣，助長了警察「不把示威者當人」、將之視為低等動物、可以暴力對待甚至打死也不惜的觀念，這類仇恨言論（hate speech）在西方民主社會已經遭到禁止。雖然有警方高層曾經承認相關稱呼「不理想」，但前線警察以曱甴稱呼示威者的行為一直沒有停止。九月二十一日，鏡頭拍到有警察在元朗某後巷拘捕「守護孩子行動」的成員時，多次用腳踢向地上一名黃衣人，翌日在記者會上警官韋華高否認警察踢人，指稱只是踢向黃色物體（yellow object）。[47]

幾個月下來，市民累積的觀感是警察所用的暴力有相當的任意性，不同身份及身處不同的地點都不能免於遭殃。雨傘運動中的「暗角七警」和朱經緯[48]還會受到法律制裁，讓市民可以視為偶發事件，但二〇一九年公眾目睹警暴之普遍，卻沒有警察受調查受罰，嚴重影響公眾的信任。香港民意研究所十一月中的調查反映，六十七%被訪者同意警察有「濫捕、失控」的情況。[49]十一月二十二～二十五日的調查反映被訪者如果在街上遇到警民衝突，四十一%表示「非常害怕」警察、十七%表示「頗害怕」警察，加起來接近六成；而表示「非常害怕」及「頗害怕」示威者的分別只有十七%和十二%，加起來不足三成。調查反映市民對警察已失卻基本的信任。

46「毅進」課程是政府提供的較實用課程，修畢後可得到等於中學畢業的資格。前線警察有一定的數目在中學時學業成績不佳，以致舊式的會考或現在的文憑試都不能得到中學畢業的資格，他們往往要透過「毅進」課程取得中學畢業資格。「毅進仔」因而是嘲弄他們讀書成績及智力不佳的標籤。

47 此後有網民或抗爭者會把防暴警察稱為「green object」。

48 編按：二〇一四年十月十四日雨傘運動期間，七名員警將公民黨成員曾健超抬至添馬公園的陰暗角落予以拳打腳踢，二〇一七年二月十四日七名涉案警員罪名成立，但有兩人上訴後撤銷刑事判決，其餘五人減刑後分別處以十五到十八月徒刑。朱經緯二〇一四年時任職警司，二〇一四年十一月二十六日在旺角執勤時因用警棍毆打路人而遭判刑入獄三個月。

49 香港民意研究所，《「我們香港人」滾動調查研究報告（四）》，二〇一九年十一月五日。

表五｜害怕警察還是害怕示威者？

問句：如果你在路上碰到警民衝突，你會多害怕警察／示威者？

	警察	示威者
好害怕	41.2%	17.3%
幾害怕（頗害怕）	17.2%	12.1%
一半半	3.4%	4.9%
唔係幾怕（不大害怕）	10.0%	19.3%
完全唔怕（完全不怕）	27.3%	45.4%
唔知（不知道）／難講	0.9%	0.9%

資料來源：香港民意研究所，《「我們香港人」滾動調查研究報告（八）》，2019年11月29日。

12·8 小結

在數個月的抗爭過程中，針對各種指控，警察幾乎毫不例外地全盤否定，從來沒有承認警方有使用過度武力、違反警例或法例、不守程序，或者表示涉事的警員會有懲處等。從民調反映，他們的解釋無疑沒有得到香港市民的認同，在公眾心目中的公信力和形象可說是在幾個月中全面崩壞。香港民意研究所在十一月的調查反映，市民對警隊的評分由六月時的約六十一分跌至三十五．三分，為九個紀律部隊中最低。被訪者中有約四成給予零分。

多個月來，警察各種被視為侮辱市民或者違例違法的行為都不會有任何法律或紀律後果，連特區高官都不敢批評，因而有人稱之為「軍政府」或「日本皇軍」，亦令公眾對警察制度的信心崩潰。從另一角度看，警察的暴力沒有制約，令一些本來不接受暴力抗爭的人（即「和理非」），變成可以理解暴力抗爭或至少覺得警方和政府責任更大，而不會轉為支持政府或警察，是運動持續不衰以及保持團結的主要原因。警察不斷踰越底線，令民居、私人屋苑、教堂、大學都不是安全藏身之所，醫護、議員、社工、記者、傳教士、小孩、大學校長都不能免受攻擊，令反對政府和警察的層面大為擴闊。

曾任香港警察政治部反恐部門的前警官派布里克（Martin Purbrick）指出，香港要求社區警察執行內部保安的工作，但他們並不擅長，結果用大量武力進入社區打壓，犯上不少錯誤。[50]

這個從警察體制的解釋，無疑未能說明大量不受制約的警察暴力行為。政權一直在賭兩件事：一是暴力升級後市民會與暴力抗爭「割席」，因而可以合理化更大的警察暴力；二是加強武力打壓可以將核心暴力份子抓光、阻嚇其他沒有那麼勇武的人。這兩件事都賭輸了。民調反映幾個月來，市民覺得政府和警察應為武力升級負責的人，遠多於認為示威者應該要負責的人。

50 Martin Purbrick. 2019. "A Report of the 2019 Hong Kong Protests." *Asian Affairs* 50, 4: 465–487.

表六｜誰應為武力升級負責？

問題：警察同示威者雙方使用嘅武力都有升級趨勢，你認為邊個（哪一方）需要為現時嘅暴力衝突負最大責任呢？係中央政府、特區政府、香港警方、建制派議員、泛民主派議員、示威者，定係（還是）外國勢力？
（可選多項；以樣本數目為基數的百分比。）

	9/5–9/11（第四輪）	10/8–10/14（第五輪）
中央政府	17.8	19.3
特區政府	50.5	52.5
香港警方	18.5	18.1
建制派議員	4.9	5.4
泛民主派議員	9.8	8.4
示威者	12.7	9.6
外國勢力	11.6	9.4
無意見／拒絕回答	2.5	5.7

有效樣本：623（第四輪）；751（第五輪）
註：由於受訪者可以說出多於一個答案，故答案百分比總和超過100%。

CHAPTER 13

總結篇　自由專制的破局

沒有人能預料的反送中運動，爆發前所未見的抗爭能量，亦根本地改變了香港的政局。反抗運動觸發了中共強硬的回應，打破了多年來香港「自由專制」的政治局勢，對香港未來的政治影響同樣難以逆料。

13・1 自由專制的破局

中共自九七後一直在香港經營的，是一個自由專制／自由威權（liberal autocracy/authoritarian-ism）的政體。[1]中共設計「一國兩制」的目標是希望保留香港作為國際金融中心的地位，制度

1 劉兆佳，二〇一七，《回歸後香港的獨特政治形態：一個自由威權政體的特殊個案》，香港：商務；馬嶽，二〇一八，〈民主運動三十年：自由專制下的防衛戰〉，收錄於鄭煒、袁瑋熙編，《社運年代：香港抗爭政治的軌跡》，香港：中文大學出版社，頁三～一七。

設計中不少自由的制度（liberal institutions）例如獨立的司法制度和英治年代留下的普通法制度、新聞自由、資訊自由、言論自由、集會自由等，被視為令香港的資本主義有效運作的重要配件。九七後，中共希望向西方社會展示香港仍是一個自由城市，令外資可以安心在香港投資，方便香港作為資金進出中國，往返全球金融資本主義的窗口，這樣最符合中國的國家利益。但另一方面，中共要確保可以控制香港特區政府的管治權，因此其設計的政治制度並不容許真正的民主選舉，否則以民主派多年來一直在立法會普選部份拿到多於一半選票而言，全面開放選舉很可能會被民主派奪得行政權力。此體制中「專制／威權」的特色便是確保北京可以控制行政權力，不會讓民主派有機會奪得管治權。[2]因此在設計二〇一七年特首選舉方案時，人大常委決定的「八三一方案」規定要先由提名委員會提名兩至三人，才給所有選民投票，以確保特首人選能為北京接受。新任中聯辦主任駱惠寧談到二〇二〇年立法會選舉反對派可能拿得過半議席時，將之等同「奪取管治權」，聲明中央絕不會接受，正是反映這種思維。[3]

這個體制實踐以來，一直充滿張力。一國兩制本來就是一個充滿矛盾的制度構思。[4]它承諾給香港「高度自治」，但香港政府並非民選產生，因而無法保證香港主流民意會變成社會政策，達致真正的「港人治港」。得到民意大多數支持的民主派陣營長期因制度設計限制而只能是議會裡的少數派，不能獲得行政權力。香港人在政治價值上大多崇尚自由、法治、民主、程序理性、公平等，和中國政府有其差距，而近十年隨著香港年輕世代的影響力上升和中國的愈趨專制，這項差距持續擴大。香港和不少混雜政體（hybrid regimes）的主要分別是：大多混雜政體容許全民普選政府和國會，但可能沒有充分的公民自由，政府可透過操控選舉、控制傳媒、打壓反對派和公民社會來確保自己贏得選舉。但在香港這一自由專制體制下，香港人可以擁有相對充足的言論自由、集會自由和資訊自由，可以充分掌握政治資訊了解政府施政的不足，自由批評政府和公開抗議而相對沒有顧忌，但不能用選票更換政府。結果是九七後多年來，特首和政府通常都民望偏低，但民眾沒辦法用選票令不受歡迎的特首或官員下台。

雖然充滿矛盾，但這個體制運作在二〇一九年之前的形勢發展對中共愈來愈有利。政權對各種自由制度包括傳媒、法院、公民自由等的控制力都在增強，反對派陷於分裂之中，而民間的抗爭運動經歷雨傘運動的挫敗和ＤＱ案的打擊，充滿了無力感和悲觀情緒。在選舉層面，親中陣營透過大量的資源投放建立網絡，支持穩定增加，二〇一八年的兩次補選都在九龍西選區單對單（一對一）地擊敗民主派候選人，反映政治力量的此消彼長。二〇一八年的反對一地兩檢的運動並沒有得到太多民間響應，政府輕易就通過有關決議案。以上種種都可能令政府信

2 劉兆佳，《回歸後香港的獨特政治形態》。
3 〈收「篤灰」報告　駱惠寧晤建制令「全力支持」林鄭〉，香港《蘋果日報》二〇二〇年二月二十二日。
4 Ngok Ma. 2007. *Political Development in Hong Kong: State, Political Society and Civil Society*. Hong Kong: Hong Kong University Press.

心滿滿，並不擔心反對力量足以推倒《逃犯條例》，這是政府一直打算用強硬而不理民意的態度強推法案通過的重要政治背景。

從民間或者反對運動的角度看，反送中運動前的十多年，運動其實都在一個激進化的軌跡上，原因正在於這個自由專制的體制看來愈趨穩固，對香港的自由和自治的控制愈來愈強，民主化似乎遙遙無期。不少人（尤其年輕人）對民主化長期沒有進展非常不滿，覺得民主派主流政黨多年來強調「和理非」的路線並不能帶來真正改變，需要有更激進的行動和路線。這個激進化趨向的第一個象徵是二〇〇六年激進政黨「社會民主連線」（社民連）的成立，強調「沒有抗爭，哪有改變」，並在二〇〇八年立法會選舉獲得十%的選票和三個直選議席。其後像是二〇〇九～一〇年的反高鐵運動、二〇一〇年的「五區公投」運動、二〇一二年的反國教運動、二〇一四年的雨傘運動、二〇一六年的旺角騷亂，反映的都是愈來愈多民主派支持者渴求全面民主、不能接受持續「溫水煮蛙」式的喪失自由和自治，傾向以更多直接行動（direct action）來爭取政治變革。

從這個角度看，二〇一九年的《逃犯條例》是最後一根稻草，把潛藏的政治不滿引爆，帶來不甘心的香港人的一場絕地反抗。多月的激烈抗爭引發了政權回應，一年下來，打破了這個自由專制體制的基本賽局。警察的暴力，以及中國政府更強力的干預，包括以人大常委代香港立國家安全法，不僅令香港自由城市的形象大受影響，令美國宣佈「一國兩制」在香港的終結，亦帶來美國及其他西方國家制裁的威脅。

13．2 反送中運動的政治衝擊

站在二〇二〇年這個時間點進行分析，反送中運動帶來的政治衝擊非常巨大。單從民眾的政治意識著眼，起碼可分三個方面：人民的反抗意識、共同體意識、和對建制的信任破損。

13．2．1 反抗意識的提升

首先是民間反抗意識的大幅提升和民眾的政治化。七個月內的高動員運動，觸及社會不同階層不同年齡不同層面，暴力衝突的震撼和警察重複的進入社區，帶來了一個全面政治化的過程，影響比雨傘運動來得更深更遠。這種政治化和政治覺醒觸及的不只是年輕世代，只是年輕人以更激烈投入的方法表達出來，其他群體例如銀髮族、不同專業人士、民間組織、地區群體等，都以不同方法參與抗爭，持續地以史無前例的能量和行動次數進行反抗。區議會選舉的破紀錄投票率，正反映了民憤之普及廣泛。

這股抗爭意識在理大之役和民主派區議會大勝後有其轉化，不再向「勇武升級」進發，而開始向長期抗爭的路向轉型，例如轉為組織工會及黃色經濟圈等形式。到了二〇二〇年，街頭抗爭因各種原因而降溫，同時面臨港區國安法以及下一階段的政權打壓，但這種反抗意識的提升，將對其後香港的公民社會和反對運動有根本的影響。

13.2.2 反抗的共同體

反送中運動一開始並不是反中的運動，而是著重強調香港人的身份，以及不同來源身份的香港人都可以投入這場運動，共同捍衛香港的價值、體制及生活方式。這種共同體意識早期以「香港人加油」和「兄弟爬山，各自努力」這種沒有攻擊性針對性的姿態出現。反送中運動「五大訴求」的主體是撤回條例和追究警暴，並沒有把矛頭指向中國政府，直至七月尾中共高調支持「止暴制亂」，把香港運動定性為顏色革命甚至恐怖主義，才令抗爭者對中國政府的敵意大盛。到了警察武力升級，大量示威者被捕被打，運動帶來的傷痛和悲情，加深了共同體的內聚力，令不同背景不同立場的運動支持者覺得不能放棄其他人，這共同體意識並且如馬傑偉所言，在傷痛和憤恨的情緒中迅速「削尖」，[5] 指向中共政權。

當抗爭持續升級卻仍然不能爭取到政府讓步，運動焦點遂在九月轉到「國際線」，重新定義了整場運動和香港在國際政治中的角色。當香港變成了自由世界抵抗專制擴張的橋頭堡，香港的運動於是連結上西方自由民主國家的政治價值，亦把香港人的身份置於中國政府的對立面。

跟二〇一四年雨傘運動一樣，共同反抗的經驗和政治認同，強化了一重新的政治身份，只是反送中運動的支持者層面更廣泛、傷痛更深刻、抗爭時間更長，而抗爭經驗令抗爭意識的剛度更強，對政權的敵意亦更強，不會在短期內淡化。

13.2.3 政治制度的失信

經歷多月之運動，香港人對政治體制信心盡失，可說是難以挽回。當警察暴力不受制約，政府不聽民意，法庭被視為偏頗，很多港人開始懷疑香港能否繼續保存法治和程序公義等核心價值。當大部份香港人同情抗爭，但政權的回應只是加強控制和打壓，更令香港人對一國兩制下香港的自由法治前景感到悲觀。到了二〇二〇年，在抗爭陣營中再公開說香港法治或者一國兩制「有險可守」，已經會變成被嘲笑的對象了。

在多個月的運動中，中央政府、特區政府和警方都毫無保留地支持警察行為，令政府的公信力急速滑落，民意調查反映到了二〇一九年底，近半的被訪者給警察和林鄭月娥的信任是「零分」，評不合格的亦佔大多數。在不少支持運動者眼中，警方和政府有關運動和「止暴制亂」的表述都是「大話連篇」，無視警方自己過份使用暴力以及違反程序甚至違法的行為。香港政府和警察自七十年代後多年耕耘的專業理性形象，因反送中運動一掃而空，應該也不容易恢復

5 馬傑偉，〈本土認同削尖　族群衝突見血〉，《明報新聞網》二〇一九年十月十一日。

了。當政府已經陷於體制失信，卻還一直相信拿出經濟誘因和論述有助增加民望，正如二〇二〇年特區政府兩、三次推出「紓困措施」，甚至每港人派錢一萬港元，但這些措施對政府的民望幾乎完全沒有拉抬作用。

多月下來，政府無條件地支持警察對民眾（尤其年輕人）使用武力，而不肯就「五大訴求」讓步甚至對話，令不少人覺得政府高層只會維護權力及聽命於北京，甚至置香港人的自由福祉、國際形象和經濟前景於不顧。這樣的不滿在二〇二〇年間只有進一步地加深：新冠肺炎疫情爆發初期，大陸疫情極為嚴峻，港府卻堅拒封關，而且對內地來客一直比對其他國家訪客採取較寬鬆的態度，然後一眾高官毫無保留地支持港區國安法，並努力執行對教育、公務員等的控制政策，令更多人覺得政府高層只為北京服務，而不重視香港人的利益，一國兩制給民眾的信心亦進一步破損。

第十一章會說明，反送中運動一直不是一場港獨運動，「香港獨立」的號召和其他支持分離主義的行動，在多月來的抗爭現場所得到的回應相對較少，更多的是運動支持者刻意和「香港獨立」的號召保持距離。然而到了二〇二〇年五月人大常委強推國安法後，在人數減少的抗爭現場（例如二〇二〇年的六四集會），「香港獨立，唯一出路」的口號所得到的回應比以前多得多。這個現象符合近十年來香港政治變化的軌跡：當北京的控制愈來愈緊，就有愈多人覺得香港的自由和自治在喪失，對「一國兩制」的實踐現況失望，對中國政府的排拒亦愈大。當愈多香港人覺得「一國兩制」的現況屬於不可接受時，支持獨立的思維就會得到愈多人的認同。

13・3 民主運動的策略改變

從民主運動的策略看，在無大台、大量民眾自發投入抗爭、不同群體可以各自啟動行動、主流民主派政黨已無力控制運動走向，以及暴力螺旋令整體策略激進化的情況下，二〇一九年反抗運動的策略打破了民主派所主導的運動多年來的數項禁忌：一、堅持「和理非」的抗爭路線；二、不直接遊說西方國家介入並以制裁手段向中國施加壓力；三、避免及減少直接挑戰中央政府／領導人；四、不以「香港獨立」作為口號與目標，甚至避免出現相關意含及聯想的舉動。

香港的民主派三十多年來領導的民主運動，主要的想像是香港在一個非殖化與民主化的軌跡上。香港作為相當現代化和國際化的城市，很多民主化的基本條件都已齊備，例如有高度的經濟發展水平和教育水平、通訊發達、沒有嚴重的族群或宗教矛盾，卻有很多現代自由民主政體所配備的制度配件，例如獨立高品質的司法體系、廉潔有效率的公務員系統，比起不少發展水平較低、才初始民主化的國家來得優勝，於是香港距離自由民主體制，所差的就只是全民普選特首和立法會而已。要達成這一步的根本困難，是要與北京拉近政治距離，令北京覺得給香港普選（包括如果民主派有機會執政），不會出現難以控制、不能接受的政治局面。在這前提下，香港民主運動在行動、公開論述和路線上一直自我設限，避免跨越某些「紅線」：包括挑戰主權完整、勾結外國勢力、直接攻擊中共中央，以免惹起中央政府的敵意而弄巧成拙。

這套策略原則，隨著近十年反對運動的激進化和中國的專制化，已慢慢失卻其號召力和約制力。主流民主派當然本來大都不支持香港獨立，但也是部份出於現實考慮，知道港獨立場會招來強硬打擊，使得民主化更不可能，於是任何會被中共指為有關「獨立」的行動或口號都可免則免。[6]但隨著中國對香港的控制愈緊及愈趨專制，說要與北京保持良好關係才可以爭取民主化，就變得沒有說服力了。當主流民主派多年來都爭取不到民主，上述策略原則對群眾的說服力也就大大減退。

「佔領中環」的原計劃，是以影響金融中心運作及形象，帶來經濟損失作為威脅，希望北京因為不願付出經濟代價而給予香港「真普選」。但到了佔領爆發，金鐘「大台」仍然很謹慎地不讓外國政府介入，強調這是香港人自發的運動，而且佔領初期仍然嘗試跟政府高層對話以拉近距離，並小心翼翼地寫信給習近平，這在某程度上仍然不脫多年來民主運動的某些策略原則。

二〇一九年的反抗運動，從策略意義上，是一種破局。運動不斷地突破過往的禁區，包括使用暴力，不避忌「光復香港，時代革命」的口號，運動也很早便已尋求和遊說國際支持，到了九月時遊說西方國家制裁中國和香港幾乎成了主線。造成這種破局的主要原因，第一是傳統民主派到了二〇一九年已經幾乎沒有領導或制約運動的能力，只能扮演配合的角色。第二是運動的指導思想是「無大台」、「兄弟爬山，各自努力」、「不割席」，因此沒有總體的策略。當運動一直演進但仍未爭取到目標之際，任何人都可以嘗試新戰線、新行動、新手段，而沒有人有力、有權威阻止，背後的精神是「什麼都要試試」/「未試過怎知有沒有用」（whatever works）的心態，於是本來沒有觸碰過的禁區（例如遊說西方制裁），就變得有一定的吸引力。

從這個角度看，整個反抗運動由於長期爭取不到回應，於是處於一個螺旋升級以及不斷突破界限禁忌的過程中。如果政府在早些階段回應訴求，可能不會持續升級、突破界限以至破局。如果政府在六月九日百萬人「和理非」遊行後便撤回草案，運動就不會向暴力進發。如果特區政府能有效處理危機，就不用將中央捧出前台，一下子把反中情緒推向高峰。如果政府及早處理警暴，就不會出現七二一、八一一、八三一以至攻打大學的鏡頭傳遍全球，也就不會招致西方國家的高調介入。不過，歷史是沒有如果的。

運動的激進化，一個重要因素是溫和手段完全見不到出路（無論是以近二十年作為時間參考框架，還是只以反送中運動期間而言）。這令更多抗爭者的看法改變，認為要不斷提高政權

6 例子包括二〇〇四年七一遊行用的口號「還政於民」被指為獨立口號，以及二〇一〇年的「五區公投」運動亦被指鼓吹獨立。

應對抗爭的代價，才有機會迫使政權妥協／讓步，這就是「攬炒」（同歸於盡／玉石俱焚）的部份背後思維。戴耀廷等發動「佔領中環」運動的中心思想，本來是循著這個提升賭注（stakes）的思路，但戴耀廷的原意是佔領中環是「備而不用」的「大殺傷力武器」，並不是有真正「攬炒」的決心。到了二〇一九年，很多抗爭者的思維已經根本改變。更多人接受了要付出代價才可以爭取到勝利的想法，而參與和支持運動者對於可接受的暴力程度，以及願意付出的個人代價和經濟代價的門檻都比二〇一四年高很多，他們覺得與其半死不活地慢慢失去自由和得不到民主，不如放手一搏，置之死地而後生。這是「攬炒」的另一部份思維邏輯。到了二〇一九年九月，當運動的焦點轉向中國政府時，抗爭者開始覺得單憑香港的抗爭難以爭取到目標。他們很容易便得出「只有美國有足夠強大的力量來對付中國」的結論，因而打「國際線」、希望美國通過《香港人權及民主法案》，以至要求西方制裁。「攬炒」的概念在八、九月後，以至二〇二〇年政府未見讓步後，於是獲得更多人的支持。

然而，這種策略上的破局，可能是促使北京堅不讓步與強硬回應的觸發點。中共在二〇二〇年五月，甘冒西方制裁和香港特殊關貿地位被取消的風險，在人大常委硬推國安法，主因應是難以忍受港人到處去西方國家遊說制裁中國，從而對中國的利益造成實質影響，以及港獨勢頭愈來愈盛，迫使北京主動出手，破壞一國兩制和自由專制體制的界線。

13・4 政權策略與破局

從政權的角度看，在這場運動中付出的代價是非常巨大的。首先是中共對香港政局的控制力因此減弱。整個反對運動由陷於低潮到能量爆發，並且引入了大量新參加的人。單就區議會選舉的結果看，應有相當的選民經歷運動後「由藍轉黃」，令政權經營多年的政治版圖因區議會大敗而全面逆轉。區議會親中派的大敗引發了連鎖效應，首先是民主派拿得大量民選議席及十七區區議會的大多數和正副主席議席，給予民主派大量的額外資源，使得區議會反而變成反對派抗爭的基地。多年來，親中陣營透過區議員位置經營恩庇網絡，逐漸擴張版圖蠶食反對派的地區基地，令基層選民對親中派的支持穩步上升。親中陣營長期以來是十八個區議會的多數派，因此往往給予特區政府不少方便，例如地區施政上可確保得到配合，而在主要政治問題的諮詢上，可確保在十八區都會獲得大多數議員及正副主席表態支持，提供一定的民意正當性。

區議會選舉亦影響政權在立法會選舉及特首選舉的部署。區議員整體可以選出特首的選舉委員會一千二百名委員中的一百一十七名，而在全票制下，[7]反對派可望在二〇二一年底進行的選委會改選中全取此一百一十七席。如果以民主派在二〇一七年的選委可以拿得三百二十五席（主要是專業界別席位），而林鄭月娥只得七百七十七票判斷，反對派可望在二〇二二年特首選舉的選舉委員會拿得四百四十票以上，加上部份「不聽話」的本地商界，可能威脅北京對二〇二二年特首人選的控制。立法會選舉方面，區議會的大敗令中共害怕民主派有機會在二〇二〇年九月的立法會選舉中拿得大多數（即所謂「35+」）。[8] 沒有把握可以在九月後的立法會掌握多數，應該是中共決定趕在七月前以人大常委代替香港立國安法的原因之一。

兩岸關係方面，中共在二〇一八年本來形勢大好，與其關係較好的國民黨在年底的縣市長選舉中大勝，可能因此令習近平有信心高調地在二〇一九年初發表《告台灣同胞書》，以一國兩制號召統一。反送中運動令台灣對中國因素大為排拒，令一國兩制和國民黨變成不受歡迎的品牌，間接令民進黨輕易地在總統和立法院選舉獲勝。由於民進黨與美國的聯繫更為緊密，台灣將在美國對抗中國的棋局中扮演更重要的角色，於是又破壞了中共經營多年的部署。

在國際政治層面，多月運動下來最重要的影響有二：一是香港的自由城市形象迅速受損，一國兩制的國際聲譽更差，而西方國家普遍同情香港抗爭，覺得有責任施以援手，特別是在人大立港區國安法之後。二是香港人權問題成為中美關係的重要議題（二〇一九年以前並不是），美國政府可以藉著《香港人權及民主法案》的框架，以及起草通過其他新的法案，例如二〇二〇年七月通過的《香港自治法案》（Hong Kong Autonomy Act），來啟動不同的制裁方案，在雙邊談判中多了不少牌可打。到了二〇二〇年，全球疫症流行令中國與西方各國（以至其他國家）的關係轉差，在人大立國安法後，歐盟、英國及其他力量都尋求介入，關注香港人權問題和中國有否違背《中英聯合聲明》，例如英國便迅速地為近三百萬持BNO護照資格的人作安排，方便他們到英國長期定居，公然和中國對抗，無疑令中國在外交上陷入不利地位。

本書就運動進程的分析表明，在不同的時間點，政權都有機會讓步、回應訴求或用較溫和的姿態處理，以避免衝突持續升級，而不需付出如此巨大的政治代價。在不同的時段，香港都有人期望出現「中間落墨」的方案（中間妥協方案）來緩和局面，例如讓林鄭月娥下台，設立獨立調查委員會等，甚至在二〇二〇年初撤換中聯辦主任王志民及港澳辦主任張曉明時，也有人一度憧憬兩人是為處理香港問題失敗而問責，之後則會換來較溫和的路線。現實是：由七、八月起政權一直選擇用強硬路線回應，結果是衝突升級，政權和抗爭者的代價都一直上升，一直邁向「攬炒」之路。現實是：沒有香港工作經驗的駱惠寧和夏寶龍上台，象徵北京「直接管治」的開始，代表北京已不信任特區政府、駐港機構和香港建制派有能力處理香港局面，他們在未來決策中的重要性將進一步下降。

7 特首選舉委員會的界別分組選舉，不少都採取「全票制」，即例如新界區議會選出六十名選委，每名區議員可投六十票，得票最多的六十人當選選委。在這投票制度下，一個陣營只要掌握大多數區議員支持，然後協調把票投給同六十個人的一張名單，就可以囊括所有議席。在親中陣營一直掌握區議會大多數的情況下，過往一直壟斷所有區議會選委的議席。

8 民主派在二〇一六年選舉中拿得三十席，相對親中陣營的四十席。一般相信民主派會多贏區議員間接選出的「區議會（一）」席位，在部份功能界別例如工程界、飲食界、體育／文化／演藝／出版等有機會搶灘，加上直選部份如果有進帳，有機會拿得三十五席即半數議席以上。

人大常委在二〇二〇年六月通過相當嚴苛的港區國安法，反映中國政府視政治控制香港，遠比爭取香港民心重要。北京應該還是希望西方社會覺得「一國兩制」仍然有效，以及香港仍然有相當自由（至少是經濟自由），以免影響香港的國際金融中心地位，因而反覆強調國安法只牽涉極小撮人，外商做生意不會受影響等。但經歷了多月的反送中運動和國際關係的變化，這說法對西方國家的說服力並不大。美國政府很快地便宣佈立港區國安法代表一國兩制的終結，亦表示會根據《香港人權及民主法案》考慮取消香港的特殊經貿地位。歐盟對國安法表示憂慮，敦促中國重新考慮，國際商會香港區會亦公開指國安法會破壞香港人對中央的信心。[9]

13·5 未能總結的總結

多年來，中共在港經營的自由專制體制算是有效地在容忍政治參與之同時，堅拒全面民主化，達致了有效的政治控制。這個體制的矛盾隨著中共走向更專制和更強控制，以及香港人（尤其年輕人）的價值變遷而擴大，最終在二〇一九年爆發而破局。套用老舊的亨廷頓（Samuel Huntington）的理論，這是政治制度無法承載上升的政治慾望，因而帶來的不穩定。[10]經歷反送中的破局後，政權的強硬回應代表不會回應人民的政治訴求，本來由於非民主選舉產生而程序正當性（procedural legitimacy）已不足的特區政府，未來將陷入持續的信任危機之中，勢將更加倚賴高壓和暴力作管治基礎。換言之，政治制度和社會價值的矛盾只會持續擴大。

站在二〇二〇年中的歷史轉折點，是很難為反送中運動的政治影響作總結的。當破局出現，很多界線都可以被超越，過往的歷史軌跡就很難用以推測未來的政治變遷。眾多因素將影響香港未來的政治發展。這裡包括北京的干預會否以大量暴力出現，以法律及政治控制打壓反抗的群體例如傳媒、公務員、學校等，令香港各「自由」的體制進一步被破壞，還是仍要顧全在國際社會中的形象，以在全球金融資本主義中謀取最大利益？美國以至其他西方國家的取態為何，有什麼具體行動，其取態有多大程度會對北京的香港政策產生制約作用？新的反抗共同體的形成，和政權的矛盾愈趨尖銳，未來會以何種策略和行動模式爭取自由民主，又會如何影響其後的中港關係？中共本來希望以一國兩制作吸引台灣的示範，當這個方程式對台灣已沒有吸引力，兩岸關係會如何變化？兩岸關係又會如何影響香港？

香港正進入一個全新的、更為複雜的、牽涉更多層次的棋局，走向如何殊難逆料。香港人在二〇一九年的這場震撼世界的反抗，根本地改變了原來的棋局，也因此將香港置身於更大的不可知當中。

9〈國際商會指國安法毀港人對中央信心 促立法前公開諮詢〉，《眾新聞》二〇二〇年六月二十二日。
10 Samuel Huntington. 1968. *Political Order in Changing Societies*. New Haven: Yale University Press.

左岸政治　311

反抗的共同體　二〇一九香港反送中運動

作　　者　馬　嶽
封面繪圖　柳廣成
總 編 輯　黃秀如
特約編輯　王湘瑋
美術設計　黃暐鵬

出　　版　左岸文化／左岸文化事業有限公司
發　　行　遠足文化事業股份有限公司（讀書共和國出版集團）
地址 231新北市新店區民權路108-3號8樓
電話 02-2218-1417　傳真 02-2218-8057
客服專線 0800-221-029
E-Mail　rivegauche2002@gmail.com
臉書專頁　https://facebook.com/RiveGauchePublishingHouse/
團購專線　讀書共和國業務部02-22181417分機1124
法律顧問　華洋法律事務所　蘇文生律師
印　　刷　呈靖彩藝有限公司
初版一刷　2020年10月
初版九刷　2024年8月
定　　價　500元
ISBN　978-986-98656-8-5

國家圖書館出版品預行編目(CIP)資料

反抗的共同體：二〇一九香港反送中運動／馬嶽著.
－初版.－新北市：左岸文化出版；遠足文化發行，2020.10
面；　公分.－(左岸政治；311)
ISBN 978-986-98656-8-5(平裝)
1.社會運動 2.政治運動 3.香港特別行政區
541.45　　109010628

參考書目

Akerlof, George, and Kranton, Rachel. 2010. *Identity Economics: How our Identities Shape Our Work, Wages and Well-being*. Princeton: Princeton University Press.

Au, Nok-hin and Ma Ngok. 2020. "Human Rights Recession under C.Y. Leung." In Joseph Cheng ed. *Evalution of the C.Y. Leung Administration*. Hong Kong: City University Press.

Chan Che-po. 2016. "Post-Umbrella Movement: Localism and Radicalness of the Hong Kong Student Movement." *Contemporary Chinese Political Economy and Strategic Relations: An International Journal* 2, 2: 885–908.

Chan, Joseph and Lee Chin-chuan. 1989. "Shifting Journalistic Paradigms: Editorial Stance and Political Transition in Hong Kong." *The China Quarterly* 117: 97–117.

Chan, Joseph and Lee Chin-chuan. 1991. *Mass Media and Political Transition: The Hong Kong Press in China's Orbit*. New York and London: The Guilford Press.

Cheng, Jie. 2009. "The Story of a New Policy." *Hong Kong Journal* 15, http://www.hkjournal.org/archive/2009_fall/1.htm

Collett, Nigel. 2018. *A Death in Hong Kong: The MacLennan Case of 1980 and the Suppression of a Scandal*. Hong Kong: Royal Asiatic Society Hong Kong Studies.

Diamond, Larry, Marc Plattner, and Christopher Walker. 2016. *Authoritarianism goes Global: the Challenge to Democracy*. Baltimore: Johns Hopkins University Press.

Emmett, Chris. 2014. *Hong Kong Police Man*. Hong Kong: Earnshaw Books.

Huntington, Samuel. 1968. *Political Order in Changing Societies*. New Haven: Yale University Press.

Kaeding, Malte. 2017. "The Rise of 'Localism' in Hong Kong." *Journal of Democracy* 28, 1: 157–171.

Lau Siu-kai. 1990. *Decolonization without Independence and the Poverty of Political Leaders in Hong Kong*. Hong Kong: Hong Kong Institute of Asia-Pacific Studies, Chinese University of Hong Kong.

Lau, Siu-kai. 2000. "Hongkongese or Chinese: The Problem of Identity on the Eve of Resumption of Chinese Sovereignty over Hong Kong." In Lau Siu-kai ed. *Social Development and Political Change in Hong Kong*. Hong Kong: Chinese University Press. pp.255–284.

Lee, Ching-kwan and Sing Ming eds. 2019. *Take Back our Future: An Eventful Sociology of the Hong Kong Umbrella Movement*. Ithace: Cornell University Press.

Ma, Ngok. 2005. "Civil Society in Self-Defense: The Struggle against National Security Legislation in Hong Kong." *Journal of Contemporary China* 14, 44: 465–482.

Ma, Ngok. 2007. *Political Development in Hong Kong: State, Political Society and Civil Society.* Hong Kong: Hong Kong University Press.

Ma, Ngok. 2015. "The Rise of 'Anti-China' Sentiments in Hong Kong and the 2012 Legislative Council Elections." *China Review* 15, 1: 39–66.

Ma, Ngok. 2017. "The China Factor in Hong Kong Elections." *China Perspectives* 2017/3: 17–26.

Ma, Ngok and Cheng, Edmund W. eds. 2019. *The Umbrella Movement: Civil Resistance and Contentious Space in Hong Kong*. Amsterdam: Amsterdam University Press.

Purbrick, Martin. 2019. "A Report of the 2019 Hong Kong Protests." *Asian Affairs* 50, 4: 465–487.

Scott, James. 1985. *Weapons of the Weak: Everyday Forms of Peasant Resistance.* New Haven: Yale University Press.

Steinhardt, Christoph, Li, Linda Chelan, and Jiang Yihong. 2018. "The Identity Shift in Hong Kong since 1997: Measurement and Explanation." *Journal of Contemporary China* 27, 110 (2018): 1–25.

Tufekci, Zeynep. 2017. *Twitter and Tear Gas: The Power and Fragility of Networked Protest.* New Haven and London: Yale University Press.

Veg, Sebastian. 2016. "The Rise of Localism and Civic Identity in Post-handover Hong Kong: Questioning the Chinese Nation-State." *The China Quarterly* 230: 323–347.

Yuen, Samson and Edmund Cheng. 2017. "Neither Repression nor Concession? A Regime's Attrition against Mass Protests." *Political Studies* 65, 3: 611–630.

22 Hongkongers，2019。《自由六月》。香港：新銳文創。

何明修，2019。《為什麼要佔領街頭：從太陽花、雨傘、到反送中運動》。新北市：

左岸文化。
吳介民、蔡宏政、鄭祖邦編，2017。《吊燈裡的巨蟒：中國因素作用力與反作用力》。新北市：左岸文化。
呂大樂，1997。〈香港故事──「香港意識」的歷史發展〉，收錄於高承恕、徐介玄編，《香港：文明的延續與斷裂》。台北：聯經，頁1–16。
呂大樂，2002。〈思想「九七前」與「九七後」香港〉，收錄於謝均才編，《我們的地方，我們的時間：香港社會新編》。香港：牛津大學出版社，頁450–475。
周佩霞與馬傑偉，2005。《愛國政治審查》。香港：次文化堂。
林可欣，2020。〈刪帖、退群，那些被查手機的國泰員工〉，收錄於《2019香港風暴》。台北：春山。頁171–183。
陳星穎、Shu Huang、Jim Huang，2020。〈失根的在台「旅行者」──他們為香港而戰，卻回不了香港〉，收錄於李雪莉編，《烈火黑潮：城市戰地裡的香港人》。新北市：左岸文化，頁302–311。
馬傑偉，1996。《電視與文化認同》。香港：突破。
馬嶽，2018。〈民主運動三十年：自由專制下的防衛戰〉，收錄於鄭煒、袁瑋熙編，《社運年代：香港抗爭政治的軌跡》。香港：中文大學出版社。頁3–17。
區家麟，2017。《二十道陰影下的自由：香港新聞審查日常》。香港：中文大學出版社。
曾韋禎，2019。《全面滲透：中國正在遙控台灣》。台北：紅螞蟻。
黃文放，2001。《中國對香港恢復行使主權的決策歷程與執行》。香港：浸會大學林思齊東西學術交流研究所。
熱血時報，2016。《雨傘失敗錄》。香港：熱血時報。
劉兆佳，2017。《回歸後香港的獨特政治形態：一個自由威權政體的特殊個案》。香港：商務。
戴耀廷，2013。《佔領中環：和平抗爭心戰室》。香港：天窗。

反送中運動大事記

編號	日期	事件
1	18/2/17	潘曉穎命案於台灣發生。(p.45)
2	19/2/13	政府公佈有意修訂《逃犯條例》。(p.46)
3	19/2/14	政府即日起就修例諮詢公眾意見20日。(p.46)
4	19/3/4	諮詢期結束，政府公佈支持者佔多數。(p.46)
5	19/3/26	行政會議通過《逃犯條例》及《刑事事宜相互法律協助條例》的修訂方案。新修訂抽起9項涵蓋經濟及環保等移交罪行類別。(p.48)
6	19/3/31	民陣發起第一次反修例遊行，主辦方稱有12,000人參加。(p.62)
7	19/4/1	前華人置業主席劉鑾雄就《逃犯條例》提出司法覆核。(p.48)
8	19/4/3	《逃犯條例》修訂條例草案，於立法會首讀。(p.52)
9	19/4/24	「佔中九子」案件審結，全部罪成，判刑最重為戴耀廷和陳健民，判入獄16個月。(p.36)
10	19/4/25	銅鑼灣書店前店長林榮基，因《逃犯條例》威脅而離開香港「流亡」台灣。
11	19/4/28	民陣發起第二次反修例遊行，主辦方稱有13萬人參與。(p.62)
12	19/4/29	陳同佳洗黑錢罪成判監29個月。
13	19/4/30	立法會法案委員會第二次會議，仍未進入選舉主席程序。(p.56)
14	19/5/4	立法會內務委員會通過由經民聯石禮謙取代民主黨涂謹申主持選舉法案委員會主席程序。(p.56)
15	19/5/11	兩派立法會議員在立法會會議室爆發肢體衝突，會議沒有進行審議。(p.57)
16	19/5/20	保安局長李家超要求將草案直接提交立法會大會，24日內務委員會以大多數通過將草案直接提交大會。(p.57)

編號	日期	事件
17	2019/5/27-6/8	不同界別發起反對修訂逃犯條例聯署，有超過320間中學師生、校友參與。（pp.58, 304）
18	19/5/30	政府宣布修訂草案內容，豁免部份經濟罪行及判監七年以下之罪行。（p.63）
19	19/6/6	法律界舉辦「黑衣」遊行，反對逃犯條例，主辦方稱有3,000人參加。（p.51）
20	19/6/7	兩大教會宣導會、浸信會聯會分別發聲明批評政府倉卒修例。
21	19/6/9	民陣100萬人大遊行，晚上在立法會範圍警方驅散示威者，多人被捕。（pp.65-68, 105）
22	2019/6/8-9	世界各地多個城市有遊行聲援香港。（p.193）
23	19/6/10	政府宣布會如期二讀草案。立法會主席梁君彥宣布「劃線」定最遲在6月20日表決。（pp.66, 105）
24	2019/6/10-12	香港基督教教牧聯署籌委會在金鐘添美道舉行72小時馬拉松禱告集會。（pp.69, 348）
25	19/6/12	市民清晨起佔領立法會附近主要道路，阻止法案二讀。下午三時起有人衝擊立法會，警方發射大量催淚彈及其他槍彈驅散，造成多人受傷。警務處長稱該日下午發生的為「暴動」。（pp.69-72, 105, 267-268, 337-338）
26	19/6/12	行政長官林鄭月娥在訪問中稱指不會撤回草案。（p.73）
27	19/6/13	中環遮打花園舉辦「香港媽媽反送中集氣大會」，主辦方稱有6,000人參加。
28	19/6/15	行政長官林鄭月娥宣佈「暫緩」《逃犯條例》修訂。（pp.76-77, 139）
29	19/6/15	梁凌杰在金鐘太古廣場墜樓身亡。（pp.77-78）
30	19/6/16	民陣發起遊行，主辦方稱有200萬+1人參與。（pp.79, 105）
31	19/6/21	數以千計示威者包圍警察總部，至深夜和平散去。（pp.88, 106）
32	19/6/26	示威者前往G20各國在港領事館請願。 數以千計示威者晚上再圍警總，至深夜和平散去。（pp.88, 106）
33	19/6/28	民陣舉辦「G20 Free Hong Kong」集會，警方稱有10,000人參與。
34	19/6/30	建制團體舉行支持警察集會，主辦方指有16萬5千人參加。（pp.139, 306）

編號	日期	事件
35	19/7/1	民陣遊行有55萬人參加，示威者衝擊整天後於晚上衝入立法會，並短暫佔領議事廳，塗污及破壞不少標誌等，至午夜警方驅散後離去。（pp.89, 107-112）
36	19/7/2	特首林鄭月娥譴責衝擊立法會。（pp.109, 246）
37	19/7/6	「光復屯門公園」遊行，主辦方稱有10,000人參加。（p.308）
38	19/7/7	九龍區大遊行，主辦方稱有超過23萬人參與。（pp.112, 308）
39	19/7/13	「光復上水」遊行，主辦方稱有30,000人參加。（pp.112, 308）
40	19/7/14	沙田區反修例遊行，主辦方稱有11萬5千人參加，至傍晚爆發街頭衝突，防暴警察晚上進入新城市廣場驅散示威者並發生激烈打鬥。（pp.112, 308, 310, 343）
41	19/7/14	新聞界「停止警暴　捍衛新聞自由」靜默遊行，1,500人參加。（p.245）
42	2019/7/15-20	有市民連續數天到新城市廣場商場抗議。
43	19/7/17	「7.17銀髮族」遊行，約9,000人參加。
44	19/7/20	親建制團體舉行「守護香港」集會，主辦方稱有31萬6千人參加。
45	19/7/21	民陣港島遊行，主辦方稱有43萬人參與。部份人士繼續遊行至中聯辦，塗污國徽後離去，至上環一帶與警方衝突。（pp.112, 113-114, 144-145, 312-320）
46	19/7/21	社福界舉辦靜默遊行，主辦方稱有4,000人參加。
47	19/7/21	大量白衣人自下午在元朗市區出現，手持武器追打穿黑衣者及其他人，至晚上白衣人衝入西鐵元朗站毆打多人，警察晚上到南邊圍村但容許白衣人有秩序離去。（pp.114-115, 144-145, 311）
48	19/7/22	林鄭月娥及中聯辦均公開譴責示威者衝擊中聯辦。（pp.114, 246）
49	19/7/26	航空業界於機場發起「航空界機場集會」，約有15,000人參加。（p.274）
50	19/7/26	醫護界發起「不再沉默，杏林同行」及「醫護同行，守護市民」兩場集會。
51	19/7/26	政務司司長張建宗表示可以就警方於721的行為向市民道歉，引起警隊極大反彈。（p.357）
52	19/7/27	「光復元朗　反對黑勢力」遊行抗議721事件，估計約28萬人參加，被警方驅散。（pp.116, 133, 308）

編號	日期	事件
53	19/7/28	「上環追究開槍大遊行」，抗議警方於7.21遊行中開槍驅散示威者，主辦方稱約11,000人參加，被警方驅散，多人被捕。（pp.116, 152, 309）
54	19/7/29	國務院港澳辦記者會指香港的「遊行示威和暴力衝擊活動」對香港的法治、社會秩序、經濟民生和國際形象造成「嚴重影響」。（pp.148, 321）
55	19/7/31	於7.28上環衝突中被捕的45人在東區裁判法院提堂，其中44人被控暴動罪。（p.152）
56	19/8/2	公務員發起「公僕同人，與民同行」集會，稱有40,000人參加。（p.164）
57	19/8/2	「急救香港 Save Life Save HK」醫護專職集會，約有10,000人參加。
58	19/8/4	將軍澳反送中大遊行，主辦方稱有15萬人參加。（p.309）
59	19/8/4	港島西集會，群眾走出馬路遊行，約有20,000人參加。（p.309）
60	19/8/5	「8.5全港大罷工」並於七區舉行集會，多區有人堵路及攻擊警署，被警方以催淚彈驅散。估計有35萬人參加罷工。（pp.96, 116, 152）
61	19/8/5	林鄭月娥指有部份極端分子令運動變質，有人揚言要搞革命、光復香港，是嚴重挑戰國家主權的行為。（pp.148, 315）
62	19/8/6	浸大學生會會長方仲賢買鐳射筆被捕，有市民於深水埗警署聲援方仲賢被警方施放催淚彈驅散。
63	19/8/6	國務院港澳辦記者會批評示威者「挑戰一國根本」，呼籲「止暴制亂」。
64	19/8/7	法律界舉行第二次「黑衣」遊行，有3,000人參加。
65	19/8/7	市民自發到尖沙咀太空館舉行「觀星會」，抗議方仲賢買鐳射筆被捕。
66	2019/8/9-11	機場舉行「萬人接機」集會。（p.274）
67	19/8/10	大埔反送中遊行，約有數千人參加。（p.309）
68	19/8/11	港島東維園集會，約有1,000人參加。
69	19/8/11	「深水埗反送中」遊行，有數千人參加。警方在多區武力清場，一名急救員在尖沙咀被布袋彈擊中右眼失明。（pp.116, 309, 345）

編號	日期	事件
70	19/8/12	近10,000人參與「黑警還眼 百萬人塞爆機場」集會，機管局下午暫停航班登記服務並取消多班航班。（pp.97, 117）
71	19/8/12	國務院港澳辦連續召開記者會，指香港示威出現「恐怖主義苗頭」。（p.149）
72	2019/8/12-15	多間公立醫院醫護人員靜默集會，抗議警察暴力。
73	19/8/13	多人第二日在機場示威，至下午大量航班取消。中國環球時報記者付國豪被綑綁並毆打。（pp.97, 117, 142）
74	19/8/14	機管局獲頒臨時禁制令，禁止在指定示威區外示威。（p.276）
75	19/8/14	國務院港澳辦譴責示威者在機場示威及襲擊記者，形容是「近乎恐怖主義的行徑」。（p.149）
76	19/8/16	「大專學界國際事務代表團」聯同連登「我要攬炒」團隊，在中環遮打花園舉行「英美港盟、主權在民」集會，主辦方稱有60,000人參加。（pp.174, 196）
77	2019/8/16-18	全球十多個國家多個城市有集會聲援香港抗爭。（p.193）
78	19/8/17	「光復紅土」遊行，約10,000人參加。（p.309）
79	19/8/17	教育界發起「守護下一代，為良知發聲」遊行，主辦方稱有22,000人參加。
80	19/8/17	親建制團體舉行「反暴力、救香港」集會，主辦方稱有47萬6千人參加。
81	19/8/18	民陣發起遊行，被警方發出反對通知書，改為「流水」式在維園及港島東進行，估計共170萬人參與。（pp.117, 150）
82	19/8/21	721事件一個月，有市民於元朗西鐵站靜坐及與警方衝突，並在區內堵路。（p.278）
83	19/8/22	《人民日報》批評港鐵容許元朗示威者坐西鐵離開是「縱容暴行」。（p.279）
84	19/8/23	逾21萬人牽手在港鐵站沿線築起「人鏈」，仿傚30年前波羅的海三國組成「香港之路」，有人爬上獅子山頂拉起「光鏈」。（pp.117, 194）
85	19/8/23	會計界遊行，約5,000人參加。
86	19/8/24	觀塘區遊行，約10,000人參加，但港鐵於遊行前暫停觀塘線彩虹至調景嶺站間的服務。示威者破壞多支智能電燈柱，與警在街頭發生激烈衝突。（pp.96, 132, 279）

編號	日期	事件
87	19/8/25	荃葵青遊行，但港鐵於遊行前暫停荃灣綫荃灣至大窩口站間的服務，主辦方稱有10萬人參加。警方提早驅散示威者，首次出動水炮車。（pp.132, 279, 309, 338）
88	19/8/28	《人民日報》海外版發表評論，批評教協是鼓吹「反中」、「反政府」的幫兇。
89	19/8/28	「反送中#Metoo」中環集會，抗議警方的性暴力，主辦方稱30,000人參加。（p.360）
90	19/8/29	民陣召集人岑子杰、「光復元朗」申請人鍾健平遇襲。
91	19/8/30	多名反對派及社運人士被捕，包括立法會議員區諾軒、譚文豪、鄭松泰，及香港眾志黃之鋒、周庭、港大學生會前會長孫曉嵐，沙田區議員許銳宇等。（p.151）
92	19/8/31	民陣發起遊行，因警方反對而取消，數以萬計市民自發在港島各區遊行。（p.255）
93	19/8/31	「太子831事件」：警察在太子地鐵站月台及車廂內毆打示威者，多人受傷，有人懷疑有人被警察打死。（pp.96, 254-258, 280）
94	19/9/1	「901和你塞」機場集會，大量示威者堵塞往機場交通，並破壞港鐵車站，至傍晚在沒有交通工具下徒步20公里離開機場，被傳媒稱為「香港鄧寇克大撤退」。（pp.118, 276-277）
95	19/9/2	各區公立醫院有靜坐集會，抗議警察暴力。
96	19/9/2	大學及中學開始罷課行動，在中大百萬大道集會，有30,000人參加。跨行業罷工集會有約40,000人參加。（p.269）
97	2019/9/2-7	各區港鐵站有市民集會，要求港鐵公開8.31當日的閉路電視，太子站外常有抗議及堵路行動。（pp.153, 256）
98	19/9/4	林鄭月娥宣布正式撤回條例草案，並在監警會中加入新成員及海外專家。（pp.140, 152, 355）
99	19/9/5	中學開學日，各區學生於校園外手牽手築成「香港中學生之路」。（pp.269, 319）
100	19/9/6	醫護界發起「醫護同心，救港救人」專職醫護集會，約1,000人參加。
101	19/9/6	「反濫捕，抗威權」集會，主辦方稱有23,000人參加。
102	19/9/8	支持美國「香港人權及民主法案」遊行，主辦方稱有25萬人參與。（pp.153, 199）

編號	日期	事件
103	19/9/13	中秋節晚上，各區有「反修例晚會」，有市民在獅子山上築起光鏈。
104	19/9/15	民陣發起遊行被警方反對，數以萬計市民自發上街。（p.133）
105	19/9/16	威爾斯親王醫院醫護界集會，約500人參加。
106	19/9/21	「7.21元朗襲擊事件」兩個月，市民於元朗西鐵站靜坐，演變成與白衣人衝突。（p.153）
107	19/9/21	「屯門公園再光復」遊行，約30,000人參加。（p.133）
108	19/9/24	立法會議員鄺俊宇遇襲受傷。（p.154）
109	19/9/27	聲援及關注新屋嶺被捕者人權集會，約50,000人參加。（p.360）
110	19/9/28	雨傘運動五週年，民陣發起在添馬公園集會，約20至30萬人參加，因金鐘有人堵路而提早結束，警方以催淚彈驅散在場群眾。（p.154）
111	19/9/29	全球各地「反極權遊行」聲援香港，其中台北遊行，主辦方稱有10萬人參與。（pp.208, 224）
112	19/9/29	在香港的「反極權大遊行」被警方反對，但市民仍然自發上街，被警方強力打擊，多人被捕。（pp.154, 208）
113	19/9/29	西貢區議會候選人何偉航被襲。
114	19/10/1	民陣發起「10.1沒有國慶　只有國殤」遊行，被警方反對，市民繼續自發於各區遊行。（pp.154, 322）
115	19/10/1	警方在多區驅散集會，與示威者衝突，在荃灣用實彈射傷一名中五學生。（pp.154, 167, 338）
116	19/10/2	各區有市民集會聲援中槍學生。
117	19/10/4	林鄭月娥宣布以《緊急情況規例》推行《禁止蒙面規例》，多區爆發抗議，晚上多區有堵路及破壞商鋪如中國銀行等。一休班警在元朗開槍射傷一人。（pp.118, 123, 155-156）
118	19/10/5	尖沙咀反《禁蒙面法》遊行。（p.156）
119	19/10/6	九龍及港島多區有自發遊行反蒙面法，多區發生衝突。（p.156）
120	19/10/8	觀塘區議會候選人梁凱晴在街站遇襲。（p.156）
121	19/10/10	中文大學舉行校長對話會，女學生吳傲雪發言時除口罩，聲稱早前被捕時被警方性暴力對待。（pp.325, 361）
122	19/10/11	《蘋果日報》報道陳彥霖死訊，警方稱陳為自殺及遺體已被火化，不少人懷疑陳彥霖因參與運動而「被自殺」。（p.159）

編號	日期	事件
123	19/10/12	民主派區議會候選人仇栩欣於街站遇襲。
124	19/10/14	學生和市民於知專設計學院靜坐，要求校方公開有關陳彥霖的閉路電視片段。 十多萬人中環集會，要求美國通過人權及民主法案。（p.158）
125	19/10/14	高等法院頒布臨時禁制令，禁止公眾人士佔領或堵塞21個紀律部隊或已婚警察宿舍。
126	19/10/16	民陣召集人岑子杰在旺角再次遇襲。（pp.160, 326）
127	19/10/18	陳同佳表示會自首，希望政府安排到台灣。（p.227）
128	19/10/20	民陣發起「廢除惡法、獨立調查、重組警隊」九龍遊行，被警方反對，仍有估計35萬市民參與遊行。 警方水炮車的藍色水劑射中尖沙咀清真寺正門。 （pp.158, 159, 326, 348）
129	19/10/21	林鄭月娥及警務處長盧偉聰等到九龍清真寺道歉。（p.348）
130	19/10/21	各區公立醫院靜坐集會。
131	19/10/26	醫療專業人士於遮打花園舉行集會控訴警暴，約10,000人參加。（p.158）
132	19/10/28	屯門出現不明氣體，市民懷疑是催淚烟測試，包圍該區警署抗議，被警方施放催淚彈驅趕。（p.343）
133	19/10/31	高等法院頒布臨時禁制令，禁止於網上發布訊息或言論以促進、鼓勵或煽動其他人威脅使用暴力，包括連登及Telegram等軟件。
134	19/10/31	蘭桂坊面具夜，抗議《禁蒙面法》。警察晚上在中環市中心施放大量催淚彈驅散聚集群眾。（p.159）
135	19/11/2	百多名民主派區議員在維園發起選舉集會，被警方驅散，演變成港島東區的遊行及搜捕。（pp.159, 209）
136	19/11/3	多區有市民自發舉行人鏈活動。
137	19/11/3	民主黨區議員趙家賢在太古城被人咬掉耳殼。（p.160）
138	19/11/4	凌晨警方以催淚彈驅散在將軍澳堵路人士，科技大學學生周梓樂被發現倒臥昏迷在尚德邨停車場。（p.311）
139	19/11/4	習近平會見林鄭月娥，高度肯定她自示威以來的工作。
140	19/11/8	周梓樂不治。科大中午舉行默哀後，有人在科大校園內破壞星巴克和食肆及校內中銀分行。（p.271）

編號	日期	事件
141	19/11/9	「主佑義士」集氣大會，主辦方估計有10萬人參加。
142	19/11/10	網民發起七區遍地開花集會及「和你shop」，在多區與警察發生衝突。（p.271）
143	19/11/11	網民發動「黎明行動」和「大三罷」。（pp.98, 270-272）
144	19/11/11	早上西灣河有交通警察向示威者開實彈，導致兩人重傷。（pp.271, 338）
145	19/11/11	警方向中文大學、香港大學、理工大學施放催淚彈，並進入中大逮捕數人。（p.98）
146	19/11/12	中文大學「二號橋」激戰，中大內多人受傷，多人往中大增援，警察至深夜退出二號橋。（pp.98, 160, 349）
147	2019/11/12-14	中環人連續三天「和你lunch」，午飯時在行車路上遊行。（p.134）
148	19/11/13	教育局宣布全港學校14–16日停課。（pp.162, 272）
149	19/11/13	各區公立醫院靜坐集會。
150	19/11/15	佔領中大的示威者於晚上撤離校園。（p.349）
151	19/11/15	銀髮族舉行「查警暴、止警謊」遊行，約1,100人參加。
152	19/11/16	解放軍步出九龍塘軍營，清理附近路障。
153	19/11/16	民主派區議會候選人蔣旻正於街站遇襲。
154	19/11/17	理工大學外激戰整日，警方出動水炮車及銳步裝甲車，遭大量燃燒彈還擊。警方至晚上圍堵理大所有出入口，指所有人均可被視為參與暴動，開始了多日的「理大圍城」。有離開理工大學的記者及醫護團隊被警方拘捕。事件引發國際關注。（pp.98, 161, 338, 349-350）
155	19/11/18	原訟庭裁定《禁蒙面法》不符《基本法》規定，指限制言論自由超乎合理所需。（p.157）
156	19/11/18	曾鈺成及一群中學校長進入理大，帶走部份學生，警方承諾暫不拘捕18歲以下的學生，但保留追究權利。（p.350）
157	19/11/18	響應網上「救理大」的呼籲，多人從南九龍以不同方向嘗試進入理大，被警察強力打擊，多人被捕及受傷。（pp.161, 347）
158	19/11/19	聯合國人權高級專員發表聲明，關注理工大學內人道狀況的明顯惡化。（p.162）
159	2019/11/19-20	美國參議院及眾議院先後通過《香港人權與民主法案》及《保護香港法案》。（p.179）

編號	日期	事件
160	19/11/20	中環「和你lunch」快閃行動。
161	19/11/24	區議會選舉，民主派取得389席（86%）並17區的大多數。（pp.175-180）
162	19/11/28	「香港人權與民主法案」感恩節集會，主辦方稱有10萬人參加。
163	19/11/30	「老幼攜手、和你同行」集會，約3,500人參加。
164	19/12/2	廣告界五天罷工同行集會，約1,500人參加。
165	19/12/3	中環「和你lunch」快閃行動。
166	19/12/6	「吸吸可危」集會，關注有關催淚氣體殘留物的問題，主辦方稱有20,000人參加。
167	19/12/8	民陣發起「國際人權日」遊行，主辦方稱有80萬人參與。
168	19/12/12	紀念612半週年「齊上齊落」集會，主辦方稱有43,000人參加。
169	19/12/15	社福界發起罷工造勢大會，約500人參加。
170	19/12/17	社福界「香港人道災難追悼會」，約1,500人參加。
171	19/12/19	警方拘捕「星火同盟」四人，指其涉嫌洗黑錢，並凍結其戶口七千萬港元。（p.182）
172	19/12/22	「今日新疆、明日香港」集會，約1,000人參加。（p.314）
173	19/12/23	「星火不息　燃點國際」集會，聲援「星火同盟」，主辦方稱有45,000人參加。
174	19/12/24	平安夜各區「和你Sing願平安歸香港」，部份區仍遭警察以催淚彈驅散。
175	19/12/29	「香港人抗爭的日與夜」集會，約4,000人參加。
176	20/1/1	民陣發起元旦遊行，因途中有人破壞滙豐銀行被警方中止及以催淚彈驅散，主辦方稱有103萬人參與。（pp.134, 182）
177	2020/1/2-3	中環及觀塘「和你lunch」。
178	20/1/3	教協發起「團結護專業　抗白色恐怖」集會，主辦方稱有20,000人參與。（p.168）
179	20/1/5	新春上水遊行，約有10,000人參加。（p.134）
180	20/1/12	「天下制裁」遊行前集氣大會，主辦方稱有36,000人參加。
181	20/1/19	「天下制裁」遊行被警方反對，改為集會，主辦方稱有15萬人參與。（p.134）

編號	日期	事件
182	20/1/22	張超雄議員及社民連發起「手足，和你團年」，在荔枝角收押所外舉行集會，約有8,000人參加。
183	20/1/24	銀髮族年三十晚聲援在囚人士。